clave

Míriam Tirado es consultora de crianza consciente, escritora y periodista especializada en maternidad. Actualmente ofrece conferencias, talleres y consultorías para ayudar a las madres y los padres a conectar con sus hijos e hijas. Desde 2011 tiene un blog sobre educación y crianza consciente, y a través de su canal de YouTube y las redes sociales ofrece consejos a miles de seguidores para ayudarlos a educar a sus niños y niñas.

Entre los más de veinte libros que ha publicado, cabe destacar *Rabietas*, *Límites* y *RemoVidas*; los cuentos infantiles *El hilo invisible*, *Sensibles*, *Tengo un volcán* y *La fiesteta*, y la colección para adolescentes Me Llamo Goa.

Para más información, visita la página web de la autora:
www.miriamtirado.com

También puedes seguir a Míriam Tirado a través de sus redes sociales:

@miriamtirado.cat
@miriamtirado.cat
miriamtirado

MÍRIAM TIRADO

Sentir

Un viaje para aprender a acompañar tus emociones y las de los demás

DEBOLS!LLO

Papel certificado por el Forest Stewardship Council®

MIXTO
Papel | Apoyando la silvicultura responsable
FSC® C117695

Penguin
Random House
Grupo Editorial

Primera edición en Debolsillo: junio de 2025

Printed in Spain – Impreso en España

ISBN: 978-84-663-7935-9
Depósito legal: B-6.296-2025

Compuesto en Pleca Digital, S.L.U.
Impreso en Black Print CPI Ibérica
Sant Andreu de la Barca (Barcelona)

P 3 7 9 3 5 9

Para la niña que fui,
que sintió mucho sin entender nada

Índice

Esto no es un manual psicológico

PREPARADOS...

Después de escribir los libros *Rabietas* y *Límites*, me preguntaba (y me preguntaban) cuál iba a ser el tema del siguiente. Podía pasar a otro asunto, a otra etapa de la vida, o podía ir a la raíz de todo mi trabajo hasta el momento: las emociones.

Lo vi claro. Había impartido muchísimos cursos sobre ello, había dado conferencias y había asesorado a muchas familias acerca de cómo acompañar a sus hijos e hijas emocionalmente, pero, aunque mi blog tiene más de mil artículos con este tema de fondo, nunca había escrito largo y tendido sobre ello. Había llegado el momento, y quizá tenía que ser ahora y no antes, por todo el bagaje personal y profesional que ya llevo a cuestas. Sí, una se va haciendo mayor. ☺

Además, es un temazo. Porque al final sentimos todo el rato y en todas partes, e ir al quid de la cuestión es vital para poder vivir más libres y sanos emocionalmente. Pero también remueve, claro. Hablar de emociones cuando algunas han quedado atragantadas a nivel social, cultural, familiar y también personal, pues remueve, cómo no. Pero removerse es bueno porque ayuda a comprender, avanzar y crecer.

Así que te propongo emprender este viaje a través del sentir para entender por qué nos cuesta tanto, por qué sabemos tan poco qué hacer con todo lo que sentimos, y luego te enseñaré a acompañarte primero a ti con tus emociones y después a los demás, sean estos tus hijos, tus alumnos o cualquier otra persona. Es un viaje apasionante, no lo dudes, y, además de interesante, creo que puede ser sanador. O, por lo menos, ese es mi objetivo: que este libro entre dentro de ti y no lo puedas soltar, pero que, además, te resulte tan práctico y de tal ayuda que sea uno de esos a los que recurras cuando algo te abrume. Ojalá lo consiga.

Listos...

Te recomiendo que leas este libro con papel y boli, para subrayar lo que te apetezca o para apuntar palabras o frases que resuenen en ti o pensamientos que aparezcan por tu cabeza. Cuando en el proceso de lectura escribimos, todo queda muchísimo más integrado.

Como en otros de mis libros, al final de cada capítulo tendrás el apartado «Explora» para que lo que has leído deje de ser meramente teórico y lo «bajes» al cuerpo. Que puedas parar y observar, sentir lo que vaya viniendo de forma consciente, e ir entendiendo aspectos de tu historia y de por qué operas como lo haces con tus emociones y las de los demás.

Puedes leer estos apartados o escucharlos en audio (que yo misma he grabado) escaneando los códigos QR que irás encontrando. Si eliges esta última opción, te recomiendo que te sientes cómodamente, cierres los ojos y te asegures de que nadie te va a interrumpir. Serán entre tres y cinco minutos, pero intenta sumergirte en ellos plenamente, dejando que la respiración te guíe y te lleve adonde tengas que ir.

Este libro no es un manual técnico-psicológico y no me gustaría que quedase aparcado en un rincón de tu casa porque te haya resultado un tostón. Al contrario. Quiero que sea ameno, fácil de comprender y de leer, que te enganche y que para nada acabe sirviendo para calzar esa pata de la mesa que se mueve. ☺ Escribo pensando en madres, padres, abuelos, abuelas, personas sin hijos y también docentes. Vamos, pensando en todas las personas, porque todos sentimos y, si entendemos mejor el qué y el porqué, nos será más fácil entender cómo se sienten los demás y por qué, con lo cual nos será más fácil conectar los unos con los otros, que buena falta nos hace en el mundo en el que vivimos.

Verás que te lo contaré todo con muchos ejemplos, porque ayudan a completar el cuadro y a que encajen mejor las piezas. Resonamos en ellos, nos vemos en ellos y eso nos ayuda a comprendernos mejor. Los he construido basándome en mi experiencia profesional. Cuando sean reales (me han dado permiso para contar algunos), te lo diré.

A lo largo del libro hablaré indistintamente de niños y niñas con el objetivo de hacer amena la lectura. Entiende que si digo «las niñas...» significa también «los niños», y viceversa. Si en algún caso me quiero referir solo a niños, quedará claro. De la misma forma, muchas veces te hablaré en femenino, básicamente porque el 95 por ciento de las personas que me leen son mujeres. Pero que hable de niños y niñas o de mujeres u hombres no significa que excluya a las personas de género no binario, fluido, trans, etc. Que el lenguaje que utilizaré no te haga sentir que no formas parte de esto o que no te pienso, siento y respeto. Cuando yo escribo, te imagino al otro lado de la pantalla, leyéndome o escuchándome, y no eres un cuerpo con un sexo, una cara o un nombre: eres un alma. Y a ella es a quien me dirijo.

¡Ya!

Más allá de hablar de emociones, ¿cuál es el objetivo de este libro? En última instancia, llegar a la conexión. A través de la lectura, espero que puedas comprenderte mucho mejor y, así, conectes más y mejor contigo, y luego, como algo natural, espero que también puedas conectar mejor con los demás. Nos hace falta, es necesario.

Pero, a la vez, hay algo que ha estado resonando en mí antes de ponerme a escribir y cada vez que pensaba en cómo abordar estas páginas: siento que es necesario sanar, hacer las paces con lo vivido e integrar un montón de emociones y sensaciones que en su momento (por negación, por falta de acompañamiento, por rechazo, etc.) no fueron acompañadas ni integradas.

De alguna forma, quiero ayudarte a poner conciencia en lo vivido para que consigas verlo, comprenderlo y abrazarlo, ya que esa es la única manera de poder sanarlo, en caso de que sea necesario. Si lo ignoramos, como ya te contaré más a fondo, lo sentido y no sanado vuelve una y otra vez a visitarnos y hace que el pasado pese como una losa y se manifieste de forma repetida en el presente.

El dolor es inherente a la vida y a la vez es algo que nadie quiere vivir ni ver cuando lo experimenta. Al contrario, entran ganas de salir corriendo; es natural y comprensible. Sin embargo, cuántas veces hemos sentido rabia, o celos, o tristeza, o pena, o añoranza... y hemos seguido adelante como si no existieran... Pero existían. Estaban ahí. Y solo aceptando que los vivimos, que los sentimos... podremos liberarnos de lo que todavía hoy nos producen esas emociones no integradas.

Pero no te asustes. Quizá me estes leyendo y pienses: «Uy, mejor dejo este libro para otra vida, que lo último que quiero ahora es abrir cajas de pandora». No vas a entrar en ningún sitio en el que tú no quieras entrar, pero comprenderás muchas cosas que permitirán que, solamente si quieres y te apetece, hagas encajar piezas del puzle. Te lo prometo, yo no te voy a obligar a nada. ☺

Comprender lo vivido y lo sentido me ha hecho más libre, más consciente y muchísimo más feliz, y me encantaría que tú también lo experimentaras. Voy a escribir con esta intención: que, ojalá, haya un antes y un después. Y lo voy a hacer con toques de humor, con muchos ejemplos y con mucho amor.

Te invito a caminar conmigo por estas páginas. Te doy la mano. *You'll never walk alone.* ☺

1

Analfabetismo emocional

Siento, luego existo

Creo que de pequeña fui consciente de mi existencia no por pensar, sino por sentir. Sentía intensamente y, además, no entendía nada. No sabía ponerle palabras ni era capaz de contarle a nadie lo que me ocurría. ¿Cómo hacerlo si no lo sabía ni yo? Esta es una de las grandes dificultades que tienen los niños... y no tan niños: no saben contar lo que les pasa, aunque sea intenso, abrumador y les afecte.

Eso es lo que me sucedía a mí, pero con un añadido: no veía que los demás sintieran las cosas como yo. Quizá sí, pero tampoco lo contaban. Seguramente un montón de peques (y no tan peques) sentíamos cantidad de emociones a las que no sabíamos poner nombre y, además, pensábamos que a nadie más le ocurría. A todas estas emociones se unía entonces la vergüenza de creer que yo era la única que sentía así y que, por lo tanto, no debía de ser normal ni tampoco correcto. O peor aún: como no sabía distinguir las emociones de lo que yo era de verdad, acababa creyendo que yo no era correcta, o que yo no era suficiente, porque no «debía» ser tan sensible como era.

¿Qué pasaba entonces? Que me guardaba lo que sentía todavía más adentro, solo para mí, para que nadie supiera lo que se cocía en mi interior, supongo que por miedo a ser juzgada. Si yo era la primera que me juzgaba, ¿cómo no iban a juzgarme los demás?, pensaba. Así que, poco a poco y sin saberlo, fui construyendo una pequeña coraza que me permitía simular que yo era como los demás, que sentía (o, mejor dicho, **no sentía**) las cosas como supuestamente las sentían los demás. Aprendí a ignorar mis emociones, a no hacerles mucho caso, porque, si las atendía, entonces me entraban ganas de llorar, y yo... ¡no quería llorar! Quería ser fuerte como los demás. Tiraba de coraza y de «sentir en la intimidad de mi casa». Allí lloraba o sacaba toda la mala leche que había ido acumulando fuera y que, dentro del nido y de un espacio que consideraba seguro, la coraza ya no podía esconder.

Pero resulta que tanta intensidad tenía que salir por algún lado, así que me di cuenta de que, cuando escribía sobre lo que me ocurría (a veces en forma de cuento), luego me sentía mejor. En mi preadolescencia me aficioné a llevar un diario en el que vertía, más que lo que me ocurría, cómo me sentía con lo que ocurría. El tener que ponerlo en palabras me obligaba a profundizar en lo que se removía en mí, y me esforzaba en encontrarle el término adecuado a cada sentir mío. Fue, sin querer y sin darme cuenta, como un trabajo de investigación sobre mí misma. Qué sentía, cómo y por qué.

Tanto veían que escribía que empezaron a regalarme libros de esos que vienen con todas las páginas en blanco, y los llenaba uno tras otro con mis movidas adolescentes, pero especialmente con mis removidas emocionales. A veces me río cuando vuelvo a abrirlos y los leo. En los primeros hay cosas tipo «Estoy superenfadada, mis padres no me entienden y no se enteran... Me da tanta rabia que quiero gritar bien fuerte... Es que de verdad que son lo peor y a veces los odio»... Una página después leo: «Bueno, han pasado veinte minutos y he hablado con mamá y hemos hecho las paces. En realidad, la quiero mucho y retiro todo lo que he dicho antes; es que estaba muy enfadada». Me parto cuando lo leo... Esa intensidad de los años adolescentes, con todas esas emociones desbocadas y esa sensación de que nadie te comprende, pero luego esa culpa cuando ya ha pasado todo y piensas en lo que dijiste o pensaste antes, durante el enfado.

En fin, que escribir me ayudaba infinito, no solo a conocerme, sino también a canalizar todas las emociones vividas que se amontonaban esperando ser atendidas. No, no las atendía, pero por lo menos intentaba que fluyeran a través de la escritura. Seguía sin entender mucho, pero al menos no quedaban tan reprimidas y bloqueadas.

Mis talones de Aquiles eran la añoranza y la rabia, las dos emociones que más me han hecho sufrir. La añoranza, porque siempre echaba de menos a alguien: si estaba con mi madre, a mi padre, y viceversa. Si estaba con mis abuelos, a mis padres; si pasaba días sin ver a los abuelos, a ellos. Era como un *continuum* en mi vida que teñía muchos momentos de mi infancia y que normalmente me guardaba para mí. Me acuerdo de llorar en la cama, por la noche y con la luz apagada, para que nadie supiera lo que me ocurría. Como mis padres estaban separados, tenía la sensación de que contarles que echaba de menos al otro era como traicionarlos, así que me lo callaba. Y la rabia, porque, de tanto aguantar y callar, llegaba un punto en que todas esas emociones reprimidas y escondidas alcanzaban el tope y, ¡bum!, el cóctel molotov estallaba por los aires. No es que me pusiera hecha una furia, pero sí, esparcía mi mala leche por toda la casa (mis padres fueron testigos de ello y me darían la razón, ja, ja, ja).

A medida que crecía fui tratándome mejor y viendo (no sin tiempo de terapia) que lo que sentía y la forma en que lo hacía eran legítimos. Que era válida y que no me faltaba ningún tornillo. Fue liberador. Qué bonito ir recomponiendo las piezas del puzle, y, aunque no estuvo exento de dolor ni de mucho llanto, qué bien me sentó comprenderme y aceptar mi sentir, mi sensibilidad.

Porque esto era mayoritariamente lo que ocurría, aunque no lo supe de verdad hasta que me di cuenta de que mi primera hija era altamente sensible. Fue un descubrimiento que lo cambió todo porque, entonces sí, miré atrás y el puzle encajó. Yo era altamente sensible, y mi mayor problema fue no saberlo y pensar que sentir la vida como la sentía era algo anormal y malo que debía disimular. El problema fue que no comprendía por qué me cargaba tanto y a veces la vida misma me era abrumadora.

Cuando lo descubrí, ya hacía años que me había adentrado profesionalmente en el mundo de las emociones y, de alguna forma, noté que mi sensibilidad me permitía ir más allá y ayudar a la gente de un modo que no habría podido si no hubiera vivido todo lo que he contado y más. Todo cobraba sentido y todo había sido por algo más importante: ayudar a los demás.

Así que aquí estoy, dispuesta a ir desgranando SENTIR para que te entiendas mejor, te aceptes, te ames, aprendas de ti y de los demás, sepas acompañarte y acompañarlos, y que todo ello te lleve a conectar contigo y con los que amas desde un lugar más profundo, libre y asertivo.

Sentir es un camino y un proceso, resultado de mi camino y de mi proceso de casi cuarenta y siete años de vida. Ojalá te resuene dentro y te ayude a recomponer el puzle.

No es culpa tuya

Un día, en consulta, pregunté a una mujer si podía poner palabras a lo que estaba sintiendo en ese preciso momento y se puso a llorar. No lloraba por lo que sentía, me dijo, sino por la pena que le producía no saber qué palabras poner a su sentir, y sobre todo por no saber siquiera qué era. «Nunca he sabido expresarlo porque nunca he sabido lo que me pasaba», me dijo. A lo que yo respondí: «Te entiendo, es normal, no es culpa tuya», y entonces lloró de nuevo, pero de alivio. Porque hasta el momento ella creía que tenía esta incapacidad porque era tonta y torpe..., y no.

No es culpa tuya, ni de tus padres, ni de tus abuelos, que no sepas definir lo que sientes, que no sepas qué es o incluso que estés absolutamente desconectada de tus emociones. El quid de la cuestión se remonta muchísimo más allá, a un problema histórico —ancestral, diría yo— respecto de las emociones.

El aspecto emocional del ser humano quedó relegado a la nada durante siglos. Priorizando el hacer y el pensar, quedaron en un plano casi inexistente el ser y el sentir, y generación tras generación perpetuaron esta dinámica que ignoraba y reprimía cualquier atisbo de que las emociones también existían. ¿Y por qué? Por supervivencia. Muchas emociones se experimentan como extremadamente desagradables en el cuerpo. No gusta sentirlas, no son para nada cómodas de sentir ni de manejar, así que durante siglos se ha optado de forma inconsciente y colectiva por ignorarlas completamente cuando, aunque no fueran vistas ni tenidas en cuenta, estaban ahí.

Pero eso no ha ocurrido solo por supervivencia, sino porque esa costumbre ha pervivido durante tantísimos siglos que ya la hemos heredado como un patrón. Un patrón de ignorancia emocional que perpetúa, no sin dolor, ese «mirar hacia otro lado» y no afrontar lo que hace tanto deberíamos haber aprendido. No sabemos cómo ponernos a ello ni cómo abordarlo porque ni siquiera tenemos en nuestro ADN ese conocimiento ancestral (pasado de generación en generación) de saber cómo mirar a la cara lo que sentimos.

No, no es culpa nuestra, pero estamos en el siglo XXI y quizá ya sí es nuestra responsabilidad cambiar ese patrón arrastrado durante tanto tiempo y empezar a darle la vuelta. Quizá, aunque no seamos culpables de nada, sí podemos darnos cuenta de todo ello y empezar a aprender a hacer las cosas de otra forma para que nuestros hijos ya no puedan seguir diciendo que no tenían ese conocimiento. Quizá vaya siendo hora de comenzar a cambiar el «ignorar» y el «reprimir» por el «perder el miedo a sentir», y ver qué pasa.

Es muy pero que muy probable que, cuando nos lo permitamos y cambiemos la mirada, nos demos cuenta de que no había nada que temer. Siento que ahora es el momento propicio. Este nuevo siglo está cambiando muchas cosas y están cayendo paradigmas que llevaban instalados mucho tiempo. Además, la pandemia dejó al descubierto que en el plano emocional y como sociedad estábamos en pañales, y fue como un «ya no hay escapatoria: o se afronta de una vez por todas, o las enfermedades mentales van a seguir a la orden del día y durante muchos años». Hemos tocado fondo a nivel emocional, y ya no podemos seguir ignorando ni reprimiendo lo que sentimos porque es una parte importantísima de nosotros y, además, resulta básica para ayudarnos a conocernos.

Todo este tiempo de simular que no existía ha producido un daño enorme a muchos niveles. Bueno, ya no podemos seguir igual ni tampoco dar marcha atrás. El momento es ahora.

Naciste sintiendo

Eras un bebé dentro del útero y ya experimentabas sensaciones y emociones. Naciste y sentiste. Tanto que a veces resultaba abrumador y necesitabas llorar para expresar aquello que se hacía tan incómodo. No ignorabas ninguna emoción aún, ni la rechazabas; simplemente sentías y expresabas sin filtros. Pero, rápidamente, tú y todos fuimos intuyendo qué era aceptado y qué no, qué era acompañado y qué no, qué era celebrado y qué rechazado, qué sensaciones se podían exteriorizar y cuáles eran mal vistas, juzgadas o reprimidas. Y no solamente en casa, que también, sino en el cole, en la calle, en cualquier parte.

Los bebés no entienden, pero captan muy deprisa lo que les transmite el entorno. Los niños pequeños no comprenden muchas cosas de manera racional porque su cerebro se está desarrollando, pero notan y sienten con facilidad qué les permitirá encajar y qué no. Y así, día tras día y en cada espacio, la persona que estabas construyendo fue llenándose de condicionantes respecto de las emociones y del sentir. Fue asimilando como propios unos patrones que venían heredados de vete tú a saber cuándo. Y todo de la manera más inocente e inconsciente, sin necesidad de poner en marcha ninguna gran estructura de represión emocional y, aun así, con los mismos efectos: un bloqueo emocional individual que es también colectivo.

Lo bueno de haber nacido sintiendo y expresando es que, aunque no lo parezcamos, seguimos siendo ese bebé que un día contó con gestos, muecas y llanto lo que le ocurría. Y si, en esencia, seguimos siendo ese bebé, podemos volver a sentir y a expresar; y esta vez, como ya somos adultos, también podemos comprender por qué nos sentimos así y expresarlo de una forma asertiva. Vamos, que tenemos capacidad de sobra, pero hay que deconstruir para luego construir de nuevo el adulto que somos, aunque más sano emocionalmente, más conectado, más sabio, más libre, más consciente.

Habrá que ir quitando capas y condicionantes, como quien va deshojando la cebolla y deja que, si le pican los ojos, salgan las lágrimas sin miedo ni freno. Será como un camino hacia dentro para encontrarnos, recomponernos, liberarnos de patrones que no resuenan con quienes somos de verdad, y luego volver hacia fuera más auténticos y libres.

No puede ser sino apasionante, ¿no crees?

Si el miedo acecha...

Puede que me estés leyendo y estés sintiendo muchas cosas: quizá ilusión, o motivación, o ganas de aprender, o incluso un poco de inquietud o miedo... Es normal. ¡A nadie le gusta pelar una cebolla y empezar a llorar porque le pican los ojos! Aunque es básico pelarlas para cocinar platos deliciosos, ¿verdad? Pues, cuando nos arremangamos y tomamos la decisión de permitirnos sentir y adentrarnos en nuestro propio mundo emocional para comprendernos mejor, pueden suceder maravillas. Y sí, puede que también tengamos miedo de lo que ocurra luego con nuestras emociones: que tomen el control, que se expresen de una forma que no nos guste y nos hagan daño a nosotros mismos y a los demás... Bueno, esto también lo abordaremos, no te preocupes, porque es cierto que sentir es bueno y sano, pero permitir que las emociones cojan las riendas y nos lleven por derroteros que no nos convienen no lo es.

De aquí vendrá el aprendizaje: de permitirnos sentir y expresar aquello que emana de nosotros, pero de una forma asertiva, para que no nos dañe a nosotros ni a los demás. De sentir sin reaccionar inconscientemente. De sentir desde una escucha interna que guíe, si es necesario después, una acción consciente y asertiva. Y esto lo haremos desde el permitirnos sentir sin miedo y desde la conexión profunda con nosotros y con el ahora y aquí. El presente nos lleva a la conexión y a poder abrazar lo que sentimos, sea lo que sea.

Por ahora te animo a que hagas espacio a lo que sientes en este momento —sea lo que sea—, y eso no significa que dejes que ese sentimiento lo abrace todo y se apodere de ti, sino que veas tu sentir (el que sea) y lo respires. Está bien. Como irás viendo..., no hay nada que temer.

Pero no nos apresuremos. Si te cuesta, no te agobies y sigue leyendo. Ya llegará el cómo y con qué herramientas, pero primero tenemos que ser conscientes de que...

Estar con peques no deja escapatoria

Una de las etapas de mi vida más removidas fue cuando tenía quince años y nacieron mis dos primeros hermanos. Alucina. ☺ Con una diferencia de nueve meses (uno era hijo de mi padre y el otro de mi madre, que estaban separados desde que yo tenía cinco años), me vi rodeada de bebés que expresaban, sin reparo, cualquier emoción que sentían. Si estaban contentos, todo el mundo se enteraba y se contagiaba de su alegría; pero, si estaban tristes, incómodos o enfadados, también. Su intensidad emocional era tal que me removía mi propio sentir; yo resonaba con sus emociones porque también había sido un bebé vulnerable y había sentido lo mismo que ellos (aunque no lo recordara). Sin duda, esos primeros años de mis hermanos fueron la época en que más cosas se me removieron por dentro de toda mi vida.

De forma inconsciente, iban removiéndoseme cosas por el mero hecho de estar con ellos y de ser testigo de sus emociones y de su fragilidad y vulnerabilidad. Con ellos entraba en contacto con la mía propia. Cuando lloraban porque algo les dolía o estaban enfermos, yo sufría como si me arrancaran algo por dentro. En serio, ¡menuda intensidad! Me incomodaba muchísimo verlos sufrir. Pero, cuando estaban bien y veía a mis padres hacerles caso (obvio, tenían que hacerles caso), me venían unas sensaciones rarísimas que no comprendía: ahora lo sé, eran celos de caballo, ja, ja, ja. Y me entraban como ganas de decir: «Parecéis bobos diciendo tonterías a estos bebés», de la rabia que me daba todo. Luego, casi inevitablemente, la culpa: los quería con locura a todos, pero me sentía del revés. Ahora entiendes por qué necesité escribir tantos diarios, ¿a que sí? ☺

En fin, años más tarde comprendí que lo que me ocurría (que las emociones de esos bebés me removieran por dentro) le ocurre a todo el mundo cuando está en contacto con niños pequeños, especialmente si son sus hijos o hay un vínculo estrecho. Pero, en ese momento y a ratos, yo solo quería escapar. En serio, los diarios echaban humo.

Quizá te ha pasado: tu mundo interno estaba más o menos tranquilito hasta que, oh, sorpresa, has tenido un bebé o tu hermana lo ha tenido, o tu amiga ya es madre, o has empezado a trabajar como educadora de infantil y... ¡BUM! *Welcome to the jungle!*

Estar con peques, y en especial convivir con ellos, no deja escapatoria. No puedes trazar una raya y decir: «Mira, voy a dejar las emociones al otro lado y ya, no me va a afectar nada de nada». Porque es imposible. Qué le vamos a hacer. Sus demandas, sus risas, sus llantos, sus exigencias, sus miedos, sus frustraciones, sus dolores, sus alegrías e ilusiones entran en tromba sin avisar en tu espacio interno y ponen tu pisito emocional, que aparentemente estaba ordenadito (con polvo debajo de los muebles y la alfombra, pero ordenadito y bajo control), patas arriba, sin que hayas tenido tiempo de verlas venir.

Por eso aparecen tantos conflictos de pareja después de tener hijos, por eso emergen tantas tensiones con familiares cuando llega un bebé, por eso a menudo se tienen disgustos con amistades, etc. Porque no hay escapatoria: a TODO el mundo se le remueven cosas por dentro y, con lo faltos que estamos de autoconocimiento, herramientas y asertividad, lo más probable y habitual es que a días y a épocas vuele todo por los aires.

¿Eso que nos ocurre es culpa de los peques? No: GRACIAS a ellos, que viven sus emociones de forma libre y auténtica, se abren nuestras propias heridas. Su energía emocional resuena en las emociones que tenemos aparcadas, ignoradas, bloqueadas o noqueadas dentro, y entonces, como si vibracionalmente volvieran a tomar forma por resonancia, implosionan de nuevo en nuestro interior. Y la mayoría de las veces no entendemos nada.

¿Por qué reacciono de esta forma tan desproporcionada con esta situación, si es la más normal del mundo? ¿A qué viene esta tristeza que ahora me asola cuando parece que todo está bien? ¿Por qué siento esa rabia interna cuando mis padres vienen a visitarnos? ¿Por qué, si no es algo que esté ocurriendo de verdad, me da la sensación de que no me haces caso? ¿Por qué me siento tan sola si no lo estoy? ¿Por qué tengo tanto miedo si antes del bebé no sabía ni lo que era tener miedo? ¿Por qué necesito tanta distancia de mi hermana ahora que ha tenido a su bebé?

Cuando pasa eso solemos sufrir. Yo te animo a darle la vuelta y, en vez de verlo como un mal momento que te trae la vida, ser consciente de que es una oportunidad para mirar adentro y comprender qué está ocurriendo.

TE PROPONGO...

Toma nota: Respira hondo y escribe en un papel qué palabras han tenido mayor impacto en ti de todo lo que has leído. Escríbelas en mayúsculas y deja que tu intuición te guíe.

Mi patrón: Reflexiona sobre cuál es tu patrón respecto a las emociones: ¿tiendes a aceptarlas, a ignorarlas, a evitarlas, a rechazarlas, a negarlas, a abrazarlas, a respirarlas...? ¿Crees que coincide con lo que se hacía en tu casa con las emociones?

Recordatorio: Para emprender este camino juntos te propongo que pongas un pósit en la portada del libro y escribas: «No hay nada que temer», para que te recuerde que puedes sentir lo que sea que sientas, que es legítimo y que no tienes que hacer nada más que parar y sentirlo. No pasa nada, no hay nada que temer. Recuérdatelo tantas veces como lo necesites y pon en tu casa tantos pósits como te convenga. Todo para recordarte SENTIR sin miedo.

Compromiso: Te animo a que te comprometas a cuidar de tu salud emocional. A escucharte y tenerte en cuenta. Si tú no lo haces, ¿quién lo hará por ti? Si quieres, lleva a cabo algún ritual para recordarte tu compromiso contigo mismo y con tu salud emocional. Cómprate un anillo y cásate contigo, sal a caminar a solas reflexionando en tu compromiso, o díselo a tu pareja o a alguna amiga o amigo: vas a cuidarte emocionalmente. El compromiso, sea del tipo que sea y sobre el tema que sea, es básico para que lo que queremos se integre de manera profunda.

Afirmación: Escribe en un papel esta frase:

«ES NORMAL QUE NO SEPA QUÉ HACER
CON LO QUE SIENTO. NO TENGO LA CULPA».

Ahora lee la frase otra vez y observa qué ocurre en ti... ¿Se mueve algo?

EXPLORA

Es momento de parar y bajar al cuerpo para entrar en contacto pleno con tu ahora y aquí. Te animo a respirar hondo, notando cómo el aire te entra por las fosas nasales, hincha los pulmones y luego sale poco a poco. Intenta hacerlo despacio, pero cómodamente; que no sea un respirar forzado. Observa si durante la lectura de este primer capítulo has notado que se tensaba alguna zona de tu cuerpo o que había dolor en alguna parte. Si es así, respira y manda aire a esa zona en cuestión. Observa y respira.

Luego te invito a observar qué tal está tu mente ahora mismo. Si hay mucha actividad o se halla plenamente centrada en el momento presente. Si está activa, observa qué te cuenta, si está muy acelerada o si te va trayendo pensamientos de otros momentos de tu vida o de tareas que tienes que hacer en un rato, etc. Observa si está presente o si se encuentra en el pasado o en el futuro. Observa y respira: no hay que hacer nada más que ser consciente de la actividad mental que habita ahora en ti.

Respira despacio y entra en contacto con tu sentir. ¿Eres capaz de poner palabras a lo que sientes ahora mismo? ¿Puedes identificarlo y nombrarlo? Observa y respira... Nota también si se ha activado alguna emoción mientras leías estas páginas. ¿Qué dirías que ha sido? ¿Algo del pasado? ¿Algo del presente? ¿Puedes ponerle nombre? Tanto si sabes qué es como si no, tanto si has sentido algo como si no, respira y observa.

En caso de que se haya movido algo, permite que se mueva, dale espacio con la respiración, sabiendo que no debes rechazarlo, sino abrirle los brazos, porque ha venido a contarte algo. Quédate respirando lentamente y abriendo espacio a este sentir, sea el que sea. Pronto te darás cuenta de que las emociones vienen y van, así que no te abrumes, porque, aunque lo que sientas sea desagradable, pasará; y, mientras esté presente, pregúntate: «Esta emoción que siento... ¿qué ha venido a contarme?».

RESUMEN

- ✓ El analfabetismo emocional viene arrastrándose desde hace siglos.
- ✓ No tenemos referentes de buena gestión emocional y, cuando éramos pequeños, nadie nos enseñó qué podíamos hacer con lo que sentíamos.
- ✓ Hemos tendido, por imitación, a relegar las emociones rechazándolas, ignorándolas, menospreciándolas, temiéndolas, etc.
- ✓ El contacto con los niños (sea porque somos sus padres y madres, sea porque somos docentes) nos hace de espejo y despierta en nosotros todas las emociones que en su momento no fueron ni integradas ni vividas de forma asertiva.
- ✓ Justamente por eso, nos regalan una oportunidad de oro para darnos cuenta de nuestras heridas, sanarlas y vivir una vida más consciente y, sobre todo, más sana emocionalmente.

2

Sentir emociones, ¿qué es eso?

Las emociones vienen y van

«Emoción» es una palabra que viene del latín *emotio*, sustantivo derivado del verbo *emovere*, que significa «remover, agitar, perturbar, conmover...». Y, efectivamente, las emociones provocan todo eso: por dentro nos remueven, y ese movimiento energético interno a menudo se exterioriza de distintas maneras dependiendo de qué emoción sintamos.

El ser humano es una entidad compleja formada, digamos, por distintas «capas», algunas más gruesas y otras más finas, casi trasparentes. Así, la más gruesa será la capa física (el cuerpo), y la más sutil de todas (que es trasparente), la espiritual. En medio encontramos otras, como son la energética, la mental y la emocional.

Cuando nos removemos y sentimos alguna emoción es porque algo nos ha activado la «capa» emocional, ya sea consciente o inconscientemente: un pensamiento, una imagen, un sonido, algo que ha ocurrido, algo que nos han contado, etc. La emoción nos activa, y en ese momento, sobre todo si la emoción es muy desagradable para el cuerpo, nos abruma y podemos llegar a pensar que no se irá, que se quedará para siempre.

Pues bien, tengo una buena noticia y una mala... En realidad son la misma, pero ¿por dónde quieres que empiece? Venga, ¿qué te parece si empezamos por la buena? Resulta que, si estás pasando un momento duro porque sientes pena, tristeza, rabia, etc., estas emociones se irán. Dentro de un rato, de unos minutos o de unas horas, esto tan intenso que quizá sientes se habrá marchado. No digo que desaparezca del todo, pero la intensidad que lo hace tan duro de transitar se habrá ido. La emoción se disipará un rato, unos minutos, unas horas o unos días o semanas. Seguro. ¿Verdad que es una buena noticia? Porque, cuando estamos en el huracán de la tristeza o de la rabia, ese momento parece eterno y creemos que nunca se va a acabar. Solo queremos que termine ya ese dolor que produce tal emoción... Y sí, más tarde o más temprano se acaba yendo.

Ahora viene la mala noticia: si lo que sientes es alegría o calma, estas también se van. En un rato, unos minutos, unas horas... pasarán cosas que harán que se esfumen y que ese espacio emocional sea ocupado por otra emoción... ¡Es un no parar!

Así son las emociones, como las olas del mar, que vienen y van, vienen y van, como una danza sin fin. Y así es como me gusta hablar de emociones a los niños y niñas: el símil con las olas del mar les encanta porque son perfectamente capaces de entenderlo. A veces el mar está muy calmado y las olas son pequeñitas, casi imperceptibles. Otras veces, las olas son más grandes y puedes saltarlas, y en otras ocasiones te tumban y te revuelcan... Pues así son las emociones. A veces se sienten con intensidad y otras no; a veces podemos surfearlas y a veces casi nos ahogamos en ellas...

Hace muchos años, cuando tenía solamente a mi hija mayor, yo era de las que decían: «Solo quiero que mi hija sea feliz», pero pronto me di cuenta de que mi hija, esa bebé a la que yo solo quería contenta, no podía satisfacer esa fantasiosa expectativa de su madre. Porque a ratos sonreía, pero a otros lloraba. A ratos la veía feliz, pero a otros, triste o enfadada. Descubrí que era imposible que un hijo fuera feliz todo el rato, porque inevitablemente experimentará muchas otras emociones. Y está bien así, como verás más adelante.

Además..., ¿te has parado a pensar en el gran peso que debe de ser sentir que tus padres quieren que seas feliz todo el rato y no poder complacerlos porque no puedes evitar sentir muchas otras emociones? Esta vida que vivimos está llena de matices, de sube y bajas, de oscuridad y de luz, y lo mismo pasa con las emociones. Necesitamos poder experimentarlas todas, sean alegría y felicidad o sean pena y tristeza, porque no en vano existen. Insisto, no hay nada que temer; simplemente tenemos que permitirnos sentirlas. Las emociones están aquí por algo, aunque parezca que solo sea para molestar cuando no nos gustan.

Para qué sirven las emociones

Aunque parezca raro, las emociones sirven para contarte cosas de ti, a ti y a los demás. ¿Te parece raro? Quizá creías que estaban ahí porque sí, sin más. Pues no... En realidad, te ayudan muchísimo, aunque a ratos creas que solo te complican la vida. Nos removemos porque interactuamos con todo lo que nos rodea e incluso con nosotros mismos, y eso, de alguna forma, nos ayuda a aprender y a crecer. Pues bien, a mi modo de ver, las emociones sirven justo para eso: para extraer aprendizajes de nosotros o de nuestro entorno, para crecer y, en última instancia, evolucionar.

Con ejemplos se verá mejor: resulta que no hay manera de que mi hija se acueste, y remolonea cuando tiene que lavarse los dientes, ponerse el pijama... Yo me voy poniendo nerviosa porque siento que no me hace caso, que no me escucha, y me voy cargando, cargando... Cuando finalmente llega a la cama, quiere saltar, quiere hablar, quiere leer mil cuentos... y yo por dentro siento rabia y frustración porque quiero que el día se acabe ya y que se duerma de una vez.

Esta rabia, ¿qué dirías que puede haber venido a contarme? ¿Por qué se me han activado esa rabia y esa frustración al ver que ella tenía unos planes y un ritmo muy distintos a los que a mí me hubiera gustado? Pues seguramente porque estoy cansada y no he tenido ni un momento para mí hoy. Esa rabia quizá me está contando que me cuesta conectar con mi hija y comprenderla (que un niño remolonee para acostarse es lo más normal del mundo) porque tengo necesidades no satisfechas de descanso, de autocuidado, de autoescucha, y en realidad esa rabia no es hacia mi hija, sino hacia mí, porque no puedo más y no hago nada para revertir la situación. Quizá es una frustración más profunda, porque quiero controlarlo todo y, al ver que hay cosas y personas que escapan a mi control (obvio), me frustro, porque no me siento segura cuando no tengo el control de la situación. O quizá esa rabia viene porque, inconscientemente, es algo que pasa a menudo: no me respeto, no me doy el descanso que necesito y luego me voy cargando y, cuando las cosas con la niña no salen como quiero, me sulfuro porque en realidad no puedo más.

A las personas que atiendo (adultos y adolescentes) les cuento que las emociones no son nuestras enemigas, sino justo lo contrario, porque si las escuchamos y atendemos pueden ayudarnos un montón a conocernos y a aprender de nosotros mismos y de los demás. Pero, para ello, primero hay que perderles el miedo y quitarles esa aura chunga que a lo largo de los siglos se ha colocado sobre las emociones consideradas «negativas», como pueden ser la rabia, la pena, la frustración, la tristeza, los celos, la culpa, etc.

Para cambiar la relación que tenemos y que se ha tenido a lo largo de la historia con las emociones, es imprescindible que dejemos de etiquetarlas y de meterlas en distintos sacos, de separarlas en positivas y negativas, porque, en realidad, las emociones simplemente SON.

Las emociones son

Hay esa manía de etiquetarlo todo, también las emociones, cuando en realidad simplemente son, y lo que les imprime un carácter negativo o positivo es nuestra propia experiencia, que es del todo subjetiva y que depende de cada cual. Es decir, no es la emoción en sí, sino la experiencia que vivimos al sentirla, lo que nos hace etiquetarla como negativa o positiva, cuando en realidad debería carecer de adjetivo.

Además, todo es muy relativo. Por ejemplo, la culpa puede parecernos una emoción negativa y superchunga, pero gracias a ella nos damos cuenta de cuándo nos hemos equivocado un montón y aprendemos a hacerlo distinto la próxima vez. O, aunque también podemos considerar negativa la tristeza, a veces la gente que la siente se sumerge en ella poniéndose canciones tristes o viendo series que la ayuden a llorar y a canalizar lo que siente porque luego está algo mejor. Por lo tanto, algo que *a priori* consideramos negativo en el fondo no lo es.

Porque nada es tan simple, tampoco en el mundo de las emociones. A mí me cambió mucho la manera de relacionarme con ellas cuando empecé a quitarles las etiquetas y a verlas como colegas que aparecían en mi vida para avisarme de cosas que a veces no veía. Por lo tanto, ¿cómo considerarlas negativas? Al eliminar esa palabra y esa creencia inconsciente de que las emociones podían ser negativas, pude sentir rabia, tristeza, miedo, etc., sin intentar rechazarlo. Empecé a aceptar mi presente sintiera lo que sintiera, sin miedo, y fue revelador. Qué descanso no tener que luchar con mi ahora y aquí. Qué descubrimiento poder adentrarme en el momento presente sin sentir que lo que acontecía no podía o no debía ser, sin intentar que esa rabia o esa tristeza desaparecieran de golpe, deprisa, para volver a estar «bien».

Cuando te desprendes de la creencia de que ciertas emociones son negativas, dejas también de vivir como «incorrectas» situaciones en las que no puedes evitar sentirte como te sientes. Porque es así: no sentimos A o B a propósito. Lo sentimos porque en aquel preciso instante no podemos hacer otra cosa. Cuánto peso te quitas de encima cuando entiendes, profundamente, que las emociones simplemente son y que tú tienes la responsabilidad de decidir de manera consciente o inconsciente qué haces con lo que sientes.

Las emociones tienen una implicación física, se viven en el cuerpo, y aquí está, en buena parte, el origen de que se etiqueten como negativas las que no nos mola experimentar. Porque cuando sentimos rabia nos quema por dentro, y aparece un malestar físico muy grande que a veces no nos deja pensar ni actuar con claridad. O cuando sentimos una gran tristeza parece que nos estén removiendo las entrañas y nos produce un dolor que solo deseamos que desaparezca. El cuerpo reacciona a esas emociones y se estremece, se activa, se retuerce, se desploma, se expande... Podemos experimentar sensaciones corporales muy pero que muy intensas, sea por desagrado y dolor, sea porque nos gustan y nos llenan de gozo.

Esto tampoco es porque sí. Que el cuerpo se active y cómo suceda es justo lo que nos permitirá, muchas veces, darnos cuenta de lo que ocurre en nuestro interior. Muchas veces no seremos conscientes de lo que estamos sintiendo hasta que el cuerpo no empiece a reaccionar de forma clara a ese sentir. Hasta que no respiremos más rápido, o sintamos que nos quema el pecho, o que nos falta el aire, o que nos tiemblan las piernas, o que tenemos la piel de gallina, a veces no notaremos la emoción que se ha despertado en nosotros. Por lo tanto, todas estas sensaciones corporales son también una ayuda increíble para que seamos conscientes de qué nos ocurre y por qué. El cuerpo es un portal.

Las sensaciones que nos producirán serán a veces agradables; otras, más desagradables, cosa que también será subjetiva y dependerá de cómo las viva cada cual. El sentir es algo muy personal e intransferible. Por mucho que todos hayamos experimentado las mismas emociones, cada cual las siente en función de quién es, de cómo es, de su historia, de sus creencias, de su sensibilidad y un largo etcétera. Somos únicos, así como también lo es nuestra forma de sentir.

Pero hay otra cosa que nos ha infundido la creencia de que ciertas emociones eran negativas: la reacción de nuestro entorno (especialmente en la primera infancia) cuando sentíamos tristeza, pena, rabia, celos, etc. Cuando el entorno reacciona mal ante una emoción, enfadándose más, inquietándose, alterándose, etc., vas integrando la sensación de que eso que sientes no debe de ser bueno. Pero no solo eso. Cuando un niño está, por ejemplo, triste y luego ve que su madre o su padre se ponen más tristes todavía y hacen una montaña de ese momento y esa emoción, el peque integra que él no debe de ser capaz de pasar por eso y que sentirlo es muy pero que muy chungo.

Ocurre muchas veces cuando un niño sale del cole y cuenta, por ejemplo, que ha estado triste porque fulanito le ha pegado. A muchos padres se les remueven un montón de emociones en esos momentos y les es francamente difícil disimularlo. A veces se enfadan con fulanito, a veces la toman con la maestra, a veces empiezan a interrogar al niño: «¿Y tú qué has hecho? Otro día le pegas tú también, ¡a ver qué se habrá creído el niño este!». Al ver la reacción totalmente inconsciente de papá o mamá, el niño puede pensar que él los ha entristecido o enfadado, y por lo tanto es culpable de su emoción, o puede pensar que no es bueno mostrar su tristeza porque los padres no son capaces de sostenerle desde un lugar de seguridad y calma, con lo cual puede que la próxima vez diga que en el cole, todo bien. Sé consciente de ello para mantener siempre cierta distancia entre su sentir y el tuyo. Si te dejas llevar por tus emociones, no serás capaz de acompañarle porque te habrás desconectado de él.

Tienes derecho a sentir lo que sientes

¿Alguna vez has sentido que, ante una emoción tuya, la persona con la que estabas le quitaba valor, como si no fuera correcto en ese momento sentir eso? ¿O te decían que era exagerado sentirlo, o que no era para tanto, o «es que siempre te pones así», o «es que lloras por todo», o «y ahora ¿por qué te pones triste?», como si hubiera una sola manera de vivir lo que estaba ocurriendo, fuera lo que fuese, y se tratara de la suya, no la tuya?

Por eso, si la persona con la que estabas no sentía la misma tristeza que tú o no se había enfadado como tú, invalidaba tu sentir, porque lo «correcto» era su sentir, no el tuyo. ¿Resuena esto en ti?

Este es un mal muy extendido: la creencia inconsciente de que hay maneras de sentir válidas y otras que no lo son. A veces, a base de notar en nuestro entorno ese juicio hacia nuestro sentir, acabamos creyendo que deberíamos sentir de otra forma u otras emociones, y que nuestros sentimientos no son legítimos ni merecen ser tenidos en cuenta. Acabamos negándonos algo tan básico y tan nuestro como la propia forma de percibir el entorno y de reaccionar emocionalmente ante él. Esto, obviamente, es fuente de un gran dolor que a veces cuesta años de terapia, autoconocimiento y trabajo personal quitarse de encima.

Así que deja que te lo diga bien alto y claro: tienes siempre el derecho de sentir lo que sientes, sea lo que sea y en el momento que sea. No dudes ni un segundo de tu sentir, de si «deberías» o no sentir lo que sientes. Lo sientes por algo: olvídate de si es lo que «debería» ser o lo que sentirían los demás. Repítete que es legítimo y entra de lleno en por qué lo sientes. Qué es lo que esta emoción te viene a contar de ti que quizá no sabes o no atiendes de verdad. Detente y siente sin juzgar lo que venga.

Sería genial que ya desde bien pequeñitos nos contaran que el sentir de cada cual es legítimo y válido, y que lo único que podría ser incorrecto es el comportamiento que se deriva de ello. En cambio, a menudo lo que integramos es que algunas emociones son aceptadas y otras no. Que algunas son bienvenidas en casa y otras no. Y de esta forma vamos creciendo no solo con el dolor intrínseco que acarrean algunas emociones, sino además con la culpa de pensar que no deberíamos sentir lo que sentimos porque no es correcto.

Como vemos, el hecho de juzgar las emociones y de haber visto desde muy pequeños cómo las juzgaban los demás crea un sufrimiento del todo evitable cuando integras profundamente que el sentir es siempre legítimo y que las emociones, lejos de ser negativas o positivas, simplemente son. Eso permite verlas con otra mirada más abierta, más amable y con cierta perspectiva que ayuda, luego, a aprender más fácilmente a vivirlas. Porque, recuerda, son como las olas del mar, que vienen y van, y lo único que hay que hacer es aprender a surfearlas. ☺

El comportamiento es otro cantar

Las emociones son siempre válidas, pero el comportamiento es otro cantar. Este sí puede ser incorrecto, inadecuado o estar fuera de lugar, y a menudo confundimos una cosa con la otra. Como muchas veces nos da miedo el comportamiento en el que pueda desembocar una emoción, inconscientemente tendemos a reprimirla para que no aparezca el comportamiento incorrecto.

María era una mamá de una niña de tres años que me contrató por las rabietas monumentales que tenía su hija. Cuando colapsaba, a menudo al llegar a casa después del cole, algunas veces pegaba, o tiraba cualquier cosa que encontrara a su alcance. Cuando su hija hacía eso, María lo pasaba fatal. Desde luego, no es plato de buen gusto para nadie acompañar una rabieta así, pero ella lo vivía realmente mal. Cuando nos vimos me dijo que, a pesar de saber que el enfado de su hija era normal y que con esa rabieta le estaba expresando lo mucho de menos que la había echado en el cole, se había visto reprimiendo la emoción de su hija una y otra vez, y no le gustaba nada. «Me doy cuenta tarde, cuando ya le he dicho que no puede estar enfadada o que si está enfadada no le haré caso. No quiero, pero le reprimo la emoción una y otra vez. Soy incapaz de acompañarla en la rabia».

Cuando empezamos a tirar del hilo de por qué creía que lo hacía a pesar de no querer, me dijo que cuando veía a su hija enfadada no podía evitar recordar a un familiar suyo que había tenido muchos problemas de comportamiento. Tenía miedo de que su hija terminara como él. Como temía las pérdidas de control de la niña (típicas de la edad, por cierto), inconscientemente reprimía la emoción para que la peque no mostrara esos comportamientos que no podía evitar. Actuaba desde el miedo, proyectando sus temores (absolutamente alejados del ahora y aquí) en su hija, y cuando acompañamos desde el miedo solemos acompañar mal, desconectados del momento presente. Porque esa niña no tenía nada que ver con ese familiar: era otra persona en otro contexto totalmente distinto, pero el miedo estaba ahí e impedía actuar desde un lado consciente, validando la emoción y poniendo límites al comportamiento cuando fuera requerido.

Darse cuenta de eso la ayudó y, según me dijo tiempo después, ya podía aceptar la rabia de su hija validándola y acompañándola de una forma más asertiva.

Esto no solo le pasaba a María. Les ha pasado a la mayoría de las personas a la hora de acompañar emociones potentes, también a mí, porque aparece esa tendencia heredada de siglos de analfabetismo emocional de reprimir la emoción. No, dejemos la emoción en paz. A lo que hay que poner límites es al comportamiento inadecuado, eso sí. Más adelante, en este libro, pondré ejemplos de comportamientos inadecuados y cómo acompañarlos validando las emociones que haya detrás, pero por ahora quédate con esto tan importante: la emoción siempre es válida; el comportamiento puede que no.

Sentir y ya

Unas páginas atrás te he explicado que las emociones sirven para algo: vienen a contarte cosas de ti que te ayudarán a conocerte mejor, a decirte qué necesitas, a traerte sucesos de tu pasado, etc. Muchas veces podrás comprender por qué te sientes así y todo cobrará sentido de repente. Sabrás el porqué de esa rabia, o el porqué de esa tristeza, o de esa euforia, o de esa pena. Pero otras... simplemente tendrás que sentirlas y ya, porque nada parecerá darte más pistas o más información del porqué de esa emoción en ese momento. Te tocará sentir... y ya, que no es poco.

¿Por qué a veces sabemos a qué remiten las emociones y, en cambio, a veces no tenemos ni idea?

Pues porque muchas de ellas están almacenadas en nuestro inconsciente y, aunque algunas irán hacia la luz y podrás verlas, reconocerlas y comprenderlas, otras muchas aparecerán, pero no sabrás de dónde demonios han salido. Porque una buena parte están escondidas donde no hay memoria, ni mente, ni comprensión, ni nada que pueda darles sentido o atraparlas. Incluso algunas provendrán no solo de tu inconsciente, sino de un inconsciente colectivo que ni siquiera seremos capaces de abarcar o comprender.

Nos toca aceptarlo y entender que aun así esas emociones también piden ser sentidas. Aunque no veamos clara su función, ni el porqué, ni siquiera de dónde vienen..., si están es que tienen que ser sentidas. Confía.

A veces lo más sabio será sentir y soltar, sentir y soltar..., sin quedarte preguntándote: «Pero ¿por qué no le encuentro sentido a lo que siento? ¿Qué me ha venido a contar esta emoción que no soy capaz de comprender?». Cuando eso suceda, déjalo. Limítate a sentir y a confiar en que todo está bien. Porque si esa emoción ocurre en ti (o sea, siempre) está bien. Porque tú... eres BIEN.♥

No siempre es necesario comprender intelectualmente la emoción. Basta con sentirla y liberarla. ¿Que mola cuando la comprendemos? Claro, pero lo más importante, lo más vital, es sentir esa emoción en el cuerpo y liberarla. La reparación de los traumas, de los impactos emocionales, siempre pasa por liberar la tensión emocional del cuerpo. Muchas veces la comprensión es el último paso, que sirve (si llega) para ordenar lo ocurrido..., pero no es imprescindible. De la misma forma, comprender lo vivido y sentido antes de sentirlo y liberarlo es como empezar la casa por el tejado, y muchas veces pasa eso: que comprendemos lo que ocurrió, pero no acabamos de reparar lo sucedido y el dolor permanece.

Me ha sucedido a menudo: por ejemplo, llega una mamá a la consulta y me dice que ya sabe por qué siente esa rabia cuando su hijo prefiere a su padre. Me cuenta que siempre sintió, de pequeña, que sus padres preferían también a su hermana y que incluso en el cole, en su grupo de amigas, sentía que ella no era la preferida de la líder. Así que entiende por qué se remueve cuando su hijo prefiere a papá. «Aunque lo sepa, me sigue molestando y sigo reaccionando mal cuando dice: "Tú no, papá"». ¿Qué ocurre? Que el dolor ha sido comprendido, pero no liberado. No ha pasado por su cuerpo ni lo ha transitado. No se ha permitido vivir, de nuevo, la emoción que todo ello le ha hecho revivir. Por eso, la clave es trabajar desde el cuerpo. Tumbar la emoción, ayudarla a respirar profundamente y, luego, atenderla, atender al dolor, permitir que aflore desde la contención y la atención del profesional que acompaña.

La recompensa de haber transitado una emoción de forma asertiva y durante el tiempo que esta requería es que se produce una transformación: primero, porque cambiamos de estado y, una vez que ha pasado la tristeza, ya nos sentimos diferentes; pero, segundo, porque hay algo más profundo que también ha cambiado. Aunque no lo notemos, nos vamos haciendo más maduros, más fuertes, más sabios, y aprendemos de nosotros y de nuestro entorno. Crecemos. Pero todas las cosas importantes en esta vida requieren procesos, y a veces estos no son tan rápidos como nos gustaría. Será cuestión de cultivar la paciencia. ☺

TE PROPONGO...

El mar: Hay algo muy chulo que puedes hacer en casa, también con tus hijos, y es buscar una foto de las olas del mar. Si no encontráis ninguna que os guste, podéis pintar unas olas en un paisaje de playa, por ejemplo, con acuarelas o con lo que os apetezca. Colgad esa foto o esa pintura en un lugar muy visible. Si os gusta mucho el dibujo que habéis hecho, incluso podéis enmarcarlo y colgarlo en alguna pared de casa. El objetivo no es otro que tener siempre presente que las emociones no son permanentes, que vienen y van, como las olas del mar. Vividlas sin juzgarlas y vividlas sin drama.

Cambiar la mirada: También te invito a cerrar un momento los ojos y pensar muy sinceramente qué emociones has vivido hasta el momento como más negativas y cuáles te parecen positivas. Es importante que te des cuenta del juicio que imprimes en cada emoción para liberarte de él poco a poco y permitirte ver las emociones como algo absolutamente neutro.

Fuera juicios: Te propongo que en los próximos días y semanas pongas atención a si juzgas las emociones de los demás o las tuyas propias. ¿Te concedes el derecho de sentir lo que sientes o te reprimes y juzgas? ¿Permites a los demás sentir lo que sienten o les haces saber que eso que sienten no te gusta y lo juzgas? Puede ser un ejercicio superrevelador, ya verás. Cuando lo hayas hecho, te animo a iniciar un détox de juicios. A dejar de juzgarlo todo. Verás también qué revelador.

EXPLORA

Respira hondo... Ha llegado el momento de bajar al cuerpo toda esta parte teórica para que no quede solo en la mente y podamos ir integrándola poco a poco. Comprender es tan importante como vivir estos conocimientos en el cuerpo, así que vamos a ello.

Respira profunda y lentamente, sintiendo cómo el aire entra y sale de tu cuerpo. Nota cómo te entra por las fosas nasales. Siente la temperatura de este aire, y cómo luego se expande en los pulmones...

Después deja que salga intentando vaciar por completo el abdomen y los pulmones. Observa cómo tu cuerpo, con cada inspiración y espiración lenta, va relajándose un poco más, y escúchalo. ¿Qué sientes que te cuenta cuando lo atiendes? ¿Hay dolor en alguna zona? Si es así, intenta llevarle el aire... Respira y observa si durante la lectura se ha activado alguna parte de tu cuerpo. ¿Hay alguna zona donde detectes malestar? Si es que sí, respira profundamente visualizando como el aire va hacia allí y la limpia... Luego visualiza el aire saliendo y llevándose ese malestar... Repítelo unas veces más.

Ahora te invito a que centres la atención en la mente mientras sigues respirando poco a poco. ¿Qué pensamientos han venido a ti durante la lectura? ¿Alguna frase que se repita? ¿Alguna imagen o algún recuerdo que esté muy presente ahora? Respira y observa... Intenta no engancharte a ello y no dejes que la mente se te lleve del ahora. Vuelve a la respiración y repite... Ahora y aquí, ahora y aquí... Observa y respira.

Vayamos un poco más adentro. Ahora te propongo que centres la atención en tu sentir... ¿Qué dirías que estás sintiendo en este instante? ¿Puedes poner nombre a la emoción o las emociones que habitan en ti? Observa y respira. Haz espacio a este sentir... Recuerda, es válido y legítimo. Las emociones son tus amigas; no han venido a perjudicarte, sino todo lo contrario. Vienen a ayudarte, a traerte cosas que necesitan ser vistas y atendidas. No tengas miedo... Respira y haz espacio a este sentir. Es válido, es legítimo... Respira e intenta no juzgar lo que sientes... Está bien así. No hay que hacer nada y no hay nada que temer. Sentir está bien, significa que estás viva, que estás vivo. Respira y observa... ¿Verdad que sienta bien hacer espacio a la emoción? ¿Sentirla sin juicio? ¿Respirarla sin miedo?

Siéntelo... Siente cómo es permitirte sentir lo que sientes a cada momento sin juicios. Dejar de juzgarte es liberador. Pruébalo y observa...

RESUMEN

- ✓ Las emociones vienen y van, como las olas del mar. Nada es permanente, las emociones tampoco.
- ✓ Sentimos emociones porque reaccionamos a un pensamiento, una imagen, un hecho, una vivencia, un recuerdo, etc.
- ✓ Las emociones no son ni positivas ni negativas, simplemente son. Las juzgamos en función de la experiencia que supone vivirlas en el cuerpo y de las sensaciones agradables o desagradables que nos producen en él.
- ✓ Las emociones necesitan ser sentidas en el cuerpo para liberar la energía atrapada que llevaban consigo. Siente. A veces comprenderás qué han venido a contarte y a veces no. No pasa nada. Siente y suelta.
- ✓ Sentir siempre es válido y legítimo. Sentir cualquier emoción nunca es «incorrecto» o «inadecuado».
- ✓ Lo que puede ser incorrecto es el comportamiento que se derive de la emoción, y en estos casos habrá que poner límites.
- ✓ Juzgar las emociones y reprimirlas impide vivirlas y acompañarlas de forma asertiva y conectada.

3

Cuando sentir duele

Huir del dolor

En los últimos años de mi vida, me he dado cuenta de un modo profundo, tanto a nivel personal como a nivel profesional, de que el dolor es a menudo la «base» de todo. Es decir, las emociones reprimidas y bloqueadas por hechos que nos han marcado producen un dolor emocional que, cuando no se ve ni se atiende, permanece, se enquista y a veces incluso se somatiza en el cuerpo físico. Muchos de los problemas emocionales que tenemos como sociedad ocurren por querer huir del dolor, y el resto, porque nuestro dolor (del que luego hemos descubierto que no podíamos huir) no ha sido visto ni atendido. Y encuentro tan brutalmente interesante este tema que quiero transmitirte la pasión que siento por él y que te llegue a lo más hondo.

¿Sabes por qué? Porque entender esto de manera profunda es revelador. Pero ¿qué creo exactamente que tenemos que entender? A mi modo de ver, lo primero es que todos hemos sufrido dolor. Unas personas más y otras menos, pero todas lo hemos sentido cuando éramos bebés, cuando éramos pequeñas, adolescentes, jóvenes, adultas..., e intuyo que también (poco o mucho) viviremos dolor cuando seamos viejas. Es inevitable e inherente a la vida, no podemos hacer nada para escapar del dolor que nos produce sentir determinadas emociones, y aun así su vivencia es tan dura, tan difícil a ratos, que queremos huir de él. Buscamos cualquier cosa para escapar, aunque signifique hacernos más daño y sufrir más por no atenderlo y acompañarlo. E intentamos escapar de él de mil maneras, que podríamos resumir con la palabra «enganche»:

- Nos enganchamos a la comida.
- Nos enganchamos a la bebida.
- Nos enganchamos al tabaco.
- Nos enganchamos a otras drogas.
- Nos enganchamos al móvil.

Estas adicciones, entre otras, se crean para no ver ni sentir el dolor de ese vacío que he tratado en otros libros y sobre el que no me extenderé. Ahora lo que me interesa es abordar que, aun sabiendo que el dolor es inevitable en esta vida terrenal, intentamos esquivarlo de maneras que nos perjudican y que no nos permiten vivir una vida plena.

Pero, si no huimos, ¿qué demonios tenemos que hacer con el dolor? Pues bien, la clave está en:

- VER EL DOLOR Y SER CONSCIENTES DE ÉL.
- ATENDER AL DOLOR SIN JUICIOS.

Cuando éramos pequeños no podíamos entender ni ver nada porque nos era imposible por nuestra inmadurez y vulnerabilidad. Eran otros quienes tenían que ver y atender a nuestro dolor, los que nos cuidaban y criaban. A veces lo vieron y a veces no.

Una vez que nos convertimos en adultos, somos nosotros mismos los que tenemos que verlo y atenderlo, y no seguir esperando que lo hagan los demás. Ha llegado la hora de ser responsables y autónomos en este tema, pero cuesta, ¡vamos si cuesta! Requiere valentía, coraje y determinación, y muchas veces entrar en el dolor da una pereza increíble.

Un día recibí a un papá en la consulta para que lo ayudase a comprender por qué, a pesar de haber querido durante mucho tiempo ser padre, ahora, su hijo le molestaba. Se sentía culpable, triste y muy enfadado consigo mismo, pero no podía evitar sentir lo que sentía y muchas veces, estando con su hijo de dos años, notaba una sensación de incordio y unas ganas de que no estuviera ahí que lo empujaban a evadirse. Su mujer empezaba a estar hasta el moño.

Comenzamos a tirar del hilo, y cuando le pregunté sobre su padre me dijo: «Ah, mi padre, un caso perdido, no hace falta ni que hablemos de él». «¿Por qué?», pregunté yo, y me respondió: «No estaba nunca en casa y, cuando estaba, me hacía saber una y otra vez que ojalá no hubiera nacido. Pero, bueno, mi madre hizo de madre y de padre, y no tengo un mal recuerdo de mi infancia». Escurría el bulto y se notaba que no quería ir por ahí... Cuando le pregunté cómo se sentía cuando le pasaba eso con su hijo, hizo un silencio y respondió: «Culpable», y una lágrima tímida asomó por su mejilla. Luego le pregunté si se había sentido alguna otra vez así y me dijo que sí, que toda su vida, incluso de pequeño. «¿Por qué?», quise saber. Y ahí se rompió: «Porque pensaba que si mi padre no quería estar conmigo era por mi culpa».

Este hombre lo había pasado tan mal sintiéndose rechazado por su padre... Había sufrido tanto... Pero ni su padre ni su madre, ni nadie a su alrededor, le había reconocido ese dolor suyo ni le había acompañado en él. Ese día, él pudo VERLO, ver su dolor y llorarlo. Darse cuenta de que, aunque ahora intentara desviar la atención de su padre..., su relación con él lo había marcado, dejándole un profundo dolor que volvía a manifestarse con su propio hijo, repitiendo el patrón. Solamente cuando se dio cuenta y abrazó su dolor y todo lo vivido, empezó a sentirse mejor en presencia de su hijo. No, no fue fácil, pero pudo ir sanando su herida poco a poco y vivir su presente libre del peso de su pasado.

Podemos dedicarnos a escapar del dolor. Simular que no lo vivimos, intentar enterrarlo, disimularlo, negarlo o rechazarlo (ya sabes, lo de «A mí me pegaron y no he salido tan mal»)... Pero, mientras tanto, el dolor sigue ahí, DOLIENDO.

Es como tener una herida abierta que nadie cose. Una hemorragia interna que nadie se ha dado cuenta de que está ahí y va sangrando, sangrando... Es duro advertir que las personas que tenían que haber visto y atendido a nuestro dolor no lo hicieron y que, como herencia, nos han dejado, entre otras cosas, un peso nada ligero de llevar. Pero creo que esto forma parte del hecho de convertirnos en adultos y madurar: comprender que no supieron hacerlo mejor y que, ahora que ya no somos esos niños o niñas, debemos atender nosotros mismos a nuestro dolor. Verlo, dejar de hacer el escapista y tomar cartas en el asunto. Bueno, más que cartas, coger hilo y aguja y coser esas heridas que todavía sangran viendo el dolor, reconociéndolo, dándole legitimidad y validez, y luego abrazándonos mientras lo lloramos y, con cada lágrima, lo sanamos un poco más.

Así que ahora te animo a respirar hondo. Poco a poco y cuando estés lista o listo, repite conmigo:

«Mi dolor es legítimo. Lo que sufrí y lo que sentí fue real y doloroso, y quizá nadie se dio cuenta o me acompañó como necesitaba. Pero ese dolor era válido y existió, y yo, ahora, lo VEO, lo RECONOZCO y lo ABRAZO. Soy capaz de atender a mi dolor. Soy capaz de acompañarme porque me amo y porque lo merezco».

Comprender el dolor

En todos estos años acompañando a familias, he sido testigo muchísimas veces de la etapa en la que sus hijos e hijas son conscientes de que la vida, entendida como física y terrenal, es finita, de que se termina y un día morirán ellos y también las personas a las que aman. Me ha tocado acompañar también la angustia de mis dos hijas al pasar por esta fase, y sentir su dolor al verlas llorar ante algo que para ellas era injusto y difícil de sostener. Pero es que también recuerdo ese mismo momento en mí: cuando fui consciente de que me moriría yo y de que morirían todas las personas a las que amaba. Fue dolorosísimo y recuerdo que, por la noche, no quería cerrar los ojos porque, cuando los cerraba, pensaba en la muerte y me aterraba. Intentaba imaginar qué sería morir y la pérdida que significaba, y a días incluso lloraba y lloraba pensando: «No puede ser, tiene que haber un error en todo esto».

Siento que esto se mezcla con un dolor existencial que se despierta con las preguntas «¿Quién soy? ¿Por qué estoy aquí? ¿Por qué me toca vivir X situaciones? ¿Cuál es el sentido de la vida?», y no en vano se han rodado miles de películas y se han escrito miles de libros y de canciones al respecto, y este **dolor existencial** ha impulsado la creación de multitud de obras de arte de todo tipo.

Así que siento que hay un dolor intrínseco a la existencia humana que todos y todas vivimos en mayor o menor grado en algún momento, e incluso según quién, durante toda la vida. Pero no es el único.

«Los que vivimos la guerra y la posguerra sabemos de lo que hablamos», me dijo un día mi abuelo haciendo referencia a la necesidad que tiene de llevar dinero encima aunque no salga de casa. No es el dinero, es esa mentalidad de escasez y de miedo a no tener que, en su caso, empezó muy probablemente por el hambre que pasó en la infancia y las penurias innombrables que tanto él como tantísimos millones de personas vivieron durante la guerra civil española. Varias generaciones fueron marcadas por unos hechos históricos, sociales, políticos y culturales que les dejaron un dolor en el alma y en el cuerpo que en muchos casos se ha traspasado de padres a hijos.

Es conocida la particular relación con la comida de muchas personas hijas de la posguerra, que obligaban a sus vástagos a comer en una época en la que ya había comida de sobra y ningún peque moría de hambre o por desnutrición. Un **dolor colectivo asociado a un hecho histórico**, en este caso la Guerra Civil, las marcó aunque no la hubieran vivido.

Pero hay más. A veces en una familia suceden desgracias. Tuve una familia que vino a pedirme ayuda porque su hija empezaba a comer sólidos y la madre no podía soportar la ansiedad que le creaba verla comer. Sufría mucho y estaba ultrapendiente de ella. Su marido se enfadaba y le decía: «Es que no la dejas ni comer a gusto», y ella, aunque era consciente, tenía mucho miedo de que su bebé muriera comiendo. Le aconsejé que hablara con su madre y le contara qué le ocurría, a ver si podía decirle por dónde iban los tiros, si ella también tenía ese miedo o si le recordaba a algo.

A la semana siguiente vino emocionada y me contó que resultaba que su madre había tenido un hermano que había muerto ahogándose con un trozo de comida a los siete meses. Bueno, luego habían sabido que estaba enfermo, pero el impacto había sido ver a ese bebé muriendo mientras comía. Aunque ella era muy pequeña y aseguraba no recordar nada, el impacto estaba ahí. El miedo, el trauma, el dolor de toda una familia que había perdido a un bebé. Y ese dolor había revivido cuando su propia hija había llegado a la etapa de comer sólidos y a la edad de ese niño cuando murió.

Con esto te quiero contar que hay un **dolor familiar**, que nace de traumas sucedidos en el seno de la familia y que han impactado a todas las personas involucradas y a las siguientes generaciones, aunque no se hayan dado cuenta. Porque el dolor cala y se traspasa cuando no se sana profundamente.

Y luego hay un **dolor personal**, que vives tú y que viene marcado por hechos que solo tú has vivido, o también por cómo eres, por tus particularidades y las experiencias asociadas a ellas.

Como te he dicho, el dolor es inevitable, pero el sufrimiento no. ¿Qué significa eso? Supongamos que acabamos de parir a nuestro hijo y queríamos que fuera un parto natural maravilloso, fácil y muy bien acompañado. Supongamos que no ha podido ser y que hemos terminado con una cesárea de urgencia y que durante el nacimiento hemos sentido mucho miedo, inseguridad, tristeza... La realidad nos ha impactado porque no ha coincidido en nada con nuestras expectativas, y sentimos dolor. No solo físico, sino también en el corazón, porque nada ha sido como queríamos. Esto habrá que transitarlo, vivir la rabia que da no tener lo que queremos, la frustración, la pena por no haber experimentado los momentos que tanto imaginábamos... Ese dolor está ahí. Pero luego podemos empezar a culparnos, a pensar que no hicimos todo lo que estuvo en nuestras manos, a pensar que, como no hemos tenido el parto que creíamos mejor, somos malas madres, etc. Entonces estaremos juzgándonos, haciendo conjeturas, culpándonos... Y esto produce un sufrimiento que sí es evitable. Es como una segunda capa de dolor que a veces es más potente y más dolorosa que la primera.

¿Cómo evitar el sufrimiento? Aceptando el ahora y aquí, el dolor en sí, lo ocurrido, el cómo nos sentimos, SIN JUICIOS. Aceptando que la vida tiene sus propios planes y que somos humanas y humanos. No dioses, ni seres heroicos...: humanos. Y hacemos lo que buenamente podemos con lo que nos toca vivir. Ya.

Acompaña a tu niño interior

No estás sola ni solo. Contigo, siempre y a todas horas, va tu otro yo más pequeño. El que estuvo dentro del vientre materno, el bebé de un mes y de diez, el niño de dos años, de cinco y de doce, el adolescente de quince y el joven de veintidós. Siempre vives acompañado y acompañada de quien fuiste a cada edad. A lo largo de tu vida ha habido sucesos que te han marcado: algunos los recuerdas y otros no, aunque tu cuerpo los tiene registrados de forma inconsciente, en una memoria más poderosa incluso que la que sí sabes que tienes.

Pues bien, es hora de hacerse colega de ese otro yo que vive contigo y de reconocer que está ahí y que, a veces, toma el control central de tu mente, de tu cuerpo y de tus emociones. Lo genial sería que no ocurriera y que no le dejaras, pero la verdad es que a menudo es tu otro yo quien dirige tu vida. Y esto es un rollo porque, claro, quizá tienes cuarenta años pero de repente te comportas como si tuvieras tres. O a lo mejor tienes treinta y de repente haces cosas que corresponden más a los seis años. Hay incoherencias entre la edad que tienes y tus actos. ¿Resuena esto en ti?

No eres tú, somos todos. Bueno, a lo mejor un monje que medita todo el día en un templo budista de Nepal nunca actúa guiado por su niño interior, pero, claro, no tiene hijos que le griten cincuenta mil veces al día «papá», ni tiene que cumplir unos objetivos y horarios en el trabajo, ni tiene que ir a la compra antes de que cierren, ni le falta dinero para pagar la reparación de la caldera. ¡Siendo monje, cualquiera! Pero no creo que tú, que me estás leyendo, lo seas, así que nos toca niño interior. Se siente. *C'est la vie.*

Te voy a contar algo muy personal: una de las emociones que más me han marcado ha sido la añoranza, creo que ya te lo he dicho antes. Eché mucho de menos a mis padres cuando era pequeña. Se separaron cuando tenía cinco años y, claro, o estaba con uno o con el otro, y yo me pasaba el rato echando de menos al que no estaba conmigo. Muy pesado el tema, francamente, porque no había nada que hacer. Pero, en fin, era así. Este sentimiento tan temprano y tan prolongado hizo que la añoranza me visitara por las noches cuando me iba de colonias con el cole y especialmente en unos campamentos de verano a los que asistí cuando tenía ocho años. Me acuerdo como si fuera hoy. Yo quise ir. Me apetecía un montón y me metí yo solita en la boca del lobo.

Eran quince días. ¡Quince! Y no conocía a nadie. Cero. Pues me tiré una primera semana horrible llorando cuando nadie me veía, diciendo que tenía dolor de barriga para poder irme a la cama y tumbarme a llorar... Un *fucking* infierno. Luego llegó el día de las familias y vinieron mis padres a verme (los cuatro, a los que no conté nada de la semana *horribilis*), y los últimos siete días ya pude dar la vuelta a la situación, y bien. Esa añoranza se repitió en varias ocasiones y, aunque yo siempre fui muy independiente, me venían punzadas de dolor también cuando me iba de viaje a los veinte años.

A los treinta años me di cuenta de que, cuando mi pareja se iba un fin de semana a hacer montaña, a su vuelta yo estaba de mala leche. A pesar de tener muchas ganas de verlo, cuando volvía me comportaba como una niña pequeña, lo recibía con mala cara. Como cuando vas a recoger a tu peque de tres años al cole y está enfadado contigo porque te ha echado de menos, pero, como no puede contártelo, se pasa la tarde de mal humor y enrabietado. Pues eso. Él no entendía nada porque aparentemente todo había estado bien: se había ido porque a los dos nos parecía estupendo, él lo había gozado, yo también el tiempo sin él... Pero no había forma. Cuando volvía, yo estaba de morros. Un día se mosqueó y me dijo: «¿Se puede saber qué te pasa?», y me puse a llorar. Yo no tenía ni idea de por qué actuaba de esa forma tan desproporcionada e infantil. Me dije: «Nena, entra en este dolor porque lo que haces no tiene ningún sentido».

Así que empecé a preguntarme: «¿A qué me recuerda esta situación? ¿Qué pasa cuando no está? ¿Con qué emoción entro en contacto?». Y pam. La encontré. Era la añoranza. En realidad, sí me parecía bien que se fuera a la montaña, pero su ausencia me conectaba con lo que mi yo niña había sentido tantas veces cuando echaba de menos a mamá y papá sin que se dieran cuenta ni pudieran acompañar esa añoranza. Como yo tampoco sabía de la mía en la vida adulta, ni siquiera yo misma la acompañaba. Así que, cuando lo descubrí, al fin pude hacerme cargo de esa emoción.

VI y ATENDÍ a la niña que fui recordando todas las veces que había sentido añoranza. Cada vez que él se marchaba, ponía atención a mi sentir y a mi cuerpo y, cuando la añoranza hacía ademán de aparecer y mi niña interior daba señales de vida, yo le hablaba: «En realidad, ahora te sientes enfadada no porque se haya ido, sino porque inconscientemente se ha activado el enfado que sentías cuando echabas de menos a papá y a mamá sin que ninguno de ellos se diera cuenta ni te pudiera ayudar. Ya no hace falta. Yo te veo. Sufriste, los echaste muchísimo de menos y lo entiendo, es normal. Eras muy pequeña y su ausencia se te hacía muy dolorosa». La mala leche fue desapareciendo un poco cada vez y, con cada punto de hilo y aguja en la herida, mejor me sentía: más en paz, más ligera y sin conflictos a su vuelta. ☺

Esto tendría que contarse en todos los institutos y universidades. No mi experiencia, ¡faltaría más! ☺, sino el hecho de que necesitamos aprender a comunicarnos con nuestro niño interior, que está en nosotros y que, si no lo vemos y atendemos, aparece cuando menos lo esperamos y a menudo nos da por saco porque es como si gritara: «¡Hazme caso de una vez! ¡Estoy mal! ¿Nadie ve mi dolor o qué pasa aquí?», y la lía parda.

Tendrían que hacerse películas para niños del estilo de *Cómo entrenar a tu dragón*, pero cambiándolo por *Cómo acompañar a tu niño interior*. Un título más molón, un poco de humor y magia, y tienes un peliculón. ☺ Pero, hasta que eso ocurra (quizá debería ponerme a ello), te diré lo que para mí es esencial para que puedas acompañar a tu peque interior:

- Reconoce que está ahí y visualízate en otras etapas de tu vida que te hayan marcado. Conecta con ese o esa que fuiste.
- Detecta cada vez que se manifiesta y que toma las riendas de tu persona actuando de forma incoherente o desproporcionada, cuando la memoria inconsciente lo activa. Toma nota de ello. Observa.
- Cuando ya tengas detectados esos momentos más clave en los que se activa tu niño o niña interior, hay que pasar a la acción. ¿Cómo?

HÁBLALE.

Háblale como le hablarías a tu hijo o hija si tuviera esa edad. Conecta con tu yo peque que se ha activado y dile que estás ahí. Que lo has visto, que has visto su DOLOR y que lo entiendes y acompañas. Que ya nunca más tendrá que sufrir esperando que alguien vea qué le ocurre y lo mucho que ha sufrido porque por fin estás tú ahí para darte cuenta de ello y para acompañarlo en su dolor. Dile que sientes no haberlo hecho hasta ahora, que no lo sabías, que no lo habías visto. Pero que ya no tiene nada que temer ni es necesario que tome las riendas porque las riendas las llevarás tú, al mismo tiempo que lo atenderás cada vez que lo necesite.

Esta conversación es muy pero que muy potente. La primera vez que yo la tuve fue tan reveladora que creo que hice un salto importante en el conocimiento de mí misma. Pero, después de esta primera conversación, tienen que venir y vendrán muchas más, porque tras esta primera mirada a tu yo dolido no todo es coser y cantar, ni flores y violines que tocan a tu alrededor. No... Tu peque interior seguirá intentando salir y hacerse ver, y tú tendrás que hablar con él muchas veces más, hasta que poco a poco su dolor sea atendido y, en consecuencia, se disipe más y más.

Y ahora quizá estés pensando: «Pero... ¿cómo demonios detecto a mi niño o niña interior si nunca lo había percibido antes?».

El cuerpo es la clave

A menudo solo atendemos al cuerpo desde un punto de vista físico y de salud. Si queremos estar sanos hacemos deporte, intentamos cuidar el cuerpo de mil maneras, y también nos fijamos mucho en él a nivel estético. Pero el cuerpo es mucho más que todo eso. Para mí, es un templo que nos sirve de portal al presente y a todo un conocimiento de nosotros mismos que, sin él, seguro que no llegaríamos a tener. El cuerpo es la clave y la puerta de entrada a un mundo interno que a veces sin sus señales nunca veríamos.

Puedes detectar a tu niño o niña interior cuando ya la has liado actuando desproporcionadamente (por ejemplo, riñendo a tu hija y gritándole) o, muchísimo mejor, dándote cuenta de la activación física, de la emoción que se despierta en tu cuerpo. Esto ocurre mucho antes de acabar riñendo y gritando a la niña, así que, si estamos pendientes de las señales del cuerpo, nos será mucho más fácil notar que nuestro niño interior quiere salir y tomar el control, y podremos verlo, atenderlo y pararlo. Pero, para estar al tanto de las señales que emite el cuerpo, tenemos que considerarlo de una forma más amplia y amorosa, como si fuera nuestro aliado y no solo un medio para movernos o estar más guapos o feos. El cuerpo es donde ocurre todo y es el portal de entrada a todo.

El cuerpo, además, no miente. Así como con la mente podemos autoengañarnos diciéndonos tantas tonterías como queramos, el cuerpo nunca miente. Lo que nos cuenta es REAL.

Un día vino una mamá a verme y me dijo que quería hablar de su peque, que la traía loca porque era muy nervioso, se movía mucho, lo tocaba todo... Quería, un poco, que le dijera algo mágico para que su hijo de repente dejara de ser como era. Y, claro, no soy Campanilla. Le pregunté cómo estaba ella y me dijo que ella, estupenda, que todo bien, que el problema era el niño. Así que después de escucharla le dije que se tumbara en la camilla. Lo hizo nerviosa, sin muchas ganas. Ella controlaba el terreno mental y creo que intuía, aunque fuera de manera inconsciente, que el cuerpo diría la verdad. Le propuse que empezara a respirar profundamente y comenzó a moverse, incómoda. No podía estar quieta, era superior a ella. La respiración se le hacía difícil de mantener, no paraba de mover las manos, sudaba... Y, cuando le pregunté: «Quieres huir, ¿verdad?», me dijo que sí.

«¿Qué ocurre? —le pregunté—. ¿De verdad estás bien?» (era evidente que el cuerpo decía lo contrario). Finalmente reconoció que no, que no estaba nada bien, pero que se sentía culpable al admitirlo. Que estaba sola todo el día, que nadie la ayudaba y que siempre había sido muy nerviosa y ahora tenía miedo de que su hijo fuera como ella. Podríamos habernos quedado sentadas hablando del niño, de lo que tocaba y de lo que no, pero entonces no habríamos visto ni atendido al dolor de la madre, que no podía acompañar la inquietud del niño porque ella misma no podía acompañar la suya propia. Su niña interior, llena de miedos y de condicionantes, la visitaba cada dos por tres y no se veía capaz de saber cómo criar a su hijo.

Y lo que le pasaba a esta madre no es raro... Todos y todas en algún momento de nuestra vida hemos intentado no ver las señales que nos mandaba el cuerpo. Esa emoción que despierta, pero que ignoramos. Ese calor dentro en forma de rabia que reprimimos porque «Qué van a pensar si les digo que me enfada esto que hacen o dicen», ese resfriado que sale pidiendo que alguien atienda a ese cuerpo cansado o removido, pero que tapamos con fármacos de esos que anuncian por la tele con el eslogan de «Y sigue tu vida como si nada», en vez de decir: «Y sigue sin escuchar tu dolor».

Pero el cuerpo es la clave, y si quieres aprender a acompañar tus emociones y las de los demás tienes que empezar a ver tu cuerpo con ojos más amorosos, más abiertos, más amables. El cuerpo es tu templo: cuídalo.

TE PROPONGO...

Ten presente a tu niña interior: Seguro que tienes alguna foto tuya de cuando eras pequeña. ¿Qué te parece si la pones en algún lugar visible? En la nevera, en tu despacho, en tu mesita de noche... El objetivo es que veas tu imagen y conectes con tu niño o niña interior. Que la mires transmitiéndole cariño, amor, comprensión, atención, escucha... Tener presente al niño o niña que fuimos nos ayuda a amarnos. Es un acto de amor propio que te ayudará a la hora de acompañar tus emociones y también de acompañar las de los demás, especialmente las de tus hijos e hijas.

Detecta tu patrón con el dolor: Te propongo también que observes qué haces con el dolor emocional que sientes o has sentido y que, a la vez, intentes darte cuenta de cuándo sientes dolor y cuándo le añades sufrimiento prescindible con juicios de valor, «Y si» infinitos o bucles interminables. Cuando lo descubras, céntrate en aceptar tu ahora y aquí: verlo, respirarlo y dejar a un lado cualquier juicio al momento presente y a ti misma.

Ama tu templo: Y, por último, te propongo que en los próximos días y semanas prestes especial atención a tu cuerpo. Que lo observes y lo escuches para ver qué te está contando con sus malestares y manifestaciones de dolor físico (si es que vienen). Recuerda que a veces somatizamos el dolor emocional que no encuentra salida. Observa, siente, escucha y mima tu cuerpo. No merece menos.

EXPLORA

Ha llegado el momento de aterrizar todo lo contado en este capítulo. Bajarlo de la teoría a la práctica, entrando en contacto, primero, con el cuerpo, que, como te he contado, es donde sucede todo. Te animo a respirar lenta y conscientemente, notando cómo el aire entra y sale de tu cuerpo. Observa si notas su temperatura cuando entra por las fosas nasales, si tu vientre se mueve con la entrada de aire, y qué pasa durante la exhalación... Respira un rato con tranquilidad y observa cómo está tu cuerpo después de todo lo leído.

¿Notas algún punto de dolor físico? ¿Percibes cierta inquietud? ¿Tu cuerpo es capaz de estar quieto o, por el contrario, no para de moverse compulsivamente? No juzgues lo que ocurra; limítate a observar y respirar.

Ahora te animo a que observes tu mente en estos momentos. Fíjate en el nivel de actividad mental que hay en ti y, sin juzgar los pensamientos, déjalos pasar, como si no fueran contigo, intentando que no se te lleven. Si aparece la tentación, céntrate en la respiración. Respira despacio, toma conciencia de cómo entra y sale el aire de tu cuerpo, y deja que tus pensamientos hagan lo mismo, que vayan saliendo también de ti. Tanto si notas la mente apaciguada como si la sientes removida con todo lo que te he contado en este capítulo, no lo juzgues y déjalo pasar. No hay nada que temer... Observa y respira.

Por último, te animo a conectar con tu sentir, con lo que ha ocurrido emocionalmente en tu cuerpo leyendo este tercer capítulo. ¿Has sentido algo concreto que puedas identificar? ¿Qué sensaciones y emociones han venido a ti? Reconoce lo ocurrido en ti y hazle espacio mediante la respiración. Respira y observa mientras, poco a poco, abres espacio a las emociones que hayan aparecido y que necesiten ser vistas. Quizá al tiempo que las respiras y les permites ser y existir en este preciso momento, en este presente, te des cuenta de qué te quieren contar... Pero no te lances a un trabajo de investigación mental, simplemente permite que sea lo que es ahora y aquí. Acepta. Respira. Observa. No temas. Deja que este presente se manifieste tal y como es. Respira y observa, respira y observa...

RESUMEN

- ✓ Tendemos a huir del dolor cuando en realidad deberíamos verlo y atenderlo conscientemente.
- ✓ El dolor es inevitable e inherente a la vida; en cambio, el sufrimiento no. Cuanta más presencia en el ahora y aquí, menos sufrimiento.
- ✓ Dentro de nosotros habita también siempre el niño o la niña que fuimos y que quizá sintió dolor que no fue visto ni atendido.
- ✓ Tú puedes acompañar a tu niño o niña interior e intentar sanarle las heridas con autoescucha, presencia, introspección y la validación de todo lo vivido y sentido.
- ✓ El cuerpo es donde ocurre todo. Es importante que lo veas como una puerta de entrada a ti, que te ayudará a comprenderte y a darte cuenta de lo que ocurre en ti.
- ✓ El cuerpo almacena también todo nuestro inconsciente, que se manifiesta en él cuando se nos dispara el automático porque algo nos despierta las heridas que todavía no hemos sanado.

4

Qué hacer con lo que sentimos

Qué hacer con las emociones

Ojalá en todos los coles del mundo hablaran a los niños y niñas sobre las emociones y lo que ocurre dentro del cuerpecito de cada uno cuando llegan la rabia, los celos o la tristeza, por ejemplo. Ojalá no solo les contaran eso, sino que les enseñaran también a saber qué hacer cuando estas emociones se manifiestan en ellos y los remueven por dentro. Porque, aunque está muy bien saber qué sientes, está todavía mejor saber qué hacer con eso que sientes... Así que insisto: ojalá esto se enseñara en todos los coles y también, por supuesto, en todas las casas. Como te he contado, siento que caminamos hacia allí de manera inexorable, pero los cambios importantes llevan tiempo, y este es muy importante.

Así que vamos allá, redoble de tambores: **lo único que hay que hacer con las emociones es sentirlas.** Bum. Sí, así, tal cual. Es urgente y necesario que aprendamos a nivel colectivo e individual que las emociones están ahí, que es normal que emerjan y nos incomoden, y que lo único que hay que hacer con ellas es sentirlas. Esto, tan obvio y tan fácil de decir, es, a su vez, harto difícil de hacer. ¿Por qué? Por todo lo que te he contado antes: sentir algo desagradable no es nada fácil, y el impulso instintivo es salir corriendo, no parar y sentir.

Pero... si las emociones ocurren de manera natural y es casi imposible no sentirlas, ¿a qué me refiero cuando digo «sentir las emociones»? Pues me refiero, como exploro en los cuentos que he escrito, a hacerles espacio. Primero, a nivel casi físico, y esto ocurre cuando las respiramos; cuando, ante cualquier emoción y aunque no sepa cuál es, me permito respirar profundamente sin ninguna necesidad de aparcarla, rechazarla o evitarla. Con la respiración, es como si le hiciera espacio, y, con más espacio dentro para sentir eso que se está manifestando en mí, lo siento sin tanta tensión.

Porque lo contrario del rechazo es la aceptación y, cuando respiro la emoción y la miro de frente, es como si le dijera: «Te veo, sé que estás ahí, te acepto, te hago espacio para que puedas ser»; y solo entonces me daré cuenta de que, en cuanto se produce la aceptación y respiro lo que siento permitiéndome transitarlo, automáticamente se hace más pequeño. Según la emoción y su porqué, quizá se disipará poco o se mantendrá durante un rato... Pero la gran mayoría de las cosas no permanecen para siempre, y las emociones tampoco.

Esto que he contado en tan solo cuatro párrafos es trascendental. Puede no parecerlo explicado así, pim pam, en un libro, pero te aseguro que, cuando consigues llevarlo a la práctica, se produce un *aha moment*, que dirían los ingleses, brutal.

Un día, en una conferencia que di ante unas ciento cincuenta personas, al llegar el turno de preguntas un hombre mayor fue el primero en pedir el micro. Empezó diciendo: «No es para desmerecer la conferencia, PERO...», y todos sabemos que un «pero» aquí desmonta de golpe y porrazo la negación que acababa de hacer. Ante tal inicio de intervención noté cómo se me aceleraba el corazón y, con él, también la mente, que pensó varias cosas, todas deprisa y casi a la vez: «Ay, va a machacarme», «No tengo ni idea de por dónde me va a salir», «Es mayor, de otra época, y puede que lo de la crianza consciente le haya sonado a chino», «¿Y si la he cagado en algo y no me he dado cuenta?», etc. En solo unos segundos noté mi aceleración, mis nervios, mi niña interior removida, y recurrí a la herramienta clave para estos casos: la respiración, que siempre siempre te devuelve a la adulta que eres. La respiración te permite hacer espacio, aceptar lo que es y devolverte a un lugar donde encontrar una respuesta adecuada.

Respiré profundamente. Mientras respiraba me dije: «No estoy entendiendo nada de su intervención» (que estaba fuera de lugar), y luego intenté conectar con él respirando y pensando que esa supuesta crítica no iba contra mí, que no era personal. Sentí compasión y empatía y pude responderle desde mi yo adulta consciente. Luego me enteré de que ese señor iba a todas las conferencias a intentar intervenir y dar su opinión sobre cualquier tema que se tocase. Pero lo importante aquí es que la respiración me permitió hacer espacio a todo lo que sentí en esos pocos minutos y devolverme a mi yo adulta, sin quedarme atrapada en mi niña interior, que se hubiera echado a correr. Si no hubiera hecho este proceso de observación consciente, es muy probable que hubiera reaccionado a la intervención desde un lugar inadecuado, porque habría actuado desde mi niña herida.

Cuando simplemente sentimos lo que acontece, podemos darnos cuenta de lo que ocurre dentro de nosotros y, luego, observarlo para actuar (si es necesario) de la forma más adecuada y asertiva posible.

Resumiendo, te propongo que a partir de ahora, cuando sientas una emoción, sigas estos pasos:

1. Siente la emoción.
2. Respira la emoción: hazle espacio.
3. Observa lo que sientes.
4. Acepta el momento, acepta lo que ES.
5. Despréndete de juicios, expectativas y deseos.

Tal vez comprendas lo que ocurre o tal vez no. Ya hemos visto que en ocasiones aparecen emociones inconscientes que no tenemos ni idea de dónde vienen ni por qué. Pero no importa, tú sigue el mismo proceso y permite que poco a poco, al sentir lo que se manifiesta, se vaya disipando. Puede que, como no tienes la costumbre de parar y sentir, te entren ganas de hacer «algo», que tu instinto te invite a «escapar» de la emoción evadiéndote de alguna forma y dejando de sentirla. Bueno, esto es lo que quizá has hecho y has visto hacer siempre. Pero recuerda que estamos aquí para cambiar el paradigma, para ver las emociones de otra forma, y para tratarlas de manera que no nos queden dentro haciéndonos daño. Así que, aunque observes resistencia a parar y sentir, respira... Recuerda las olas del mar, que vienen y van. Lo mismo pasará con esta emoción que sientes. Déjala ser, hazle espacio, respírala, siéntela y observa qué ha venido a contarte. Para y siente. Para y respira. Pasará.

Aunque no te lo parezca, estás haciendo un gran trabajo de crecimiento personal, sanando a veces a un nivel tan sutil que quizá ni siquiera te des cuenta. Tú simplemente siente, respira, deja que lo que es sea, y suelta.

No soy lo que siento

Para poder hacer este proceso es indispensable que entendamos que NO somos lo que sentimos. Que las emociones no nos definen y que no son nosotros. Que lo que verdaderamente somos no está atado ni a nuestro cuerpo, ni a nuestros pensamientos, ni tampoco a nuestras emociones. Porque todo eso puedo observarlo: puedo observar mi cuerpo y sus cambios, observar mis pensamientos o mis emociones... Si puedo observarlo, está claro que no soy eso.

Además, todo eso es transitorio y cambia sin cesar. Es evidente que el cuerpo experimenta cambios a diario y, con el paso del tiempo, se vuelve distinto al que fue. Con los pensamientos pasa exactamente lo mismo: vienen y van, y se transforman según lo que vamos viviendo, experimentando, sabiendo, sintiendo y un largo etcétera. Por último, con las emociones ocurre igual: vienen y van, y cambian dependiendo del día, del momento, de lo que suceda, de lo que veamos, de lo que nos cuenten, de la edad que tengamos, de las cosas que aprendamos o vivamos, etc. No somos nuestras emociones porque estas varían continuamente y lo que sentimos ahora no era lo que sentíamos cuando teníamos cuatro años...

Entonces, si no somos nada de eso, ¿qué somos? Pregunta del millón. A mi modo de ver, somos mucho más: somos algo que está más allá de las emociones, los pensamientos o el cuerpo. Somos algo que sí permanece, que es continuo y constante, que no se va a pesar de los cambios físicos, mentales ni emocionales. Somos algo muchísimo más profundo, atemporal, mucho más sutil y a la vez con muchísima más entidad. Para mí somos un ser, un alma, conciencia pura o como quieras llamarlo. Cuando medito, lo vivo como una casita dentro de mí, como mi hogar donde simplemente soy, sin identificaciones con mi cuerpo, con mi profesión, con lo que pienso o siento, ni con cualquier otra etiqueta que se me haya puesto en esta vida terrenal. Somos. Ya.

Por lo tanto, si puedo comprender que si soy el observador de mis emociones es que NO soy lo que siento, cuando una emoción me incomode podré vivirla y sentirla muchísimo mejor. Porque podré observarla, poniéndole distancia y sin hacerla mía ni que me defina. Sin identificarme con ella. Porque si me define la rabia, por ejemplo..., ¡cuánto sufrimiento! ¿A quién le gusta pensar que es su rabia? ¿O su tristeza? A nadie.

Pues genial, porque no eres nada de eso y, ojo, tu hijo o tu hija tampoco lo es, así que no los identifiquemos con sus emociones. No les digamos que son unos «rabiosos» o que son unos «celosos». Son niños que a ratos sienten rabia o sienten celos, pero ellos no son esas emociones. Parece una tontería de diferenciación, pero es crucial. Porque, cuando identificamos a nuestro hijo con una emoción que no nos gusta, es inevitable que nos agobiemos, y desde el agobio no podremos ayudarle. Pero eso lo abordaremos más adelante, cuando hablemos de cómo acompañar las emociones de los demás.

Cuando no nos identificamos con las emociones que sentimos, es como si soltáramos un peso que quizá hemos cargado durante años. Cuando nos desidentificamos y podemos observar lo que sentimos, de repente somos más libres y podemos transitar cualquier emoción de una forma más asertiva, consciente y llevadera. Esto es crucial para la autorregulación.

Autorregularse o autorregularse

No queda otra: la gran asignatura pendiente es la autorregulación emocional de todos y todas, y me refiero a los adultos. De forma sencilla y clara, autorregularse significa conseguir un equilibrio emocional para que seas tú quien lleve el control, y no tus emociones y tus reacciones inconscientes. El equilibrio emocional es el santo grial. ☺

Aunque es verdad que en los últimos años (y en buena parte desde la pandemia) la inteligencia emocional ha ido interesando a más personas y ha ocupado titulares incluso en la prensa generalista, todavía nos queda mucho por andar: del trogloditismo emocional de siglos no se sale en dos días, qué le vamos a hacer. Los adultos a menudo somos incapaces de transitar nuestras emociones de forma asertiva, y aún más de acompañar así las de nuestros hijos, con lo cual es frecuente que a nivel emocional nos descompensemos o desregulemos. Las emociones toman nuestro control sin que nos demos siquiera cuenta y empezamos a reaccionar de forma inconsciente, dando rienda suelta a esa energía emocional que sale como un caballo desbocado.

Tanto a los peques como a las personas adolescentes tendremos que enseñarles estrategias para transitar las emociones de forma equilibrada, sana y asertiva, pero es imprescindible que antes aprendamos nosotros. Ahora bien, ¿cómo hacerlo si nadie nos ha enseñado ni tampoco hemos visto autorregularse a nuestros padres ni a otros referentes? Pues como con todo: aprendiendo y practicando, no hay más.

Para conseguirlo, primero necesitaremos darnos cuenta de esa necesidad. Es decir, de que a veces nos desequilibramos emocionalmente y de que tenemos que aprender a manejar lo que sentimos de otra forma que nos haga bien a nosotros y también a los que nos rodean. Si creo que puedo dar rienda suelta a lo que siento sin cortarme un pelo, no veré la necesidad de autorregularme.

¿Qué implica la autorregulación? Básicamente, darse el permiso de sentir sin miedo y, entonces, descubrir qué ocurre, qué necesitamos y cuál es la respuesta más adecuada y asertiva que podemos dar a lo que acontece, sea lo que sea. Pero no solo eso: desde la observación de las emociones y estados podremos anticiparnos y autorregularnos mucho antes de que el vaso esté demasiado lleno y tengamos que invertir mucha energía en volver al equilibrio. Con la observación, la desidentificación de lo que sentimos y la anticipación, podremos autorregularnos dándonos aquello que necesitamos para transitar mejor nuestras emociones a cada momento.

Estas son las herramientas clave para la autorregulación:

- Respiración.
- Presencia plena.
- Observación.
- Anticipación.
- Aceptación.
- Respuesta asertiva.
- Silencio.

Como ves, la respiración aparece en todo lo que hago: libros, vídeos, talleres... Soy un poco plasta con eso, lo reconozco, pero es que a mí me ha servido para transformarme. No exagero. La respiración es un tesoro. Para empezar, nos permite estar vivos. Es lo primero que hacemos al llegar a este mundo y lo último que hacemos cuando nos vamos de él. Nacemos con una inspiración y morimos con una exhalación, y en este tiempo intermedio no paramos de respirar ni un segundo, viviendo infinidad de cosas en infinidad de experiencias, etapas de la vida, etc., pero siempre respirando. Yo veo la respiración como un mástil que siempre está ahí y que nos ayuda a transitar esta vida terrenal. Cuanto mejor respiramos y conectamos con nuestra respiración, siendo conscientes de ella y abrazándola, mejor vivimos, sin duda. Cuanto peor respiramos y más desconectados estamos de este acto tan potente y vital, peor vivimos. Visualiza a alguien en paz... ¿Cómo imaginas que respira? Ahora visualiza a alguien que siente ansiedad. ¿Cómo le ves respirar? La calidad de la respiración es el termómetro del estado interior.

La respiración es indispensable para vivir y, a la vez, siento que es de las cosas más desvalorizadas. La mayor parte de las veces la ignoramos. Mucha gente no se fija en ella hasta que no tiene un ataque de ansiedad y siente que no es capaz de llenar bien los pulmones. Pero resulta que se trata de la herramienta por excelencia para vivir una vida consciente. Tomar conciencia de la respiración, de cómo entra y sale el aire, nos ayuda a ir hacia dentro, a ver cómo estamos por dentro, qué nos remueve, qué ocurre en nosotros, algo que resulta básico para el autoconocimiento, el propio desarrollo y la propia transformación.

Ya es hora de hablar de la importancia de la respiración en casa, en el cole, en el instituto, en la universidad... Y da igual lo que se estudie. ¡Si se es consciente de la respiración y se respira conscientemente, se aprende mejor, sea lo que sea lo que necesitemos aprender! Tenemos que empezar a darle el valor que merece y, si no sabemos respirar, aprender. Los bebés nacen respirando a la perfección: una respiración absolutamente abdominal y profunda... Pero a medida que crecemos nos vamos desconectando de este acto tan vital. Tomar conciencia de cómo respiramos y elevar la calidad de cada inhalación y exhalación nos ayudará no solo a autorregularnos, sino también a estar mejor y a vivir cada instante con más plenitud. Recuerda que la respiración consciente nos conecta con el presente, que, como dice la misma palabra, es un regalo.

Así que, en serio..., respira... Sé consciente, cuantas más veces al día mejor, de esto tan vital que ocurre en tu cuerpo. Tú hazlo y observa. Verás qué bien. ☺

Presencia plena

Sería genial que viviéramos la experiencia humana en presencia plena, igual que cuando éramos bebés y solo comprendíamos y conocíamos el tiempo presente, el ahora y aquí, y nos manteníamos en él. Todo lo hacíamos absolutamente conectados con ese instante, ajenos a la concepción del tiempo. No existía algo llamado «mañana» ni algo llamado «ayer». Pero crecimos y fuimos desconectándonos del presente, como si fuera más importante lo que vendría después o lo que ya había ocurrido. Pasado y futuro se adueñaron de nosotros, y luego nos costó horrores vivir en el presente a cada momento.

En realidad, a nivel práctico lo hacemos, porque es imposible vivir en otro tiempo que no sea el ahora. El pasado ya fue y es un mero recuerdo, y el futuro no existe, ya que, cuando se materialice ese tiempo que imaginábamos futuro, ocurrirá también en el ahora. Y aun así, a pesar de que habitamos en el presente, muchas veces (en la gran mayoría de los momentos del día, diría yo) estamos muy lejos del ahora y aquí, con la cabeza en otra parte.

Sin embargo, para transitar las emociones de forma asertiva es indispensable que estemos por entero en el presente y que las surfeemos desde la presencia plena. Que sintamos la emoción y llevemos a ella la presencia plena respirándola, observándola, etc. Sin esa presencia nos será muy difícil transitarla y canalizarla con asertividad, porque no estaremos ahora y aquí y nos desconectaremos, con lo que se disparará el automático y hará lo que le resulte más sencillo con esa emoción, ya sea porque es lo que hemos visto en casa (evitarla, ignorarla, rechazarla, etc.), ya sea porque tiramos de costumbre y hacemos lo que siempre hemos hecho con ella. El presente es tu ancla: agárrate a él para volver a ti y para autorregularte.

Observación

Una vez que hemos respirado, es momento de poner el foco para VER. Ver cuál es la situación en la que estamos, qué está pasando, qué nos ocurre dentro y qué le ocurre a quien está fuera de nosotros; observar en qué situación nos encontramos para poder darnos cuenta de cuestiones que, viviendo con el piloto automático, sin ser conscientes del ahora y aquí, nos pasarían desapercibidas.

La observación es otra de las herramientas importantísimas para regularnos, pero no solo eso: también nos ayudará muchísimo a conectar con los demás. Si podemos observar a nuestro hijo desde esta presencia plena, desde el ahora y aquí, podremos saber mejor qué le ocurre y, por lo tanto, encontrar la respuesta adecuada a ese momento. Si en una conversación delicada con la pareja, somos capaces de respirar y observar, estoy convencida de que lo que cocrearemos será mucho mejor que si actuáramos desde el disparador automático. Así que la respiración y la observación aplican a todo.

La observación nos permite poner distancia entre nosotros y lo que observamos, sean las emociones, nuestros hijos, una conversación delicada o cualquier otra cosa. Esta distancia nos da la perspectiva que muchas veces necesitamos para «ver» de verdad qué está ocurriendo. Nos ayuda a percibir el cuadro completo en vez de solo una pequeña porción.

Anticipación

La anticipación es mi amiga. Muy amiga. La anticipación me ha ahorrado muchos pollos de mis hijas, pero también propios, porque, mira, una es intensa y muy sensible y, si tiene la anticipación presente, puede hacer cambios para regularse mejor emocionalmente. Ante retos emocionales potentes como una comida de Navidad en familia, un acto (laboral o de la índole que sea) que nos ponga nerviosos, etc., anticiparse es vital porque nos ayuda a preparar el terreno y a ponérnoslo todo un poco más fácil. Es cierto que a veces nos anticipamos y luego la vida tiene sus propios planes y las cosas van por otros derroteros, pero muchas veces nos servirá muchísimo para estar mejor emocionalmente. Voy con un ejemplo: estamos MUY cansados de toda la semana. Hemos trabajado intensamente, la casa, los hijos, etc., y llega el jueves y sentimos que no podemos con nuestra alma. Para que las emociones no cojan el timón, anticípate: quizá darte una ducha antes de recoger a los niños te ayude a estar algo mejor. Si no tienes tiempo, después de recogerlos será mejor que vayáis directos a casa que alargar el día todavía más con quehaceres, recados o parque. Cenar antes, adelantar las rutinas de la noche y anticiparte a posibles obstáculos típicos de los jueves por la noche, cuando todo el mundo está cansado, será clave para que estéis mejor.

Tenemos un cerebro: usémoslo a favor del bienestar propio y de los demás, y tiremos de anticipación.

Aceptación

Ante cualquier reto emocional, ¿qué dirías que es mejor, aceptar lo que hay o ponerte de culo con ello? Yo he probado las dos cosas repetidamente, ja, ja. En la primera parte de mi vida solía hacer la segunda, hasta que vi, como dice mi hija adolescente, que «no me rentaba». Porque ponerse de culo ante lo que ES no sale a cuenta, simplemente. Y, muy importante, eso no significa que lo que acontece tenga que gustarte, claro que no. Supongamos que ahora mismo me siento angustiada por algo que ha ocurrido, que he pensado o que me han contado. Puedo hacer dos cosas: o cagarme en todo porque, «con lo bien que estaba», ahora estoy angustiada, y enfadarme, o, algo mucho más inteligente, darme cuenta de mi estado interior, respirarlo, observarlo y aceptarlo. Si está, está. Simular que no lo veo o enfadarme con ello no hará que se vaya. Así que, efectivamente, lo que sale mejor es aceptar lo que es y, en el caso que nos ocupa, aceptar cualquier emoción que aparezca, tuya o de los demás. Cuando aceptas, no opones resistencia, y de esta forma tampoco pones obstáculo a que esa emoción se disipe hasta desaparecer.

Como te decía, en la segunda parte de mi vida empecé a aplicar la observación y a usar mi cerebro para ver con perspectiva cada situación. Si no podía cambiarla, ¿para qué ponerme de culo, aunque no me gustara? Así que empecé a practicar la aceptación. No tengo mucha dificultad en aceptar, aunque a veces me doy cuenta un poco tarde, es decir, que, si me pilla con pico de estrés o cansada, me doy cuenta de que estoy poniéndome de culo con algo que no está en mis manos cambiar cuando ya llevo así un día. Luego paro, respiro y me digo: «¡Que no te renta, Tirado! ¡Fíjate qué pérdida de energía la de hoy!», y me vuelvo a centrar. Es trabajo de práctica...

Quizá estés pensando: «No puedo aceptar algo que no me gusta». Yo te diría que, ante eso, te preguntaras: «¿Puedo cambiarlo? ¿Puedo eliminar esta situación?». Si las dos respuestas son «No», entonces te recomiendo que cambies tu mirada para aceptar lo que pasa, aunque no te guste. Lo otro es hacerte daño y añadir capas de sufrimiento a algo que, ya de por sí, te ha producido dolor. No lo hagas, no te renta. ☺ Si tu hijo coge una rabieta en el súper, ni puedes cambiarlo ni puedes eliminar lo que está ocurriendo, así que lo mejor es que aceptes el momento y tengas una... respuesta asertiva.

Respuesta asertiva

Con todo lo que habremos hecho y que ya te he contado, nos será casi orgánico y natural dar a ese instante una respuesta asertiva. Quizá esta no consistirá más que en respirar e ir transitando la emoción hasta que se disipe, o tal vez en pasar a la acción para poner un límite, o pedir lo que necesitamos, o darnos nosotros mismos lo que necesitamos en ese momento, o hablar con alguien, o infinidad de respuestas, pero desde un lugar asertivo, conectado a esa observación, a esa comprensión del ahora y aquí interno y externo.

La respuesta asertiva es básica, por ejemplo, en la comunicación con los hijos, porque, si cuando actúan de una manera que no nos gusta, no seguimos los pasos anteriores, se nos dispara el automático y hacemos, seguramente, todo aquello que un día dijimos que nunca haríamos. En cambio, desde un lugar más observador, conectado y consciente, podremos responder (si se requiere una acción por nuestra parte) de una forma también conectada y consciente. No gritaremos ni los sacudiremos ni nada por el estilo, y en vez de eso, si por ejemplo tenemos que establecer un límite, lo haremos desde la calma y a la vez comprendiendo que son niños y que es normal que se enfaden o que les cueste respetar los límites que consideramos innegociables.

Esto también requiere mucha práctica. No hemos sido educados con respuestas asertivas, sino más bien con respuestas inconscientes, y tendremos que aprender. Y se aprende practicando. Un día te saldrá mejor, otro peor, pero cada vez irás automatizando más el proceso consciente y verás más deprisa cuál es la respuesta asertiva que requiere cada momento. Confía y practica.

Silencio

He dejado el silencio para el final, pero no porque sea menos importante, sino porque no hay un orden a la hora de contactar con él, y puede ser clave en cualquier parte del proceso hacia la autorregulación. Se le da tan poco valor que me parece una verdadera injusticia... El silencio es básico y esencial para escucharse y para escuchar al otro. Hablo de dos tipos de silencio: el externo y el interno, que son distintos, pero muchas veces no pueden existir sin el otro. Si no acallo el ruido exterior, no puedo escuchar el silencio interior. Y al revés: si no entro en el silencio interior, si dejo que el ruido interior de mis pensamientos me abrume, no podré acallar también el ruido externo.

Durante muchos años de mi vida el silencio me incomodaba y no paraba de llenarlo. Me costaba poco, porque me gusta mucho hablar y comunicarme con la gente, pero a los veintipocos me di cuenta de que había demasiado ruido externo y también interno. Empecé a estar más en silencio: a no poner música todo el rato y a observar qué pasaba en mí cuando se hacía el silencio. Comprendí que para estar bien necesitaba el silencio, hablar menos y crear espacios de no ruido a mi alrededor, tanto a nivel exterior como a nivel interior (cosa que cultivé gracias a la meditación).

En mi casa, a pesar de que tengo dos niñas, hay muchos ratos de silencio. Y los hay porque cuando eran bebés también los había y yo notaba lo bien que les sentaban. Los buscaban y valoraban, como ahora. Porque el silencio, sin necesidad de hacer nada más que crearlo y escucharlo, estar en él, regula, equilibra y armoniza. Lo notan el cuerpo y el alma entera, y esa vibración que nos procura y ofrece nos ayuda a estar más presentes en nosotros y en conexión con los demás.

De la misma forma que te he recomendado todas estas herramientas para que te ayuden a regularte emocionalmente, te digo que puedes encontrar otras y que ir observando qué te ayuda, qué te devuelve el equilibrio emocional y qué necesitas para conseguirlo es todo un ejercicio de autoexploración. El arte (pintar, escribir, escuchar música), el movimiento (salir a caminar), el agua o la naturaleza también ayudan a autorregularse. Hay muchísimas opciones, y cada cual tendrá que encontrar sus imprescindibles. Los míos son los que te he comentado. Cada persona es un mundo y te animo a que encuentres tu propio camino hacia la autorregulación.

Soltar sin esperar

En la fase final de la vivencia de una emoción, siento que es importante soltarla sin expectativas. La emoción no deja de ser una energía que se manifiesta en nuestro cuerpo y que, después de ser vista, necesita ser transitada y soltada para disiparse. Quedarnos atrapados en una emoción o no soltarla nos hará daño y no nos ayudará en el proceso del que estamos hablando para vivir una vida más plena y más sana emocionalmente. Para conseguir el equilibrio es indispensable que pongamos tanta atención al momento en que la emoción empieza a emerger en nosotros como a aquel en se disuelve y desaparece. Porque este es el objetivo final, que esa energía se disipe y no se quede atesorada en nuestro cuerpo, doliendo y creando incomodidad repetida o permanente.

¿Por qué digo «sin esperar»? Pues porque a veces me encuentro con personas que tienen la expectativa de que, cuando consigan surfear la emoción y soltarla, esta ya no volverá, o que se transformarán mucho, o que pasará no sé qué cosa... Las expectativas suelen convertirse en un peso y provocar que un momento bonito o importante acabe pareciendo menos simplemente porque no ocurre lo que en nuestra cabeza se había convertido en un «plan».

Soltamos las emociones porque retenerlas duele, porque no sirve y porque nos impide vivir una vida plena, pero eso no significa que, al soltarlas, nos iluminemos o que esa emoción X no vuelva a nuestra vida. Dado que somos humanos, seguiremos viviendo emociones, aunque, si sabemos transitarlas, ya no nos darán miedo ni nos quedaremos atrapados en ellas. Nos convertiremos en el observador o la observadora de lo que ocurre en nosotros y podremos encontrar la respuesta adecuada a cada instante. Pero sin más. Porque no hace falta un «más» cuando poder disipar la energía y quedarnos más libres y más ligeros ya es maravilloso en sí. ¿Por qué nunca nada nos parece suficiente? Bueno, esto, si acaso, ya en otro libro. ☺

Por ahora quédate con que la emoción está para vivirla con cierta distancia (la del observador), pero para soltarla después. Deja que esa energía siga su proceso acompañándola para que no se quede enganchada a ti, para que no se salga de madre, para que haga un recorrido consciente y sanador hasta disiparse y desaparecer. El regalo es el proceso en sí mismo. Pero, insisto, no me creas sin más: experiméntalo tú, pruébalo, practícalo y luego, ya si eso..., me cuentas.

TE PROPONGO...

Cada vez que aparezca una emoción: Bajemos todo a un plano más terrenal y práctico, si te parece. Te propongo que, durante las próximas horas y luego días, cada vez que venga una emoción y la sientas en tu cuerpo le pongas presencia, la respires, la observes, etc., hasta soltarla. Luego fíjate en qué te ha costado más. ¿Se ha apoderado de ti? ¿Se te ha enganchado y no has sido capaz de soltarla y llevas horas con ella? Lo que te he contado en este capítulo simplemente requiere práctica y conciencia. Es decir: querer hacerlo y darse cuenta de cuándo viene una emoción para poder practicarlo. Las primeras veces quizá te cueste y respondas con el automático que se te ha disparado durante años al sentir miedo o rabia, por ejemplo. Pero Roma no se construyó en dos días. El aprendizaje para transitar una emoción, tampoco, y menos si nadie nos enseñó. Así que no desistas y confía: es cuestión de práctica. No ceses. Apuntar cada experiencia quizá te ayude a ver una evolución y a ir tomando más conciencia de cómo cambia tu forma de transitar las emociones.

Silencio: Al respecto de este capítulo te propongo también algo que suele ayudar mucho a tomar conciencia de cómo vivimos. Durante unos días, observa y registra qué nivel de silencio hay en tu vida. Es decir: date cuenta de en cuántos momentos estás en silencio de verdad (sin ruido exterior) y cuántos momentos tienes de silencio interior. Obsérvate cuando estás a solas, pero también cuando estás con familia, compañeros o amigos. ¿Qué ocurre? ¿Qué pasa con los silencios que emergen? ¿Se respetan? ¿No? ¿Hay mucho ruido? ¿Se habla en un tono elevado? ¿Y qué ocurre con otros ruidos? ¿Hay música, algo de fondo continuamente? Te propongo también que observes cómo te sientes cuando hay silencio. Es decir: cuando aparece el silencio externo, ¿qué sientes? Observa si aparecen incomodidad o bienestar, o lo que sea. Date cuenta de por qué. Intenta recordar también qué nivel de ruido o de silencio había en tu casa en tu infancia. Y, más allá de lo externo, observa qué pasa en tu interior. Cuando paras, ¿notas que hay mucho barullo dentro de ti? ¿Mucho ruido, muchas voces que no cesan? ¿O, en cambio, sabes encontrar el silencio en ti, quizá a través de la meditación?

Tus imprescindibles: Crea tus imprescindibles para autorregularte. Mira qué te ayuda más a volver a tu equilibrio. Si es la naturaleza, o el movimiento, o meditar, etc. Encuentra cuáles serán tus imprescindibles y tenlos presentes en tu día a día. Observa también si tu hijo o tus alumnos tienen sus formas naturales de autorregularse para tomarlas en cuenta, respetarlas y protegerlas.

Ojalá estos ejercicios te ayuden a prestar atención a tu día a día para ir ajustando, y que este «trabajo» de toma de conciencia de tus emociones y de tu forma de transitarlas suponga una revolución interior hacia la transformación para vivir una vida más plena, más consciente y más feliz. Te lo mereces.

EXPLORA

Ahora vamos a hacer un poco de espacio a todo lo vivido y sentido en este capítulo. Para ello te animo a adoptar una postura cómoda y a observarte de forma abierta y sin reparos. Empieza a respirar de manera más lenta y profunda, procurando entrar en contacto con ese aire que entra y sale de tu cuerpo. Observa cómo entra por tus fosas nasales y cómo se expande luego para, en la exhalación, acabar saliendo y vaciándote. Observa durante unos instantes este ritmo, esta danza de la respiración en ti. Valora eso que haces sin darte cuenta: respirar. Con cada inhalación te sientes más presente, en este ahora y aquí, en presencia plena. Observa y respira... Permítete un momento de silencio escuchando solamente el sonido de tu respiración. Observa tu cuerpo y, si hay algún punto de tensión, mándale aire para que pueda aflojarse.

Ahora te propongo que observes tu mente y si hay mucha actividad o más bien poca. Observa también si algunas palabras, frases o conceptos de este cuarto capítulo resuenan todavía en ti y si eso ha hecho emerger ideas, pensamientos que se te van acumulando en la cabeza. No tienes que hacer nada más que respirar y observar, sin juzgar. No hay un bien ni un mal aquí, así que respira y obsérvate sin miedo a estar equivocándote.

Todavía con esta resonancia de estar presente con tu respiración y también con tu mente, a la que no haces caso y simplemente observas de forma consciente, te animo entrar en contacto con tu sentir. ¿Hay alguna emoción en ti en este momento? ¿Sientes que eres capaz de identificarla poniéndole un nombre, o ahora mismo es un batiburrillo y no sabes muy bien lo que sientes? Sea lo que sea, no pasa nada, no lo juzgues y limítate a respirar y observar. Respira la emoción o las emociones que ahora mismo estén en ti. Si sientes que te cuentan algo de ti que desconocías o que ya sabías, observa y escúchate. ¿Qué te están contando? ¿Qué hay que no sabías? Observa y respira la emoción, como si estuvieras reconociéndola, dándole validez para que luego pueda marcharse y liberarse...

Te propongo que permanezcas unos instantes en silencio, dando espacio a la energía emocional que se haya removido y permitiéndole ser para que después pueda disiparse y volar ya fuera de ti. No hay que hacer nada más que sentir lo que es ahora y aquí. Recuerda que tú no eres esa emoción, así que puedes sentirla y distanciarte también de ella, observándola y dándole espacio. Observa y respira. Observa y respira. Quédate un rato escuchando el silencio y permitiendo que lo que es, simplemente, sea.

RESUMEN

- ✓ Sentir emociones, experimentarlas en el cuerpo, es normal e inevitable.
- ✓ Lo que hay que hacer con las emociones es sentirlas. ¿Cómo? Respirándolas, prestándoles presencia plena, aceptándolas, viéndolas y dejándolas fluir hasta que se disipen.
- ✓ La autorregulación emocional nos permite vivir lo que sentimos de forma equilibrada y sana.
- ✓ Para conseguir autorregularnos nos ayudarán la respiración, la presencia plena, la observación, la aceptación, la respuesta asertiva y el silencio.
- ✓ Cada persona es un mundo, y es importante que cada cual se escuche y se observe para descubrir qué le ayuda a estar en equilibrio emocional.
- ✓ Cuando una emoción es sentida de forma consciente y transitada con asertividad siguiendo todo lo expuesto anteriormente, luego fluye y se disipa.
- ✓ Una vez transitada la emoción, es importante soltarla sin expectativas, simplemente liberando la energía que ha traído consigo.

5

Aprende a acompañarte

Te tienes a ti

Si hubiera escrito este libro hace seis años, sin duda este apartado no habría existido. Un día, mi hija pequeña me preguntó a quién quería yo. Empecé a decirle que a ella, a su hermana, a su padre... Cuando paraba, me preguntaba: «¿Y a quién más?», y yo seguía añadiendo nombres y personas. Al final, un poco fastidiada, me dijo: «Mamá, ¡te estás dejando a alguien muy importante!», y yo no atinaba a saber a quién demonios se refería. Ante mi cara, me soltó: «A ti, mamá, a ti... ¿O es que no te quieres?». BUM. Tocada y hundida.

Me había olvidado de mí misma. Me dejó tan fuera de juego que me prometí que nunca jamás me dejaría de lado, porque... sí, mi hija tenía razón: me tenía a mí. Es curioso que me costara darme cuenta de ello en ese momento, cuando ya llevaba años ayudando a mis pacientes a acompañarse a sí mismos y a tenerse en cuenta. Supongo que es mucho más fácil enseñar a los demás a amarse que romper el patrón de dejarse para lo último y amarse a una misma.

Mi proceso hacia el amor propio lo conté extensamente en el libro *Límites*, porque gracias a ellos, de alguna forma, me encontré y me amé de verdad. Pero sí que es cierto que la mirada de mi hija pequeña, que siempre se ha tenido muy en cuenta a sí misma y a la que el amor propio le ha nacido de forma orgánica y natural desde el primer momento, me ha ayudado muchísimo a tenerme más en cuenta y, de alguna forma, aprender a acompañarme más y mejor.

Ahora, cuando ella se abruma con alguna emoción y repasamos cómo volver al equilibrio, a veces se olvida de que se tiene y se lo recuerdo, a lo que ella dibuja una cara de «Ah, claro, si me tengo a mí para ayudarme también en esto», y es bonito cómo el saberse consigo misma le da tanta paz.

Porque es eso lo que deberíamos hallar al sabernos con nosotros mismos: paz. Si estamos con alguien las veinticuatro horas, es con nosotros mismos, todo el rato, vengan buenos momentos o malos, da igual. Estamos continuamente con nosotros mismos y no podemos escapar. De nosotros no. Pero a menudo eso no nos calma y buscamos fuera lo que no somos capaces de encontrar dentro porque, en el fondo, nos sentimos vulnerables, desprotegidos y solo conectamos con el niño que fuimos, no con el adulto que también somos. Con el niño que fuimos es imposible sentirnos a salvo, porque un niño se siente infinidad de veces inseguro: por inmadurez, por la edad, porque no entiende el mundo que lo rodea, etc. Si pretendemos acompañarnos desde allí, nos será imposible conseguirlo.

Lo importante es que, como ya te he contado en páginas anteriores, tomemos conciencia de que al lado de ese niño o niña indefenso habita también un adulto capaz y consciente, y que esa parte adulta puede acompañar a nuestra parte más vulnerable y perdida. ¡Ay, pero es que nadie nos ha enseñado y, además, tampoco hemos visto hacerlo! Al contrario, lo que veíamos eran adultos con comportamientos infantiles, más propios de la primera infancia que de los treinta o cuarenta años. Veíamos adultos con reacciones inconscientes que se ponían, en comportamiento, a la altura de un niño, y eso nos confundía y nos hacía sentir todavía más inseguros y sin referentes de cómo se acompaña uno a sí mismo cuando lo necesita.

Si queremos de verdad aprender a acompañar a los demás, y en especial, a nuestros hijos e hijas cuando atraviesen emociones intensas, es importantísimo que antes, o paralelamente, aprendamos a acompañarnos a nosotros mismos con amor, con compasión y con muchísimo respeto y dignidad.

Llevo muchos años ayudando a madres, padres y docentes a aprender a acompañarse a sí mismos. Cuando les introduzco en el tema, les digo que mi objetivo es que no me necesiten, que no estén meses o años viniendo a consulta conmigo, y que sepan acompañar ellos mismos sus propias emociones y desequilibrios emocionales. Aunque es cierto que a muchas personas, especialmente si nunca han hecho trabajo personal ni han ido a terapia, les costará más acompañarse y necesitarán de otro adulto que las ayude, también es cierto que a muchísimas otras no les haría falta ir a terapia si aprendiesen qué hacer con lo que sienten.

Así que ahora mi objetivo es enseñarte a tenerte en cuenta, a saber cómo funcionas y a aprender a acompañarte para que puedas ponerlo en práctica hoy mismo y veas los efectos que el tenerte en cuenta de verdad y de una forma consciente causa en ti. ¡Vamos allá!

Aprende a acompañarte

Para aprender a acompañarte, lo más importante es que seas consciente de que dentro tienes dos partes: tu parte más vulnerable, removida y emocionalmente herida (tu niño o niña interior), y tu parte más consciente, más sabia, más adulta y racional. Estas dos partes conviven con más o menos armonía hasta que algo que ocurre, que oyes, que ves, que piensas o recuerdas te activa emocionalmente. Ahí puede coger las riendas cualquiera de las dos partes que habitan en ti: si lo hace tu niña interior, actuarás de forma reactiva, inconsciente y activada por tu pasado. Si lo hace la adulta que hay en ti, es muy probable que no reacciones sin pensar, que tomes conciencia de lo que acaba de ocurrir y que tengas una respuesta asertiva, consciente y adecuada.

Por mucho que sepamos que en cada uno de nosotros habitan estas dos partes, si no estamos en contacto con nuestro cuerpo y no somos capaces de darnos cuenta de qué ocurre en nuestro interior (qué pensamos, qué sentimos y qué se despierta físicamente en nuestro cuerpo) es probable que nos cueste horrores tomar conciencia de quién queremos que lleve el timón en momentos de activación emocional. Porque no habrá conciencia en ese momento, y el automático se disparará sin más.

Para acompañarte es imprescindible que, más allá de tener claro que dentro de ti hay dos partes que conviven, estés muy presente en tu ahora y aquí físico, mental y emocional. Si lo estás, detectarás qué ocurre y podrás ponerle suficiente conciencia para no reaccionar desde el niño que fuiste. La respiración consciente te ayudará siempre a estar más conectada con tu ahora y aquí. Será tu timón.

Supongamos que una emoción potente ha venido a visitarme. Acabo de dejar a mi hija en el cole en su primera semana de escolarización y resulta que me marcho triste porque no la he visto muy segura de querer quedarse. Si me observo, notaré que mi cuerpo físico ha reaccionado a ese hecho. Quizá note presión en el pecho, ganas de llorar o un ligero dolor de barriga a causa de la tensión que me ha producido presenciar tal momento. Si observo mi sentir, quizá me dé cuenta de que estoy triste y de que la echo de menos, de que me gustaría correr a darle un abrazo y que se le pasen la inseguridad y el miedo. Quizá también yo tenga miedo de que no lo lleve bien, o de que ya esté llorando y lo pase mal. Si observo mi mente, tal vez me dé cuenta de que estoy pensando en negativo, pensando que soy una mala madre por dejarla allí de esa manera, o que lo va a llevar fatal, que no he sabido despedirme bien o cualquier otra cosa por el estilo.

En este ejemplo concreto, ¿cómo podría acompañarme? Una buena forma sería observar mi estado general en el ahora y aquí, empezando por la pregunta «¿Qué me ocurre?» o «¿Cómo estoy ahora?». Luego, respirar para permitir que las emociones que resuenen dentro de mí tengan espacio para ser sentidas y, después, para soltarlas (como hemos visto en el capítulo anterior). Pero también es importante ir un paso más adelante y preguntarse: «¿A qué me recuerda esto que estoy sintiendo ahora mismo?», porque quizá me dé cuenta de que viví una añoranza o tristeza igual o incluso más poderosa cuando era pequeña y era yo la que me quedaba en el cole sin sentirme muy segura.

Si es así, puedo notar que mi niña interior, la niña que fui y que sintió esa herida producida por una añoranza y tristeza seguramente mal acompañadas, se ha activado y está resonando otra vez con lo que ocurre en el presente. Ahí es cuando mi parte adulta tiene que tomar las riendas y acompañar a la parte herida. ¿Cómo? Primero viéndola y luego hablando con ella. Por ejemplo... así:

«Te veo. Sé qué te ocurre. Tú también sufriste mucho en los inicios escolares. Sentiste pena, tristeza, añoranza, y no sabías ni lo que ocurría ni cómo contarlo. Además, quizá notaras que los demás no sabían cómo acompañarte y no te daban lo que tú necesitabas en esos momentos... Te entiendo. No fue nada fácil y es normal que ahora, viendo a tu peque en la misma situación, se active el recuerdo. Veo tu dolor y lo abrazo; no estás sola».

¿Lo has experimentado? ¿Has experimentado qué reconfortante es que pongan palabras a tu sentir y que lo legitimen? ¿Sentir que lo que te ocurre no es algo descabellado, que no te has vuelto loca, que tiene un porqué y que quien te acompaña no te juzga ni te critica por ello? ¿Sentir también que las emociones que viviste hace tantos años son válidas y legítimas?

Trabajando con madres y padres me doy cuenta de que, cuando soy yo quien habla con el niño que fueron, siempre lloran, o casi siempre. Les caen lágrimas de emoción al percibir que alguien ve y reconoce su dolor. Que lo que sintieron y lo que sienten ahora, activados por el recuerdo, tiene una razón de ser y que su sentir es legítimo. Sin embargo, cuando los animo a hacerlo ellos y a practicar en su propio acompañamiento, a menudo no les sale. A veces porque tienen un bloqueo a la hora de mirarse con amor y compasión, como si fuera algo nuevo que no reconocen como propio. Y otras, porque aseguran no saber cómo hacerlo.

Entonces cambiamos los protagonistas y les digo: «Vale, entonces imagina que quien está sintiendo lo que sientes tú ahora es tu mejor amiga. ¿Qué le dirías?», y les sale del tirón, sin pensar ni titubear un segundo.

El poder de las palabras

Es brutal el poder que tienen las palabras: pueden reconfortarte, sacarte de tus casillas o hundirte en la miseria. Las palabras nos sirven para comunicarnos y también para ordenar y estructurar el mundo que nos rodea. No son absolutas y muchas veces son incapaces de abarcar conceptos o sentires que traspasan cualquier término que quiera limitarlos y encasillarlos. Aun así, las palabras nos permiten comprender lo que vivimos y lo que nos rodea, y nombrar aquello que nos ocurre nos ayuda a integrarlo mejor. Cuando quien nombra es quien nos acompaña, a menudo nos sentimos entendidos, sentimos que no estamos solos y que lo que nos ocurre (si lo entienden los demás) es más normal de lo que quizá *a priori* nos parecía.

Cuando un niño no tiene un buen dominio del lenguaje porque es pequeño, cuando se siente desbordado emocionalmente, lo expresa todo desde el cuerpo: es su físico el que habla, y su llanto. Luego, a medida que aprende vocabulario y comprende el sentido de las palabras, va siendo más capaz de nombrar lo que le ocurre. Para ello, obviamente, tendrá que haberlo aprendido. Es decir, si nadie le ha nombrado nunca la palabra «miedo» y no la ha escuchado en ninguna parte, será difícil que la use. Sin embargo, cuando ese niño tiene la madurez y el vocabulario suficientes para expresarse con el lenguaje verbal, ya no necesita tanto del cuerpo y podrá expresarse de una forma más asertiva. Es como que el lenguaje le da más paz, porque ya puede nombrar. Porque nombrar lo que es calma.

En eso, la validación es muy importante. Según la RAE, «validación» es la acción y el efecto de validar, que a su vez es dar firmeza, fuerza y seguridad a algún acto. De alguna forma, cuando validamos el sentir de alguien, también el nuestro, estamos diciendo: «Valido lo que sientes, lo entiendo, lo comprendo y le doy legitimidad». Porque, como ya hemos visto anteriormente, el sentir siempre es válido, y cuando ese sentir es validado por nosotros mismos o por alguien que nos acompaña sentimos una gran sensación de confort y de conexión con la otra persona.

El problema es que cuando éramos pequeños muchas veces se nos invalidó lo que sentíamos. Esas veces en las que se nos dijo que lo que vivíamos emocionalmente NO era verdad, aprendimos a no confiar en nosotros. Cuando se niega la perspectiva de un niño y su realidad, el niño aprende a no confiar en lo que siente, a no confiar en su intuición ni en las señales de su cuerpo, pero también aprende a suprimir y reprimir sus emociones, además de a NO permitir el espacio para la realidad que viven otros, igual que no se lo han permitido a él.

Por eso es tan importante validar lo que siente y vive un niño, aunque sean cosas muy alejadas de las que vivimos los adultos. Un niño puede llorar a lágrima viva cuando se rompe una pieza diminuta de su juguete, y su tristeza y pena es real y válida aunque a nosotros nos parezca una tontería por la que jamás lloraríamos ahora. Si una niña pensaba que la galleta saldría del paquete toda redonda y sale rota, y rompe a llorar, es porque se le han roto los esquemas y se frustra porque no ha ocurrido lo que esperaba. Su enfado es real y válido, aunque ninguno de nosotros lloraría por una galleta a trozos. Cuando les decimos a los niños: «Tú sí que vives bien», «Anda que llorar por esta tontería», «¿Puedes dejar de hacer dramas por chorradas?», «Lloras por cosas que no son para tanto», «Eres una exagerada», «Estás loco si te pones triste por eso»..., les estamos diciendo: «Estás sintiendo tu realidad de forma errónea y no deberías sentirte así». Aunque el sentir siempre es válido y legítimo, ese niño aprenderá que el suyo no lo es. Si no se siente él validado por los que ama cuando es pequeño..., ¿cómo va a aprender a validarse y acompañarse?

De alguna forma quizá más espiritual, cuando sí nos validan sentimos que podemos ser como somos ahora mismo, que nuestra manifestación emocional actual es comprendida, legítima y válida para el que está a nuestro lado, y eso nos da paz, nos relaja y nos aleja de sentirnos solos, incomprendidos o incorrectos. Además, nos permite confiar en nuestro cuerpo y en nuestra intuición, porque nos están diciendo que nuestro sentir es legítimo y está justificado.

Dependiendo de nuestro pasado, nos costará más o menos acompañarnos, pero casi todos tendremos que aprender. Así pues, nos tocará aprender a hablarnos bien, y esto que parece obvio es harto difícil para muchas personas, porque el discurso interno que tienen consigo mismas no es para nada amable ni empoderador, sino todo lo contrario: se hablan mal. Se critican, se humillan, se juzgan, y usan palabras duras y faltas de comprensión y compasión. Así que lo primero que tendrás que hacer (lo veremos en los ejercicios posteriores) será observar cómo te hablas a ti mismo.

El diálogo interno a veces da risa, es verdad. Verte hablándote, aunque sea internamente, sin que nadie escuche nada, es un poco raro y no estamos acostumbrados, a pesar de que hablamos con nosotros mismos buena parte del día. Pero no así. No nos hablamos desde la óptica del acompañamiento emocional, de la autoescucha y la autoexploración, sino con mil quehaceres del día a día y cosas muy superficiales.

Bueno, pues es hora de dar un paso más hacia la calidad de tu diálogo interno aprendiendo a hablarle bien a tu niño interior. Si no te sale, si te cuesta, imagínalo. Visualízate con tres años, o con siete, o con la edad que tuvieras cuando sentiste la emoción que emerge hoy en ti por resonancia, y dite lo que te hubiera gustado que te dijeran tu mamá o tu papá.

Es sanador porque, aunque ya no podamos pedir a nuestros padres que nos validen o que reparen cosas que pasaron hace muchísimos años, podemos hacerlo nosotros mismos cuando nos acompañamos de forma consciente y compasiva, cuando nos comprendemos, cuando nos hablamos bien y cuando legitimamos lo que sentimos. Esto es genial, aparte de esperanzador, porque, sí, podemos sanar nuestras heridas y quizá, si aprendemos a acompañarnos, podremos hacerlo nosotros solos.

Pasos para acompañarte:

- Conecta con la emoción que sientes e intenta ver si la sentiste en algún otro momento de tu vida. Prueba a ir al recuerdo más lejano, de cuando eras más pequeño.
- Respira esta emoción conscientemente, hazle espacio y visualiza al niño o la niña que fuiste sintiendo esa misma emoción.
- Visualiza cómo te acompañaron entonces, si es que tuviste acompañamiento, y cómo te hubiera gustado que te acompañasen.
- Acompáñate tú. Dite las cosas que te hubiera gustado que te dijeran, abraza al niño o la niña que fuiste, dale esos mimos y ese calor que tal vez no tuvo en su momento.
- Visualiza cómo a través de este ejercicio que puede llevarte minutos o segundos, dependiendo del momento y de la situación, vas liberando tensión emocional que quedó acumulada al no tener el acompañamiento que necesitabas.

- Sigue respirando y observa cómo te sientes después de haberte acompañado, de haberte querido y de haber verbalizado lo que quizá nadie dijo.
- Intenta darte lo que necesitas y, si ahora no puedes, toma nota para dártelo cuando sí sea posible.

Este pequeño ejercicio (en cuya práctica te guiaré en el próximo «Explora») puede parecer muy complejo, pero de verdad que no lo es, especialmente después de haberlo practicado unas cuantas veces. Cuanto más lo repitas, más fácil te será ver a tu niño interior, notar cuándo se dispara, qué emoción lo ha activado y a veces incluso por qué. Luego podrás tenerlo en cuenta, acompañarlo e ir liberando esa emoción, pero desde el adulto o la adulta que eres, hasta que se disipe.

Carla era una mamá que recurrió a mí cuando se dio cuenta de que con su hija de once años estaba actuando como nunca lo había hecho antes. Me dijo que no sabía qué le ocurría, pero que, desde que la niña había empezado a marcar más distancia con ella, no era capaz de tratarla bien y se sentía muy enfadada con su hija a pesar de que no hacía nada fuera de lo común. Carla era consciente de ello y por eso vino buscando ayuda. Cuando le pregunté si a sus once años había pasado algo, me dijo que su padre se había ido de casa. Que se había enamorado de otra persona y que su madre se lo había tomado muy mal y entre ellos se había desencadenado una guerra en la que ella se había convertido en moneda de cambio. Su madre, que se sentía absolutamente abandonada por su marido, quería que la niña tomara parte, y Carla, casi sin darse cuenta, también había empezado a sentirse más y más enfadada con su padre.

Al poco rato se dio cuenta de que, al notar la separación que iba marcando su hija por la etapa vital que estaba viviendo, habían emergido en ella la rabia y la sensación de abandono y tristeza, de ahí que le saliera muy mala leche contra su hija y que no parara de criticarla y reprenderla. Hablamos de su niña interior y le enseñé cómo acompañarse cuando aparecieran estas emociones antiguas y ya conocidas por ella.

Al cabo de una semana, Carla me contó: «Me hecho amiga de mi niña interior y me he dado cuenta de que, cuanto más la mimo y la cuido, más desaparece la rabia contra mi hija y mejor la trato también a ella. Eso ha hecho que ella volviera a acercarse un poco más y siento que estamos recuperando la conexión». Su cara era de ilusión, paz y gratitud, y cuando le pregunté: «Cuéntame cómo lo haces en tu día a día», me dijo que se observaba mucho y, cuando notaba el calor de la rabia dentro, en vez de interactuar con su hija se retiraba a su habitación, cerraba los ojos y se decía a sí misma: «A ver, Carla, ¿qué ha ocurrido aquí? ¿Adónde te ha llevado eso que ha pasado?», y entonces, poco a poco, empezaba a recordar palabras, imágenes de su infancia en las que se había sentido muy sola, en medio de una pelea continua entre su madre y su padre. Se había sentido en realidad abandonada por los dos: por su padre por irse de casa y verle menos, y por su madre porque emocionalmente tampoco estaba ahí, más pendiente de su situación y sentir que de lo que estaba viviendo y necesitaba su hija.

En su habitación, Carla lloraba a veces, y otras simplemente visualizaba a su yo de pequeña y se abrazaba diciéndose cosas bonitas como «Te entiendo, estabas muy asustada, era todo nuevo para ti, fue duro y te sentiste muy sola. Pero ahora ya no estás sola, estoy aquí, ya no hace falta que saltes con la preadolescente que tenemos en casa, yo me ocupo». Y así, poco a poco y día a día, pudo ir sanando y reparando algo que estaba allí y de lo que no se había percatado.

Cuando no lo sanamos, ya sabes, el pasado va apareciendo en el presente, así que es mejor que hagamos como Carla y trabemos amistad con nuestro niño o niña interior para ir cerrando etapas, liberando tensión emocional y darnos la posibilidad de vivir una vida más plena, más libre, más consciente y más feliz.

«Suena tan fácil cuando lo explicas así», me dicen a menudo cuando doy conferencias, y siguen con un «peeeeeerooo luego no es tan fácil llevarlo a la práctica». Y es cierto. La teoría suele ser fácil de comprender, pero pasar de la teoría a la práctica, no tanto, y en este caso concreto a veces no resulta tan fácil acompañarse, o quizá lo pruebas y sientes que no puedes, que te pierdes, que no encuentras por dónde empezar por mucho que leas y releas los pasos anteriores.

Es posible que esto te suceda si nunca has cultivado el desarrollo personal, si no has ido nunca a terapia ni has practicado la introspección ni la autoexploración. No estoy juzgándote, al contrario, es normal que te resulte difícil. Yo sería incapaz de hacerlo hoy si no hubiera asistido a terapia cuando asistí y no hubiera experimentado, en mi piel, lo que era sentirse de verdad validada y acompañada en cuestiones que ni sabía que existían en mí.

Así que mi recomendación es que, si sientes que el melón que hay que abrir es demasiado grande para hacerle frente sola o solo, o si sientes que las emociones que te abruman son demasiadas o que siempre se te está disparando el automático..., busques a alguien que te acompañe. Porque es bueno que antes de sentirte en tus propios brazos, que te pueden mecer y acompañar, sientas que puedes reposar y mecerte en los brazos de un profesional que te escucha, te ayuda, te comprende y te da la mano en tu proceso de desarrollo personal.

No es nada de lo que tengas que avergonzarte. Si acompañarte no te sale, si empiezas a decirte cosas supuestamente amables y te es imposible porque lo que te sale es otra cosa nada amorosa..., de verdad, nada de que avergonzarte o culparte, al contrario. Busca ayuda para sanar tus heridas, que te empodere y te dé la mano para que repares, crezcas y te transformes en alguien que sí pueda acompañarse porque ya tiene las herramientas.

Normalmente las cosas no ocurren de la noche a la mañana, y a veces, sobre todo las importantes de verdad, requieren un tiempo y un proceso. No lo demores y, si notas que lo de acompañarte te resulta tremendamente difícil, busca quien te ayude. Pon la primera piedra para poder hacerlo tú dentro de un tiempo, y no dudes de que así será. Muchas veces, cuando has recibido y te has llenado, ya estás listo para darte también a ti.

TE PROPONGO...

La carta: Te propongo que después de este capítulo escribas una carta a la niña o al niño que fuiste. Qué cosas te habría gustado que te dijeran y nadie te dijo. Qué cosas puedes decirle para que se sienta como quiere sentirse cualquier niño: visto, mirado, tenido en cuenta, escuchado y que pertenece. Háblale, dile cosas bonitas, comunícate con tu parte más vulnerable y transmítele que sabes que está ahí, que la quieres, que la aceptas y que la abrazas. Pero, especialmente, que a partir de ahora la tendrás presente y la acompañarás.

Conecta con tu sabiduría: Otra cosa que puedes hacer también para tomar todavía más conciencia de que en ti habita tu parte vulnerable, pero también tu parte sabia, es sentarte un momento en silencio, cerrar los ojos y reconocer que en ti hay sabiduría y buena parte del legado de generaciones y generaciones, que te han traspasado también su intuición. Agradece por un instante esta parte consciente, sabia, conectada con el universo entero y que «sabe» desde un lugar más profundo qué requiere cada ahora.

Espacio en el calendario: Para poder tener esta claridad en distinguir cuándo tu niño interior quiere coger las riendas y cuándo tu yo adulto y sabio toma el control, es importante que estés en conexión contigo mismo y, por lo tanto, que hagas cosas que te nutran y te conecten. Para ello, te propongo que abras tu calendario (sea de papel, sea digital) y marques en él unos momentos semanales para practicar esas actividades que te conectan. Pueden ser quince minutos de meditación diaria, o una hora de natación semanal para conectar con el agua y con el movimiento que tanto te llena, o dos horas el sábado para salir a caminar al monte, o un rato cada noche antes de dormir para hacer estiramientos o leer un libro. Da igual lo que sea, no importa. Lo que sí importa es que sea algo que te ayude en tu día a día a sentirte más en conexión, a observar más porque te sientes más consciente de todo.

EXPLORA

Este «Explora» será un poco distinto; voy a guiarte para que conectes con tu niño o niña interior. Te sugiero que este en especial lo escuches, escaneando el código QR, cerrando los ojos y concentrándote en mi voz.

Instálate en la respiración consciente y nota cómo el aire entra y sale de tu cuerpo lentamente. Nota la temperatura del aire y el movimiento de tu cuerpo con la respiración. Inhala despacio y, al exhalar, suelta algún sonido, como un suspiro, relajando todo tu cuerpo y dejando ir cualquier tensión que albergue.

Respira y observa, y ve aflojando pies, piernas, muslos, espalda, hombros, brazos, antebrazos, manos, cabeza... Relaja toda la musculatura facial y asegúrate de no estar tensando ni la mandíbula ni los ojos ni la frente. Observa tu cuerpo en este estado de ir soltando cualquier tensión física y respira lenta y profundamente.

Siente el cuerpo relajado, observa el momento presente, conectada o conectado a tu respiración. Ahora te propongo que visualices el recuerdo más lejano que tengas de ti, en tu infancia. Conecta con esa niña o ese niño que fuiste. Respira y ve viendo cada vez más nítida la imagen de quien un día fuiste. Intenta visualizar dónde estabas, qué ropa llevabas, qué medidas tenías... Mira tus manos, las de quien fuiste en esa imagen... Conecta con ese momento que viviste.

Te propongo que ahora conectes con lo que ese niño o niña necesitaba en su infancia y que quizá no tuvo. Conecta con lo que te hubiera gustado tener, sentir, notar... Ese amor genuino, esa mirada atenta, ese abrazo reparador, esa validación que tal vez nunca llegaba... Conecta con el sentir del peque que fuiste y respira. Observa y respira...

Ahora te propongo que la persona adulta que eres se acerque a esa niña o niño. Visualiza cómo lo abrazas y le das todo eso que quizá necesitaba y no tuvo. Date ahora ese abrazo, ese mimo, esa comprensión, esa mirada, ese amor genuino, esa validación o incluso esas palabras que te hubiera gustado escuchar y que tal vez no llegaron... Dilas en tu interior... Que le lleguen a ese niño, que lo sanen poco a poco. Respira y observa. Respira cualquier emoción que aparezca ahora en ti... Es potente conectar con quien fuimos, y puede que empiecen a liberarse emociones y sensaciones. No tengas miedo; es bueno. Sigue respirando y observando, sabiendo que el adulto que eres puede acompañar a ese niño o niña que fuiste un día.

Date cuenta del poder de la conexión con tu niño interior y también del poder sanador y reparador del adulto que eres. Respira y suelta tensión, emoción o dolor... Que salga y se disipe. Que el amor repare el dolor. Que la mirada repare la necesidad. Que el abrazo repare el vacío... Te tienes a ti. Siempre te has tenido y ahora, más consciente que nunca, te seguirás teniendo.

Respira y observa. Ve volviendo a tu cuerpo, a tus sensaciones y a este ahora y aquí. Poco a poco siente el resonar de este ejercicio en ti y comprométete con el niño interior con quien has contactado. Dile que no vas a dejarlo más, que vas a mirarlo y atenderlo cuando lo necesite, y que estás aquí. Ahora más que nunca.

Respira y observa. Todo está bien... Respira, suelta, quédate unos minutos descansando y notando el efecto reparador de haberte visto al fin de verdad... Ahora ya no te vas a dejar nunca más. Estás aquí también para ti. Respira y observa..., respira y observa... Que el amor genuino hacia quien fuiste, quien eres y quien serás vaya reparando cualquier herida y vaya llenando todos tus vacíos. Puedes hacerlo. Te tienes a ti. ♥

RESUMEN

- ✓ Siempre te tienes a ti, y para acompañarte emocionalmente, también. Tenlo presente, tente presente.
- ✓ En nosotros habitan dos partes: una vulnerable encarnada por el niño que fuimos y sus heridas, y otra más empoderada, adulta y consciente, encarnada por quien somos ahora y aquí.
- ✓ Cuando se nos dispara el automático, es nuestro niño interior, que quiere que veamos algo del pasado, lo tengamos en cuenta y lo sanemos.
- ✓ Aprender a acompañarnos emocionalmente es básico para poder comprender estos disparadores y para que el adulto que somos no ceda las riendas al niño que fuimos y actúe de forma inconsciente y desconectada.
- ✓ El diálogo interno compasivo, comprensivo y amoroso nos ayudará a sanar heridas de la infancia que quizá nadie validó ni comprendió en su momento. Aprender requiere práctica y amor propio.
- ✓ Si sientes que no puedes acompañarte, busca ayuda profesional para que te sostenga en este proceso de autodescubrimiento y sanación emocional. Es temporal, mientras aprendes a acompañarte y a volar sola o solo.

6

Aprende a acompañar a los demás

Acompañar las emociones de los demás

Si antes te he contado que, en general, no sabemos qué hacer con lo que sentimos... ¡cómo vamos a saber qué hacer con lo que sienten los demás! De la misma forma que hemos reprimido o negado nuestras emociones, nos cuesta acompañar las de los demás, y a menudo lo hacemos de pena. Y, si no, mira este ejemplo: una mamá ha dormido nada o menos la pasada noche y, cuando se lo cuenta a su pareja, esta le responde: «Ah, ¿sí? Yo pensaba que habías dormido del tirón. ¿De verdad que no has dormido?». Luego se lo cuenta a su madre, y ella le responde: «Bueno, no será para tanto, yo tampoco dormí cuando naciste y, mira, ya ni me acuerdo». Luego, la misma madre se lo explica a su amiga, y ella le dice: «Tienes que probar lo que me contó esa chica, acostarlo no como lo haces tú, sino...», y así hasta el infinito. En realidad, ninguna de estas personas la ha escuchado de verdad. Nadie ha empatizado con su sentir: su pareja lo ha puesto en duda, incrédula; su madre le ha quitado hierro poniéndose a ella como protagonista, y su amiga ha intentado darle una solución cuando no era eso lo que ella le pedía. Nadie ha sabido conectar con lo que contaba: con su cansancio, con sus pocas horas de sueño y, quién sabe, con la desesperación de llevar días, semanas y quizá meses durmiendo muy poco.

No debería ser tan difícil: si conectáramos más con lo que nos hace sentir bien cuando nos abrimos y contamos cómo nos sentimos, tal vez nos resultaría más fácil ofrecérselo a nuestros interlocutores. Pero la verdad es que nos cuesta, y mucho. Porque volvemos a lo mismo de antes: cuesta mucho dar lo que no hemos recibido. Cuesta mucho empatizar cuando, en general, no han empatizado con nosotros y no llevamos la empatía integrada. Esto no quiere decir que no amemos a esa mamá, que no nos sepa mal que no haya dormido y que no deseemos su bienestar, por supuesto. Significa, simplemente, que no sabemos acompañarla como ahora mismo seguramente necesita. ¿Y qué necesita?

Que conectemos con su sentir, con lo chungo que es pasarse una noche en vela porque el bebé está inquieto y no duerme relajado. Que conectemos con su cansancio, pero también con lo negro que nos hace verlo todo ese cansancio, y que le digamos algo que le haga saber que la comprendemos, que estamos aquí para lo que necesite y que, en efecto, no dormir es de las peores cosas de la vida. Básicamente, que veamos y legitimemos su dolor.

De esta forma, aceptando lo que nos cuenta y validándola, seguramente se sentirá mejor que con todo lo que le han dicho antes. Podríamos decirle: «Oh, lo siento. No dormir es muy duro y debes de estar muy cansada. ¿Puedo ayudarte de alguna forma a estar mejor?», por ejemplo.

Si tuviera que definir en pocas palabras qué significa acompañar las emociones de los demás, diría que es conectar con su sentir, legitimarlo y dar sostén. Es como ser un recipiente donde la otra persona puede sentirse segura y sostenida para mostrarse vulnerable y contarnos cómo está. Acompañar es escuchar sin juzgar, y comunicar a la otra persona que vemos su dolor y que estamos ahí, a su lado, para que pueda transitarlo sabiéndose acompañada. Porque lo duro no es transitar lo que te traiga la vida; lo duro es hacerlo sintiéndote solo cuando tienes a un montón de gente alrededor que no sabe acompañarte como necesitarías.

Ahora veremos cuáles son, para mí, los imprescindibles para acompañar a los demás de forma asertiva, conectada y consciente. Algunas veces quizá te cueste aplicarlo todo —lo entiendo, es normal—, pero, una vez más, será cuestión de práctica y de observación. Irás viendo qué te cuesta más cuando acompañas, irás tirando del hilo de por qué y, poco a poco, con práctica y observación, cada vez acompañarás mejor. ¿Empezamos? Vamos allá.

Escucha activa

Sabemos hablar, pero no sabemos escuchar. A menudo vivimos la escucha como una invitación a la acción: a decir nuestra opinión, a juzgar, a buscar soluciones... Pero la escucha activa es otra cosa. Es crear el espacio emocional para que la otra persona pueda abrirse, desahogarse, contarnos lo que quiera sintiendo que no será juzgada y que no hay ninguna otra pretensión por nuestra parte que escuchar y que se sienta acompañada. Si escuchas a alguien mientras le juzgas, no sentirá que lo escuchas de verdad. Así pues, para y escucha profundamente, crea el espacio emocional que transmita a la otra persona que estás ahí, que lo que le ocurre te interesa y que puede contártelo si quiere.

Presencia plena

No puedo acompañar si no estoy ahí en cuerpo y alma, y ese es uno de los errores más extendidos a la hora de acompañar a la otra persona: que estamos, pero no estamos. Es decir, estamos físicamente, pero pensando en soluciones que darle, en cómo animarla o en qué tenemos que hacer cuando termine de contarnos lo que le ocurre.

Es básico que estemos presentes cuando alguien comparte con nosotros su sentir. Si no, podemos dar por descontado que no se va a sentir acompañado. En esos momentos, te animo a repetirte como un mantra «Ahora y aquí» para que nadie se te lleve del momento presente: ningún pensamiento, ninguna imagen, nada.

Empatía

La escucha activa y la presencia plena nos llevan casi inevitablemente a la empatía, que no es más que ponerse en el lugar de la otra persona, calzarse sus zapatos. La empatía es la conciencia de la perspectiva de la otra persona, es la habilidad de comprender por qué alguien está como está. Hacer el ejercicio de ponerme en la piel del otro me permite ver lo que me cuenta desde otro punto de vista y me facilita la conexión con su estado emocional. El hecho de empatizar me brinda la posibilidad de comprender qué está sintiendo. Eso sí: empatía no es hacer mío el sentir del otro, sino simplemente ponerme en su lugar sin quedármelo para mí. Empatía tampoco es buscar soluciones y sacar a la otra persona del estado en el que se encuentra. Más adelante hablaremos de ello en profundidad.

Neutralidad

Para acompañar de verdad no podemos juzgar a la otra persona ni lo que nos cuenta, porque tomar parte ya aniquila cualquier posibilidad de conexión, de empatía y de brindar acompañamiento. Mantenernos en un estado neutro, sin reactividad emocional, nos ayudará a crear ese espacio seguro donde la otra persona se sienta acompañada y sostenida. Si eres madre o padre y notas que esto te cuesta mucho, imagina que eres un mediador. Que no eres su padre o su madre, sino que estás allí sin ningún vínculo ni apego. Desde la imagen de un mediador quizá te será más fácil encontrar la neutralidad. Porque es que, si juzgas, ya no estarás acompañando de forma asertiva y consciente. Si te sale el juicio de manera automática, aprovecha para tirar del hilo y ver qué es lo que juzgas y por qué.

Conciencia

Para acompañar de forma asertiva debemos poner conciencia en nuestro propio estado. Saber la energía que emanamos a cada momento nos ayuda a cocrear el acompañamiento que queremos. No solo eso: también nos ayuda a mantener a raya nuestras emociones en caso de que se activen con las de la otra persona. Para que no irrumpan, permanecer en contacto con nuestro cuerpo y poner conciencia en nuestro estado nos ayudará a mantenernos en el lugar que debemos ocupar en ese momento. Hay que activar un doble foco: en ti y en lo que ocurre en ti, y en la otra persona y lo que le ocurre. Así, con la conciencia que brinda el doble foco, te darás cuenta de si algo te remueve en este acompañamiento y podrás centrarte de nuevo.

Validación

No siempre es necesario hablar cuando acompañamos emocionalmente. Es más, muchas veces lo más indicado es callar y poner toda nuestra atención en escuchar. Por lo general, siento que solemos hablar demasiado, y muchas veces a nuestra bola, sin escuchar lo que nos están contando. Sin embargo, si realmente escuchamos y sentimos que hay que decir algo, ese algo tiene que ser validar. Validar las emociones que se están expresando, validar el dolor y ponerle palabras (sobre todo si se trata de niños, tanto si tienen lenguaje como si no). Lo veremos más adelante con ejemplos concretos, pero, resumiendo, consiste básicamente en describir lo que ocurre emocionalmente: «Veo que eso te ha dolido mucho. Te entiendo, duele cuando no te dejan jugar con el grupo». O «Estás muy enfadada; no te ha gustado nada que tu mamá haya tenido que irse a trabajar». Nombrar lo que ocurre hace saber al otro que estamos conectando, que entendemos por lo que está pasando, que empatizamos y que estamos ahí.

Aceptación

Es muy probable que no nos guste que la persona a la que estamos acompañando se sienta mal, pero eso no cambia lo que es: está así. Aceptar la situación sin peros nos ayuda a mostrarnos abiertos y compasivos. Si lo que es nos remueve y nos activa emociones como rabia o tristeza, nuestro sentir ya no nos permitirá acompañar al otro de forma asertiva. La aceptación es básica para un acompañamiento emocional asertivo y conectado.

Conexión

La conexión es el *summum*, el gran elixir, y sucede cuando hacemos todo lo anterior. Entonces se produce ese instante en el que sentimos verdadera compasión por lo que experimenta la otra persona y lo que está aconteciendo ahora y aquí, y en el que ella se siente profundamente escuchada, atendida y acompañada. Pero no solo eso: también se produce una conexión entre estas dos almas, creando o ampliando un vínculo que, sin duda, las ayuda muchísimo a estar mejor, tanto a la que es acompañada como a la que acompaña. No podrá haber conexión si no vivimos absolutamente en el presente. Tenlo en cuenta.

Amor

Quizá te parezca raro sentir amor por alguien con quien tal vez no te encuentras muy vinculado, pero te está contando tu sentir. A mí me cuesta separar un acompañamiento emocional genuino, consciente y asertivo del amor, y siento en mí amor cuando acompaño a alguien en su apertura emocional. Siento amor por la persona, por el proceso que está viviendo y por ese momento en concreto que se despliega ante mis ojos. El amor es una energía vasta, profunda y genuina que acompaña, que teje puentes y que abraza, y siento que es de las mejores cosas que podemos entregar durante el acompañamiento emocional.

Intuición

¿Qué hace aquí la intuición? ¿Por qué la nombro para acompañar emociones? Pues porque para mí es clave. Estamos poco conectados con nuestra intuición, pero todos la tenemos. Todos poseemos esta especie de brújula que nos indica el camino, pero, para verla, hay que confiar en que está ahí y hacer espacio para que emerja y nos guíe. Muchas veces no la sentimos porque tenemos demasiado ruido interno y externo, y empezamos a dudar de todo, también de lo que sentimos. Pero la intuición está ahí y, cuando acompañas poniendo en práctica todo lo mencionado anteriormente, la brújula aparece guiándote en caso de que sea necesario hacer algo más, como dar un abrazo, decir alguna palabra que ayude, etc. Confía en tu intuición: nunca se equivoca.

Qué es mío y qué no

Ahora bien, a menudo nos hacemos un lío con el sentir de cada cual, se nos mezclan las emociones ajenas con las nuestras y se arma un batiburrillo. Y es fácil entender por qué: si con las nuestras nos hacemos ya un lío y no sabemos ni qué sentimos ni qué hacer con ello, cuando nuestra pareja o nuestro hijo tienen emociones intensas ya ni te cuento lo que pasa ahí. Claro que nos cuesta distinguir qué es nuestro y qué no, porque, básicamente, no tenemos un buen autoconocimiento emocional.

Además, como muchas de las emociones que sentimos no están sanadas, resuenan con las de la otra persona y se activan. Si no somos capaces de darnos cuenta y de impedir que nuestro niño interior coja las riendas, acabamos por ceder el control y, en vez de acompañar a quien tenemos delante, reaccionamos con nuestra propia película.

Sería estupendo que cada cual supiera qué lleva en la mochila: qué heridas tiene, qué emociones le han dolido más, qué ha ocurrido en el pasado, etc. Pero no saberlo sin más, sino saberlo para hacerse cargo de ello. Es decir: sé de dónde vengo, sé lo que he vivido y qué emociones se activan más en mí... y con esto decido qué hago, me responsabilizo y me ocupo de ello. Pero no siempre actuamos así, porque hacerse cargo implica curro y muchas veces ese curro da pereza, o da miedo, y lo dejamos ahí, como si simular que no lo vemos lo hiciera desaparecer. Entonces, cuando intentamos acompañar a los demás, resulta que las emociones que intentábamos no ver salen desbocadas y acompañamos fatal, más desde nuestras heridas que desde empatizar con las de los demás.

No es ninguna crítica, ojo. Es absolutamente normal. Una vez más, dar lo que no se tiene cuesta muchísimo. Así que empecemos por acompañarnos mejor a nosotros mismos y podremos acompañar mejor a los demás y darnos cuenta de cuándo quieren irrumpir nuestras propias emociones o de cuándo empatizamos de un modo que nos perdemos en la energía y la emoción del otro.

«Es que, cuando se enfada, yo me enfado más», me dijo Pablo, un padre que acudió a mí porque quería erradicar un patrón de crianza agresivo y autoritario que, según él, había heredado de su padre. Pablo era incapaz de comprender que su hijo tenía todo el derecho a enfadarse ante el límite que le ponía y que eso no tenía por qué enfadarlo a él. «Es que quiero que lo entienda y obedezca». «Ya —le respondí yo—, pero resulta que él es pequeño y ve el mundo de otra manera. No entiende por qué es importante lo que le niegas y, en su mundo infantil, lo que tú le dices no tiene ningún sentido». Cuando le decía eso lo comprendía perfectamente y le sabía mal no ser capaz de sostener el enfado de su hijo, pero es que cargaba con mucho.

«Mi padre, ante cualquier atisbo de enfado mío, terminaba por gritarme o pegarme, y así se acababa cualquier discusión». Pablo no tenía derecho de protesta y muchas veces ni siquiera tenía voz. Había crecido sin abordar jamás sus emociones: ni trabajo personal, ni leer algún libro que hablara del tema... Nada. Con el nacimiento del peque, había aparecido toda su mochila, y poco a poco se iba dando cuenta de que manejaba fatal cualquier emoción de su hijo. Era incapaz de acompañarlo como sentía que merecía el pequeño, pero es que nadie lo había acompañado a él, y todas esas emociones reprimidas y rechazadas seguían todavía dentro de su mochila esperando ser vistas.

Por si fuera poco, ante los enfados de su hijo, el niño interior de Pablo se retorcía y aparecía de forma agresiva como diciendo: «Yo jamás pude decirle esto a mi padre ¿y ahora vas tú y me lo dices a mí? ¡Quién te has creído que eres!». Pero había otra cosa que jugaba en contra del acompañamiento emocional que Pablo intentaba dar a su hijo pequeño, y eran las creencias obsoletas y tradicionales que tenía al respecto de la infancia.

Dime qué crees y te diré cómo actúas

En el mundo de Pablo, todos —familia, amigos, etc.— creían en la obediencia de los niños hacia los adultos. Los niños tenían que obedecer siempre. Daban igual las circunstancias, la madurez del niño, el contexto o lo que fuera: si un adulto daba una orden, el peque tenía que obedecer sin rechistar. Porque en su mente luego venía la coletilla de que «si no, luego se te suben a la chepa». Esto es lo que se ha creído toda la vida: que los niños (en especial los pequeños) no tienen voz y que, además, vienen con la mala idea de tomarte el pelo siempre, así que hay que estar al tanto de que no pase y atarlos en corto.

De las creencias nacen pensamientos que nos asaltan sobre todo cuando vivimos momentos emocionalmente intensos. Si tenemos la creencia de que la rabia es negativa, es muy probable que los pensamientos que nazcan de esta creencia cuando estemos frente a la rabia de alguien sean intentar que esta termine ya. Y da igual si es negándola, ignorándola o rechazándola. Como interpretamos que es mala, nuestros pensamientos intentarán que nuestras acciones vayan en pro de erradicarla.

Es importante que pongamos bajo la lupa qué creencias tenemos alrededor de las emociones. Supongamos que pienso que el miedo no debería existir en personas adultas: si me viene mi pareja y me cuenta algún temor, lo más probable es que no pueda acompañarla de forma asertiva. La creencia que tengo respecto del miedo creará pensamientos como «No es normal que tenga este miedo», «Es ridículo que a su edad esté con miedo», etc., que harán que mi pareja se sienta muy poco acompañada, porque estaré juzgándola y no estaré, para nada, empatizando con su sentir.

Así que, si te cuesta acompañar según qué emoción en los demás (o incluso en ti), pregúntate qué te dicen tus pensamientos. Obsérvalos y luego ve a la raíz, busca la creencia de donde parten, porque allí hallarás el quid de la cuestión. Muchas veces esas creencias son obsoletas o incluso erróneas, y hay que ser conscientes de ellas a fin de que no nos supongan un obstáculo para vivir una vida más consciente y acompañar desde un lugar conectado y asertivo. Obsérvate y tira del hilo: muchas veces, la respuesta está en deshacerse de esas creencias y ver la realidad con otras gafas.

Acompañar a los hijos e hijas

A pesar de que en los próximos capítulos entraré más a fondo en cómo acompañar a los niños y todo lo que sienten, en este apartado quiero hacer un apunte sobre acompañamiento emocional. Y es que, muchas veces, las emociones más difíciles de acompañar son las de los hijos porque son las que más nos remueven. ¿Recuerdas a Pablo y lo que le pasaba con su hijo? Bueno, pues si tienes hijos sabes que esto, de alguna forma u otra, nos sucede a todos.

Pero ¿qué tienen los hijos que nos remueven tanto? Ay... Yo creo que, entre otras muchas misiones en la vida, tienen la de colocar a sus padres entre la espada y la pared para que se pongan las pilas y hagan el favor de crecer y evolucionar. «Mira que soy maestra de veinticinco y lidio de maravilla con los conflictos en el aula y con todo lo que expresan allí, pero es llegar a casa y la primera rabieta de mi hija de tres años me saca de mis casillas, ¿cómo es posible?». Esto es lo que le ocurría a Berta, ¿y por qué se manejaba tan bien en el aula y, en cambio, en casa, con su propia hija, no? Pues porque el vínculo con su hija era otro totalmente distinto, y el efecto espejo que causa un hijo a sus padres no lo causa ninguna otra persona.

A mí me gusta el símil de la alfombra que cubre nuestras heridas: Berta estaba en un aula en la que los niños no levantaban las alfombras, pero resulta que su hija las levantaba todas y dejaba al descubierto las carencias de limpieza que había allí. Sí, esto es lo que pasa con los hijos: que levantan las alfombras de nuestra historia y, como tengamos polvo o mierda debajo, vuelan por los aires y quedan totalmente al descubierto. Nos pasa a todos y lo expresamos de formas distintas: «Es que mi hijo me desafía», «Es que sabe cómo tocar la tecla que me hace estallar», «Es que solamente él me saca de mis casillas, con lo pacífica que soy yo con todo el mundo», etc. ¿Te suena?

Esto, que contado así puede parecer una broma de mal gusto, es un regalo caído del cielo. Tener un hijo y que, con su energía, con su ser entero, te obligue a mirarte al espejo y ver lo que no encaja es un regalo increíble que deberíamos agradecer cada día. Porque no conozco un solo padre o madre que no admita que hay un antes y un después de haber tenido hijos en lo que se refiere a crecimiento personal. Es que no te dejan escapatoria: o te pones las pilas y aprendes, y creces, o entras en un pozo del que no es nada fácil salir.

Los amamos con todas nuestras fuerzas y queremos que estén bien, pero cuando intentamos acompañarlos emocionalmente pasa algo que nos lo pone todo muy difícil, y es que nos vemos en ellos. Proyectamos al niño que fuimos en ellos, y entonces se nos mezcla nuestra historia con la suya y, en especial, el miedo atroz de que acaben viviendo lo que nosotros hemos vivido. Queremos ahorrarles el sufrimiento que ya hemos experimentado y que para nada del mundo, en lo vulnerable y sufrido, se parezcan a nosotros. Y es comprensible... ¡Los amamos con locura! ¡No queremos que sufran lo mismo! Pero justo por eso (el vínculo, el amor y el miedo a que lo pasen mal) a menudo no sabemos acompañarlos como necesitan.

Por eso es tan importante poner conciencia en todo: en nuestras creencias, en nuestra mochila, en nuestras proyecciones y expectativas... Porque, si no, todo acaba recayendo en ese momento en el que nuestro hijo intenta contarnos algo intenso que está sintiendo. Te pongo un ejemplo: Débora me contactó porque su hija tenía mucho miedo, según ella, de todo. De la oscuridad, de ir sola a una habitación a buscar algún juguete... Y, cuando eso ocurría, ella sentía que, en vez de validarla y acompañarla en su miedo, se enfadaba con ella. Cuando empezamos a investigar qué sucedía, me contó que ella había sido una niña, según toda su familia, muy miedosa y que la obligaban (aunque ella no quisiera) a ir al baño sola, a dormir sin ninguna luz encendida, etc. Débora me admitió haberlo pasado muy mal y sentir, todavía hoy, mucho miedo cuando estaba en casa sin su marido. Necesitaba tener muchas luces encendidas, cerrar bien la puerta con llave, etc., para sentirse mínimamente segura.

«Pero ¿por qué me enfado con ella, con lo que me necesita ahora?», me decía frustrada. «¿De qué tienes miedo tú?», le pregunté mientras la invitaba a cerrar los ojos y a respirar hondo antes de responder. Entonces rompió a llorar y dijo: «De que sea como yo, de que sufra como sufrí yo y no sepa acompañarla». Eso era exactamente lo que le ocurría: su herida de pequeña, que por supuesto no estaba curada, se abría cada vez que su hija le decía que tenía miedo. Además, proyectaba en la peque a la niña que fue y se veía a ella misma, sin ser capaz de separar lo que era suyo de lo que no. Todo junto formaba un cóctel que la enfadaba, porque no quería vivir esa situación que, de alguna forma, ya había vivido de pequeña, así que, cada vez que su hija expresaba sus miedos, ella se enfadaba con la situación, con la hija y consigo misma por no ser capaz de manejarlo de forma más amorosa. Luego se sentía culpable y mala madre, y creía que para nada estaba ayudando a su hija.

En cuanto se dio cuenta del follón emocional que había ahí, pudimos atender a la niña que fue y que no había sido atendida como necesitaba. Pudimos poner el foco y abrazar su miedo, su frustración y su sensación de soledad, y ella fue cada vez más capaz de empezar a usar herramientas para conectar con el miedo de su hija y acompañarla como necesitaba.

No, acompañar a los hijos no es coser y cantar, pero es un viaje maravilloso hacia ellos y también, por supuesto, hacia nosotros mismos. Para ello tenemos que ver las emociones como mensajeras, como amigas que nos ayudan a comprendernos, a amarnos y a entender y amar más y mejor a nuestros hijos e hijas. Pero, claro, para conseguir verlo así, tendremos que trascender antes el miedo a que ellos nos remuevan cosas dentro y hagan volar la suciedad de debajo de la alfombra. Porque quien más quien menos tiene polvo debajo. ☺

Cuando su emoción nos remueve

Empecé escribiendo esta parte bajo el título «¿Y si su emoción nos remueve?», y luego pensé que no era un condicional, porque la mayoría de las veces su emoción no nos será indiferente; al contrario, nos removerá cosas. ¿Qué hacemos entonces? ¿Cómo podemos acompañarlos cuando nos sentimos removidos por su emoción?

Lo primero es comprender que removerse no es malo, sino algo normal y esperable cuando empatizas y conectas con el otro. Pero no solo eso: removerse, como conté en el libro *RemoVidas*, nos ayuda a aprender y a seguir adelante. Por lo tanto, tenemos que dar por descontado que ocurrirá y no asustarnos por ello. Cuando nos pase lo que le pasaba a Débora, con el miedo o con cualquier emoción, lo más importante es que nos demos cuenta de ello. No podemos cambiar aquello de lo que no somos conscientes, así que lo más primordial es que veamos que nos removemos cuando nuestro hijo siente A o B.

Luego, que, mientras lo acompañamos, dejemos a un lado la removida, y eso no significa rechazarla ni aniquilarla, sino tenerla «a raya» mientras atendemos a nuestro hijo, ya que, como hemos visto, dejar que las emociones se apoderen del timón haciéndonos reaccionar desde la mochila no ayuda para nada, al contrario. Tener la removida a raya parece la opción más inteligente cuando acompañamos a un hijo. Podemos dedicar un instante a mantener un breve diálogo interno con nuestro niño interior y decirle algo así como: «He visto que te has removido; siento la emoción. Cuando termine de acompañarle, observaré qué tengo que mirar y escuchar con más profundidad. Ahora, mi yo adulto atiende a mi hijo».

Después de acompañar a nuestro hijo, no pasaremos página como si nada, sino que retomaremos el hilo de lo que ha acontecido en nuestro interior. Y podemos hacerlo de varias formas:

- Dándonos un momento de soledad para respirar y observar qué ha ocurrido, haciendo espacio a las emociones que se hayan despertado y respirándolas...
- Anotando lo que hemos sentido en una especie de escritura automática, dando rienda suelta a las palabras para ver qué sale de nosotros.
- Contándoselo a alguien.
- Haciendo introspección a través de la meditación, por ejemplo.

O lo que sintamos que puede ayudarnos a dar espacio a la removida emocional que hemos tenido mientras acompañábamos. Si nos permitimos atender a lo que sucede en nuestro interior, dándole espacio, viéndolo, legitimando nuestro dolor y abrazándolo, podremos ir creciendo y sanando, a la par que acompañaremos cada vez más y mejor a nuestro hijo. ¿No merece el esfuerzo? Estoy convencida de que sí.

TE PROPONGO...

A raya el patrón: Tal vez todo lo leído ya ha empezado a hacer chup chup dentro de ti respecto a conductas que ya sigues y otras que a lo mejor no sabías o no aplicabas. Te propongo que hoy y los próximos días prestes atención a un par de cuestiones:

- Qué patrón de acompañamiento de emociones había en tu casa cuando eras pequeño o pequeña: evitativo, de rechazo, de negación, de aceptación y acompañamiento asertivo...
- Observa cuál es tu reacción cuando intentas acompañar emocionalmente a tus hijos o hijas, a tu pareja... ¿Se parece a la que recibiste? ¿Qué dificultad dirías que tienes? Recuerda que ser consciente de ello es el primer paso para cambiarlo.

Qué es mío y qué no: Además, también te propongo que intentes observar si tienes tendencia a que las emociones de la otra persona se mezclen con las tuyas. ¿Te ocurre que, cuando alguien se abre a ti emocionalmente, te sientes abrumado por esas emociones y te las llevas a casa? Cuando acompañas a tu hijo, por ejemplo, ¿sientes que puedes acompañarle desde un lugar de neutralidad? Si es que no, intenta practicar estos próximos días poniéndole conciencia y viendo si puedes tirar del hilo y descubrir por qué te ocurre.

¿Qué creo?: Te animo también a revisar tus creencias y, si tienes hijos, tus creencias en torno a la infancia. Porque, a menudo, las creencias que tenemos y de las que casi ni somos conscientes nos impiden ser los padres que queremos ser. Así que pon atención y observa si estas creencias se sostienen o están obsoletas, para que puedas desmontarlas y empezar a criar y a vivir sin los límites que estas te representan.

Expectativas cero: Y finalmente, cuando acompañes emociones de tus hijos o de otras personas, observa si te estás removiendo por dentro y si tienes proyecciones o expectativas que te impiden mantenerte en el adulto o la adulta que eres ahora y aquí.

Estos ejercicios de toma de conciencia son superimportantes, y te animo a confiar en mí y ponerlos en práctica aunque *a priori* no les veas la utilidad. Verás que cuando tomes conciencia y observes atentamente y con cierta distancia cómo te comportas y respondes, aprenderás muchísimas cosas de ti que quizá no sabías o de las que no te habías dado cuenta.

Y es lógico, porque la mayor parte del tiempo actuamos desde el inconsciente y con el automático puesto, pero eso implica una vida de autómatas que estoy segura de que no es la que quieres. Si anhelamos ser más libres, ser los padres y madres que merecen nuestros hijos y nosotros mismos, y vivir una vida plena y feliz, es absolutamente necesario que pongamos atención y conciencia en todo lo que te he contado.

Supera la pereza o el miedo que se activan. Respíralos y ve a por ello. ¡Tú puedes! ☺

EXPLORA

Vamos a bajar al cuerpo para que todo este capítulo penetre y así, poco a poco, te sea más fácil llevarlo a la práctica. Se trata de sentir el cuerpo. Te propongo que respires profundamente y lo observes: sus límites, su temperatura, las sensaciones que te trae... Respira, escucha y observa. Con cada inhalación y exhalación, intenta relajarte más y más. Observa si ha ocurrido algo a nivel corporal durante este capítulo. Si has acumulado tensión en alguna parte, mándale la respiración y ve relajándola. Respira y observa...

Ahora te propongo que observes tu mente y todos los pensamientos que se hayan activado a lo largo del capítulo. No se trata de que te enganches a ellos y reflexiones, sino que simplemente observes cómo está tu mente ahora. ¿Se encuentra más bien pausada o muy activa? ¿Puede parar o la sientes revoltosa y llena de ruido? Sea como sea, respira y observa con cierta distancia, sin juzgarla, dejando que los pensamientos pasen, como si los vieras en una pantalla de televisión a la que no haces mucho caso.

Después te propongo que pongas el foco en tu sentir ahora y aquí. ¿Se ha activado alguna emoción mientras leías sobre acompañar a los demás? Puede que hayas recordado situaciones y eso te haya despertado emociones. Obsérvalas e intenta ponerles nombre... ¿Qué ha ocurrido? ¿Por qué crees que se han activado estas emociones? Sea como sea, respira y hazles espacio... poco a poco, para que puedan ser, pero sin engancharte a ellas. Recuerda que no eres lo que sientes y que puedes dejar que las olas del mar se muevan sin necesidad de bañarte en ellas. Observa y respira, quédate cada vez más en este espacio en el que puedes observar tu cuerpo, tu mente y tus emociones, un lugar más profundo, más interno, más esencial..., donde hay comprensión y conciencia y donde todo cobra sentido.

Ahí, en tu hogar, en la esencia de quién eres de verdad más allá del cuerpo, de la mente y de las emociones, sabes perfectamente cómo acompañar a otro ser. Permanece ahí, resonando en tu sabiduría y confianza. Respira y observa..., respira y observa...

RESUMEN

- ✓ Acompañar las emociones de los demás es conectar con su sentir, legitimarlo y dar sostén.
- ✓ Los imprescindibles para un buen acompañamiento emocional son escucha activa, presencia plena, empatía, neutralidad, conciencia, validación, aceptación, conexión, amor e intuición.
- ✓ Cuando acompañamos emocionalmente, debemos hacernos cargo de las emociones que se nos remueven, pero que nada tienen que ver con la otra persona.
- ✓ Revisa tus creencias sobre la infancia. A veces tenemos creencias negativas respecto de niños y niñas, y eso implica que nos cueste más acompañarlos como necesitan.
- ✓ De forma natural, y gracias al vínculo que tenemos con nuestros hijos e hijas, sus emociones y comportamientos nos activan, en especial si «tocan» heridas nuestras que todavía no hemos sanado.
- ✓ Justo por eso, a menudo nos cuesta acompañarlos emocionalmente desde un lugar adulto, compasivo, empático y de neutralidad.
- ✓ Cuando sintamos que nos removemos, podemos mantener una especie de diálogo con nuestro niño interior para ver y atender a la herida que nos está mostrando, pero siempre después de atender al niño o niña que tenemos delante desde nuestro yo adulto.

7

Emociones desagradables de sentir

Emociones incómodas

Es momento de entrar más a fondo en cada emoción. En este capítulo abordaremos las que producen más incomodidad, que, en mi experiencia como madre y como profesional que acompaña a familias, son las más presentes tanto durante la infancia como durante la adultez. Quizá justamente porque de niños no aprendimos a transitarlas de forma asertiva, en la adultez nos siguen resultando una piedra en el zapato. En este capítulo (que ya te aviso que será largo) me centraré en las más incómodas de sentir en el cuerpo. Con los años he comprobado que el malestar se reduce sustancialmente, tanto en los adultos como en los niños, cuando sabes manejar y acompañar estas emociones.

Si no tienes hijos, no importa; esto también es para ti. Porque fuiste un niño o una niña pequeña y las viviste todas con intensidad, te dieras cuenta o no. Quién sabe si hoy siguen apareciendo más a menudo de lo que te gustaría. Así pues, te vendrá genial emprender este viaje emocional e ir mirando a los ojos a cada emoción que quizá, en su momento, no fue suficientemente vista y atendida, e intentar sanarla. Si estás familiarizada con mis libros, digamos que ahora llega la parte más práctica, que no puede existir sin todo lo que te he explicado en las páginas anteriores. Para poder sumergirnos en lo que vendrá, tenemos que haber digerido bien las páginas que nos han traído hasta aquí. Así que ¡vamos allá! Las emociones que exploraremos a continuación son las siguientes: **rabia**, **tristeza**, **miedo**, **añoranza**, **celos**, **culpa**, **envidia**.

Quizá eches de menos alguna otra emoción, o quizá alguna de estas no te incomode o no te interese especialmente ahora. Te pido que confíes en mí y hagas este viaje conmigo. Ya iremos viendo por qué estas, qué ocurre con ellas, cómo se mezclan, amplifican y ramifican, y por qué nos afectan tanto... Puede que al final sientas cosas distintas. Está bien: es lo que acostumbra a pasar con los buenos viajes. ☺

Las emociones desagradables o incómodas suelen estar muy «moralizadas»; por lo tanto, necesitamos un espacio mental y emocional libre de juicio y de culpa para desmoralizarlas por completo. Si no, nos serán difíciles de transitar en nosotros y de acompañar en los demás. Todas suelen tener un significado de carencia. Por ejemplo, en los celos vemos el miedo a perder algo: el cariño de mamá, el tiempo que pasábamos juntos, etc. En la envidia hay carencia de algo que tiene otra persona. Cuando soy capaz de explorar sin juicio la carencia que ve la luz a través de esa emoción, podré revisar qué necesito para nutrirme. A veces esa emoción viene desplazada y, si no la analizo bien, no llegaré a la raíz de esa carencia y, por lo tanto, me costará mucho llenar esa sensación de carencia y transmutarla.

Veámoslo con un ejemplo. Supongamos que asisto a un concierto de un pianista muy bueno y a la salida me doy cuenta de que me invade la envidia. Puede ser por su piano, o a lo mejor por su don, o quizá por los aplausos y el reconocimiento que ha recibido al final del concierto. Cuando me detenga, identifique la emoción que siento y vea la carencia, será momento de revisar dónde se origina para poder repararla. Cuando lo sepa, podré abordarla de forma asertiva. Si tiene que ver con el piano, porque el mío es muy viejo, puedo validarme y luego, si quiero uno como el suyo, pensar cómo ganar suficiente dinero para comprármelo. O, si la carencia tiene que ver con su don, puedo admirarlo, motivarme con su ejemplo y pensar cómo mejorar tocando el piano. Sin embargo, si la carencia se relaciona con los aplausos y el reconocimiento que ha recibido, puedo ver cómo amarme más, validarme y reconocerme a mí misma para llenar ese vacío que quizá lleve ahí desde mi infancia.

Si no emprendo este proceso de autoescucha y reflexión, cabe la posibilidad de que me ponga a trabajar como una loca para comprarme un piano y, una vez que lo tenga, me dé cuenta de que la carencia sigue allí. El vacío no se ha llenado porque no era eso lo que necesitaba para salir del estado de carencia. El origen era otro.

En este viaje por las emociones en el que he elegido profundizar en este libro iremos viendo qué son, cómo nos ayudan, cuándo se manifiestan, pero también te propondré que exploremos nuestra historia y nuestra relación actual con cada emoción. A través de unas preguntas, ataremos cabos para comprender por qué nuestra forma de vivirlas es la que es. Con cada emoción tendrás propuestas prácticas de ejercicios para hacer en casa y conseguir una relación más sana con aquellas que, a pesar de su mala prensa, no dejan de ser un regalo para que nos conozcamos mejor y nos demos aquello que necesitamos. Pero, sobre todo, lo que persigo con este viaje es que puedas detectar el origen de lo que te ocurre con cada emoción para ir a la raíz y no terminar con un piano de cola en casa que no te llena tus vacíos. ☺ ¡Vamos allá!

La rabia

Empezamos este recorrido por una de mis preferidas y la más defenestrada, la rabia. No en vano escribí un libro de casi cuatrocientas páginas dedicado íntegramente a ella, titulado *Rabietas* y traducido a varios idiomas. La rabia es una emoción muy potente y poderosa en extremo que nos empuja nada más y nada menos que a luchar contra la injusticia y a cambiar, de alguna forma, el mundo que nos rodea cuando no nos gusta. Muchas veces aparece para proteger nuestros propios límites cuando alguien los traspasa, y lo genial sería que supiéramos interpretarla y transformarla para no reaccionar inconscientemente, sino aprender de lo que viniera a contarnos y, luego, establecer los límites que creyéramos necesarios. La rabia tiene mucho poder y (como siempre pasa con esto) hay que saber manejarlo, pero por lo general no sabemos. La rabia mal gestionada puede hacerlo volar todo por los aires y destruirnos a nosotros mismos y a los que nos rodean. Es, a su vez, una de las emociones que producen más malestar e incomodidad, y una de las más maltratadas, ya que se ha considerado siempre «negativa». Como no sabemos gestionarla de forma asertiva, a menudo conlleva agresividad y comportamientos impulsivos, inconscientes e incorrectos, y eso ha provocado que, cuando se despierta, tendamos a rechazarla, reprimirla, taparla o castigarla, especialmente en los niños. Pero, como ya hemos visto, las emociones no son ni buenas ni malas, simplemente son, y existen por algo.

Cada cual tiene su historia y su relación con la rabia, y te propongo que te plantees qué te ha ocurrido con ella a lo largo de tu vida, tanto cuando la has sentido tú como cuando la has notado en los demás. Suele ser incómoda en el cuerpo: se nos dispara el pulso, los pensamientos empiezan a coger velocidad, la respiración se acelera y, si tuviéramos que ponerle temperatura, sin duda sería caliente. Es como si tuviéramos un volcán dentro, que puede estar inactivo, pero, cuando se activa, puede soltar lava, piedras y fuego a mares. Así que la rabia, que nos ayuda a ir hacia delante y nos empuja hacia aquello que queremos y necesitamos, mal gestionada puede ser un desastre que no nos lleve para nada a lo que deseábamos.

Los niños pequeños no juzgan las emociones, las viven y punto, y viven la rabia intensamente cuando están cansados, hambrientos, frustrados, sienten celos, etc. Claro que los incomoda y les es desagradable sentir rabia en el cuerpo, pero ese poder les permite reclamar lo que necesitan a una edad en la que muchas veces no saben pedirlo ni con palabras ni asertivamente, o en la que ni siquiera saben qué necesitan. Hay algo que les falta en ese momento, y el malestar es tan intenso, tan desagradable, que el instinto los guía y lo expresan con fuerza porque, cuando son pequeños, necesitan ser escuchados y atendidos en sus necesidades. No tienen filtros, y la rabia sale tal y como la sienten. Luego, a medida que crecen, van aprendiendo a manejar esa energía, pero la rabia, sobre todo en la etapa infantil, sale de la forma más descontrolada que puedas imaginarte, porque así viven las emociones los peques, a saco.

Todos hemos hecho más o menos lo mismo de pequeños, pero resulta que quizá nuestros padres se abrumaban con nuestra rabia, igual que sus padres con ellos, y ahí notábamos (velada o claramente) que nuestra rabia no era bienvenida, ni acogida, ni entendida, ni acompañada. En una etapa en la que no sabes muy bien qué te ocurre; si los padres no lo entienden, te sientes todavía peor, y si encima te reprimen, riñen o castigan, puedes sacar la conclusión de que eso que te ocurre no es bueno.

De manera inconsciente, notábamos que lo que sentíamos estaba mal, que no podía ser y que si lo sentíamos tal vez significaba que nosotros también éramos malos. Nadie nos contó que la emoción era válida siempre, aunque el comportamiento no lo fuera a veces. Cuando se dan estos antecedentes, es fácil deducir que, como la rabia no fue contemplada ni aceptada, tampoco hemos aprendido de ella ni de cómo acompañárnosla de forma asertiva.

Así que ahora te propongo un momento de introspección para que te hagas estas preguntas. Respira profundamente y, desde el corazón, pregúntate...

La rabia en mí

«¿Qué me pasa con la rabia? ¿Qué hago con la rabia que siento?».

«¿Cuándo la siento y en qué situaciones?».

«¿Me incomoda la rabia de los demás?».

«¿Qué hago cuando veo rabia a mi alrededor?».

«Si mi hijo tiene una rabieta, ¿qué siento?».

«¿Puedo empatizar, me incomodo, reacciono de forma inconsciente?».

Las respuestas que des a estas preguntas te ofrecerán una idea de cuál es tu relación con la rabia. Un comportamiento muy habitual en los adultos es reprimirla (porque interiorizamos que era negativa y debíamos evitarla), pero no se puede mantener indefinidamente porque, tarde o temprano, esa rabia sale a la luz.

Para ver la rabia con otros ojos tenemos que comprender por qué empezamos a etiquetarla y a vivirla mal, así que te animo a seguir preguntándote.

La rabia en mi familia

«¿Cómo se vivía la rabia en mi casa? Cuando yo era pequeña y me enfadaba, ¿qué hacían mis padres?».

«¿Estoy reproduciendo lo que vi hacer en casa con la rabia?».

«¿Sentía miedo cuando mis padres se enfadaban?».

«¿Se cruzaban líneas rojas?».

En caso afirmativo... «¿Cómo actuaban los demás adultos presentes?».

Medita sobre cada punto y, si lo necesitas, dedica unas horas o unos días a intentar recordar. Si tienes hermanos, podrías preguntarles qué recuerdan que ocurría en casa con la rabia.

Puedes incluso tomar nota de las respuestas, como en un ejercicio de escritura automática, sin pensar demasiado, simplemente volcando en el papel tus recuerdos y sensaciones de esa época.

Recordar abre puertas que nos llevan a la comprensión. No tengas miedo si al abrir una puerta aparece también dolor; recuerda siempre que el dolor no visto duele más que cuando descubres que estaba ahí, porque cuando eres consciente de él puedes abrazarlo, llorarlo y sanarlo y, de esta forma, ir despejando el camino hacia una mayor conciencia y plenitud.

Cuando estalla la rabia

Centrémonos primero en la rabia de los adultos: como no aprendimos a manejar el poder que conlleva la rabia, la gran mayoría de las personas se han acostumbrado a negarla y tragar hasta que el niño interior, harto de tan poco respeto hacia las propias necesidades, acaba estallando y mandándolo todo a la mierda.

Me acuerdo de una mamá que llegó a mí porque tenía con su hijo unos ataques de rabia totalmente fuera de control. No le ocurrían siempre, pero, cuando aparecían, su hijo se moría de miedo y ella, aunque le veía la cara y sabía que tenía que parar, no podía. Aseguraba sentir una fuerza dentro que la empujaba a seguir dando golpes en la mesa y gritar sin parar. Se daba miedo a sí misma cuando pasaba, y luego se hartaba de llorar y de pedir perdón. Aunque intentaba tomar conciencia y prometerse que no volvería a ocurrir, la historia se repetía al cabo de algunas semanas. Cuando empezamos a indagar en qué ocurría, me contó que sus padres siempre habían explotado de esa misma forma. Los dos montaban verdaderos pollos en casa, tanto con los hijos como entre ellos. Habían normalizado esa forma de comunicarse cuando estaban cansados, frustrados o enfadados, y ella estaba reproduciendo el patrón.

«Nunca me sentí verdaderamente escuchada. Era como que en esa casa había que gritar mucho para que te escucharan y liarla parda, y, claro, yo era pequeña. Me sentía superincómoda y me asustaba verlos así. Lo peor es que, aunque de pequeña no me atreví, ahora estoy gritando como ellos con mi propio hijo, que, seguramente, siente el mismo miedo que yo». Lloró muchísimo durante varias sesiones, y poco a poco fue reconociendo todo lo ocurrido: vio cada emoción que vivió; vio su propia rabia, que no era escuchada porque la de sus padres siempre era mayor; su frustración; su impotencia... Y se dio cuenta de que lo que le ocurría nada tenía que ver con su hijo, sino con su pasado. Gracias a todo su trabajo de crecimiento personal, los estallidos de rabia fueron cada vez menos frecuentes, hasta desaparecer. No se desvanecieron las emociones, por supuesto; lo que hizo fue dejar de normalizar un comportamiento totalmente disruptivo fruto de una herida primaria grande. No siguió dando rienda suelta a su niña interior y aprendió a acompañarse como necesitaba. Ahora, cuando se llena la jarra, el agua que hay para dar es más buena y más limpia.

Si me estás leyendo y eres mujer, puede que a ti se te haya invalidado más esta emoción. Ya sabes, aquello de «es normal que un chico se cabree y estalle o se pegue con otro», pero «tú compórtate como una buena chica y no te enfades». Como si la rabia fuera más válida para los niños que para las niñas. Hay mujeres que son incapaces de enfadarse y que, si alguna vez se enfadan, sienten una culpa tan grande que se les hace insoportable. En vez de expresar su rabia, comprenderla y validársela, tienden a tragar hasta el infinito y más allá. Esto a menudo se mezcla con un problema para establecer límites, siguiendo el patrón de «buena chica» que tiene que decir «sí a todo» aunque eso signifique decirse «no» a sí misma y a su autenticidad.

Mereces tanto dejar de aguantar como dejar de explotar. Mereces abrazar tu rabia como si abrazaras una parte de ti y de lo que has sufrido y te dijeras: «Yo te veo y te abrazo». Mereces aprender a actuar de otra forma para poder tener mejores relaciones con los demás. Pero debes creer en ello, creer que efectivamente lo mereces. No es suficiente que te lo diga yo. Tienes que creer que es posible otra forma, que es posible dejar de reaccionar de manera inconsciente y descargar tu ira en los demás. Tienes que comprometerte con firmeza a no permitir que tu niña o niño interior coja las riendas y deje que estalle la rabia. ¿Sientes ese compromiso y esa fuerza dentro de ti? ¿Sientes que mereces un cambio de paradigma?

Si eres de las que a veces dejan que su volcán entre en erupción, lleva un registro de tu rabia: apunta el día en que se activa, la hora y el motivo aparente. Hazlo durante al menos tres semanas para así poder comprobar si hay algún patrón. Luego, observa y toma conciencia de qué hay que aprender de ello.

Para tener en cuenta...

- Los momentos más susceptibles de pérdida de control en adultos son aquellos en los que estamos más cansados y estresados. Cansancio y estrés son fatales para la autoconciencia y el control.

- Revisa si tienes tiempo para ti, si te nutres de algo más que de tus hijos y tu familia. ¿Qué más te llena? ¿Haces cosas que te carguen las pilas? ¿Te permites descansar? ¿Tienes algo de tiempo para ti regularmente? El autocuidado es imprescindible para tener a tu niño interior en calma.

- Estrés: ¿haces demasiado? ¿Podrías priorizar y eliminar tareas de tu día a día? ¿Haces cosas por compromiso? Recuerda: menos es más.

Qué hacer cuando aparezca la rabia en ti

1. Céntrate en la respiración. Respira la rabia. Siente la emoción y procura poner mucha atención en la respiración, visualizando cómo inhalas calma y cómo exhalas el exceso de energía que te está produciendo esa rabia. Respira tan lentamente como puedas. Cuanta más lentitud, más calma sentirás y más deprisa recuperarás el control. Hazlo hasta que notes que la emoción se disipa.

2. Pregúntate: ¿dónde siento la rabia? Y lleva el aire ahí: al vientre, al cuello, al pecho...; donde sea que la sientas. Puedes poner una mano en esa zona para que te sea más fácil llevarle la respiración.

3. Si estás a punto de perder los papeles, da un paso atrás para notar (simbólicamente) cómo te apartas un momento de la situación para tomar perspectiva y distancia.

4. Repite el mantra «Yo soy la adulta y recupero el control». Tú tienes que resolver esto, y no podrás si tu niño interior lleva las riendas. Dile: «Luego te atiendo, pero ahora me ocupo de esto».

5. Céntrate: en realidad, no quieres desbordarte. Si estás con tus hijos, recuerda que eres su ejemplo y que aprenden de lo que ven. Recuerda tu compromiso.

6. Autocuidado. Busca cuándo y cómo cargar pilas. Necesitas nutrirte para estar disponible y centrada. El cuidador tiene que cuidarse siempre, no lo olvides.

7. Si no lo consigues sola, busca ayuda profesional. Quizá haya que indagar en el pasado y sanarlo para que terminen los estallidos de rabia. No pasa nada: hacer terapia es normal y buenísimo; no te avergüences.
8. Cuando pase la tormenta, intenta recordar qué te decía tu mente y en qué creencias se basaban esos pensamientos. Desmóntalos, diseccionalos para darte cuenta de que a veces se asientan en creencias obsoletas.

La rabia en la infancia

En este apartado iré al grano porque muchas cuestiones ya han ido saliendo y, además, tienes el libro *Rabietas* si quieres profundizar. Ahora quiero que te quedes con lo más importante: que la rabia en la infancia es una emoción muy común y absolutamente normal. Los niños, dependientes, vulnerables, con un cerebro en desarrollo y faltos de muchos conocimientos acerca del mundo que los rodea y de sí mismos, explotan con facilidad cuando tienen necesidades por cubrir o sienten malestar o frustración. Y lo hacen por todo lo alto, sintiendo esa rabia intensamente, porque la infancia siente a lo grande, sin filtros ni medias tintas. Esto a veces nos abruma porque, como ya hemos visto, su intensidad nos pone en contacto con la que vivimos nosotros y con todo lo que experimentamos en el pasado.

Sea como sea, si tienes hijos o tratas con niños como docente, sanitario, etc., estoy segura de que te tocará lidiar con su rabia en más de una ocasión. Durante la etapa de rabietas (entre los dos años y los cuatro, especialmente), procura que tu hijo tenga las necesidades básicas satisfechas: hambre, sueño, descanso, juego libre, movimiento libre, y presencia y atención de sus adultos de referencia. Si alguna de estas necesidades no está atendida, la incomodidad crecerá y el peque terminará estallando para sacar su malestar. Si las necesidades básicas están presentes y más o menos siempre atendidas, el niño tendrá menos rabietas y nos quedarán, solamente, las que sean por frustración e impotencia, cuando vea que algo que quiere no puede ser. Entonces tendremos que acompañar esa rabieta. ¿Cómo?

1. Conectando con lo que siente y validando su emoción. «Veo que estás enfadado. No te ha gustado que Miguel ya no pueda quedarse más a jugar contigo».

2. Empatizando con él, con su edad, su inmadurez y su sentir en el momento presente. «Te entiendo, lo estabais pasando fenomenal».

3. Escuchando activamente, no tanto con las orejas como con el corazón.

4. Hablando poco y permitiendo, serenamente, que exprese su desacuerdo, porque tiene derecho a ello y no debería incomodarnos.

5. Si estamos con gente y eso nos molesta, apartémonos a un lugar donde podamos crear una burbuja entre los dos y atenderlo como necesita.

6. Buscar la raíz de ese malestar que expresa. Quizá en apariencia es porque el amigo se ha marchado, pero en realidad es que está supercansado y lo que tenemos que hacer es irnos del parque inmediatamente.

7. Poner límites claros, serenos y asertivos en caso de que esté intentando pegar o pueda hacerse daño a sí mismo.

8. Sostener con paciencia el malestar que está soltando. Nada dura para siempre; esto tampoco.

9. Darle una salida. Que pueda escoger: «Podemos respirar juntos para que esta rabia se pase o puedo darte un abrazo, ¿quieres?».
10. No tomárnoslo como algo personal.

Además, ten muy presente que durante la primera infancia, hasta los seis o siete años dependiendo del niño, su mundo es juego y magia, y le vendrá muy bien que te comuniques con él también desde aquí. El lenguaje adulto para ellos es muy aburrido, lleno de órdenes y carente de interés y diversión. Observa qué le gusta y apasiona, y úsalo cuando necesites conectar de nuevo con él.

Es importante que sepas que, aunque tu hijo ya hable y pueda construir frases, esto no significa que sea capaz de contarte lo que le sucede en momentos de colapso, porque le falta seguramente el lenguaje, pero sobre todo la propiocepción y la conciencia de lo que ocurre en su interior. No podemos pedirle cosas que nosotros hemos tardado años en aprender a descifrar. Son pequeños; ajustemos nuestras expectativas a la edad que tienen. Vuestra realidad es distinta y la transitáis y vivís de formas distintas, no lo olvides.

La falta de autocontrol

Es absolutamente normal que un niño pierda el control cuando la rabia se apodera de él. Tardará muchos años en tener un verdadero control de su cuerpo y en aprender a comunicarse de forma asertiva y respetuosa en momentos de intensidad emocional. Pero eso no significa ni que no lo estés educando bien ni que te esté tomando por el pito del sereno. Pon límites claros y asertivos (si necesitas ayuda tienes mi libro *Límites*, donde abordo este tema largo y tendido) y confía en que irá madurando y aprenderá a comunicarse de forma más asertiva. Pero eso requiere tiempo y también ejemplo, que te vea comunicarte con él también de forma asertiva y que le trates con respeto y muestres mucho autocontrol. Como te decía en anteriores capítulos, la autorregulación es clave. No resulta fácil aprender a gestionar la propia rabia, y en eso tendrás que ayudarle.

Enséñale qué has aprendido tú: a parar y sentir la emoción, a respirarla, llorarla (si lo necesitamos) y permitir que se vaya disipando a través de cada exhalación. Enséñale a ver qué quería comunicar con esa rabia y a hacerlo (cuando ya esté en calma) de forma pausada y asertiva. Hay que ensayar cuando estamos bien para que, cuando venga la rabia, tengamos práctica y recordemos cómo había que actuar en esos momentos. Eso es educar: enseñar, persistir, comprender, perseverar, tener paciencia y acompañar con amor incondicional y sin juicios.

Si tu hijo o tu alumno pierde el control e intenta pegarte a ti, a otras personas o a sí mismo, o quiere tirar y romper cosas, con el peligro que conlleva, habrá que poner un límite físico para que ni él ni nadie se hagan daño. Te recomiendo que le cojas los brazos serenamente para impedir que pase algo de eso y le digas: «No voy a dejar que te/me hagas daño. Estoy aquí para ayudarte». Es probable que eso lo enfurezca, porque siente el impulso y el deseo de sacar esa energía, pero no puedes permitirlo. Eso no significa que tengas que enfadarte; piensa que en esos momentos el niño está sufriendo. Quizá tú también, y lo entiendo, pero el pequeño es él, y la responsabilidad de los adultos es ayudarlo y protegerlo en caso de que pueda hacerse daño a él mismo o a otras personas.

Una vez apagado el volcán, será importante que habléis de lo ocurrido, no para sermonearlo ni que se sienta culpable, sino para que exprese lo que sentía y lo que pueda haberse quedado en el tintero; para que encontréis, juntos, otras maneras de gestionar esas situaciones; para que veáis qué se puede cambiar de manera que no se llegue a lo que ha ocurrido, y para conectar de verdad.

La rabia en niños más mayores

No creas que, aunque tu hijo sea mayor, no va a tener ataques de rabia y enfados monumentales. La rabia está presente en todas las etapas de la vida porque es una emoción más. Todo lo que he contado te sirve; solo tendrás que adaptar el lenguaje a la edad, y seguramente, pasado el tsunami, podréis tener conversaciones más profundas para buscar soluciones. Procura siempre ni taladrar ni sermonear, que a veces los adultos somos expertos en eso y el niño desconecta al cabo de tres frases. Cuando sermoneamos es porque estamos más conectados con nosotros mismos que con lo que nos ocupa (la relación con nuestro hijo) y queremos justificarnos o explicarnos muy bien para que lo entiendan. Y no se trata de eso. La clave es la conexión y, para que se produzca, tenemos que estar muy presentes en el momento, en el ahora y aquí, intentando conectar más con su sentir y su ser que con todas las cosas que nos contará nuestra mente y nuestro ego.

Piensa que tu hijo es energía, igual que tú, y que para saber qué le ocurre y cómo ayudarlo a veces no se trata tanto de tener ideas ni de pensar mucho y muy bien como de que algo dentro de ti te hable y te diga cómo proceder. Hay un lenguaje más sutil, que no se ve, que tiene que ver con la energía que cocreáis juntos.

Para acompañar a niños de cualquier edad cuando sienten rabia no podemos permitir que su emoción se convierta en la nuestra, porque entonces perdemos objetividad y perspectiva, y no somos capaces ni de ayudarlos ni de sacarlos del bucle. Cuando nuestros hijos se enfadan, acostumbramos a conectar con su emoción y llevárnosla al terreno personal, como si fuera con nosotros, y, por consiguiente, acabamos reaccionando. Entonces es cuando nos enfadamos más con ellos, los castigamos, los chantajeamos, los reñimos... Nada de eso nos servirá para conectar con ellos y acompañarlos en su emoción. Situarnos en un espacio neutral, como si no fuéramos sus padres sino su educadora o un mediador, nos permitirá quedarnos en un lugar no reactivo y actuar conscientemente.

¿Parece difícil? Tal vez, pero es posible. La historia de la humanidad está llena de maltrato a los niños. Es normal que tantos siglos de no tratarlos bien cuando se enfadan pasen factura y nos cueste ver que hay otro camino. Pero piensa que estás poniendo los cimientos de la que será vuestra relación futura. ¿Cómo quieres que sea esta relación? Acompañar las emociones consideradas «negativas» desde el respeto máximo, la asertividad y el amor incondicional hará que tu criatura se sienta muy querida y acompañada, y eso abrirá la puerta a que sienta, en un futuro, que siempre puede contar contigo. Algo que estoy segura de que quieres.

Transitar la frustración

Son incontables, de verdad, las veces que madres y padres me han explicado que les ha llegado un aviso del cole diciendo que su hijo gestionaba mal la frustración. A ver, lo raro sería que un niño pequeño la gestionara bien. Si ni siquiera la mayoría de los adultos saben manejarla de forma asertiva, ¿cómo va a manejarla un niño de dos, tres, cuatro, cinco años o incluso mayor? Pues mal. Porque frustrarse no gusta. No te levantas por la mañana deseando que la vida te frustre en algo que quieres, y, cuando ocurre, dices: «Ay qué bien, lo estaba deseando». No, nadie quiere que las cosas no le salgan como pensaba o esperaba. Y es normal, somos humanos y a menudo no contemplamos la posibilidad de que la vida tenga otros planes para nosotros. Aceptar la realidad es la tarea más profunda y a veces difícil que nos va a tocar hacer en la vida, y yo la veo como una señal de madurez. A medida que creces vas aceptando el juego de la vida y la muerte, y vas comprendiendo de forma profunda y clara que tú puedes tener los planes que quieras, que luego va la vida y resulta que te los cambia.

Pero esto no suele ocurrir en la infancia. Durante esta etapa, y especialmente en la fase egocéntrica, lo que hay es un cabreo monumental como las cosas no salgan como el peque quería. Tenemos que entenderlo como algo natural y acompañarlo en su frustración, aceptar que no haya encajado bien la situación, ayudarlo con límites si los necesita, comprender su enfado, validarlo y, desde la compasión y la empatía, sostener su incapacidad de gestionarlo de una forma más asertiva. Yo recuerdo pollos de mis hijas por frustraciones del tipo «El jersey que quería ponerme me queda ya pequeño», «La galleta ha salido partida», «Tú me has pelado el plátano y quería pelarlo yo», «Llueve y la lluvia me moja la ropa y el pelo», «El calcetín no me queda puesto como yo quería», «La abuela no se queda a cenar como yo pensaba», «Es el cumpleaños del tío, pero no el mío», etc. Todos estos pollos demuestran la inmadurez de la etapa... ¿Cómo no van a frustrarse tal y como viven y ven el mundo a esa edad?

A veces tengo la sensación de que olvidamos que los niños no son adultos y que necesitan vivir muchos años para serlo. Es como si quisiéramos la inmediatez de las redes sociales en nuestros hijos. «Venga, va, madura ya, que tardas mucho», como si pudiera haber un Amazon Prime de «creceniños». Lo siento, pero esto no puede ser. Paciencia, todo llega, y la capacidad de canalizar la frustración de forma asertiva y serena, también, sobre todo si mientras son pequeños los sostenemos en lo que sienten y los ayudamos a comprenderse, y, por supuesto, si tú aprendes a gestionar tus emociones de forma asertiva y eres ejemplo.

TE PROPONGO...

Hay niños que enseguida conectan con la respiración y a los que les es más o menos fácil respirar la emoción y volver a la calma, pero hay otros a los que a determinadas edades les cuesta mucho. En este caso podemos darles otras herramientas para que terminen por encontrar su camino con esta emoción y aprendan a canalizarla para que no les duela dentro.

Por ejemplo, podemos proponerles:

- Abrazar un peluche.
- Pegar a un cojín.
- Pintar su rabia con colores en un papel bien grande.
- Si ya saben escribir, canalizar la rabia con la escritura automática, anotando lo que les venga. No juzgaremos lo que escriban. Luego pueden romper el papel o incluso quemarlo (con nuestra supervisión, obviamente).
- Salir a correr y dar una vuelta para que les dé el aire.
- Cambiar de habitación o de ambiente.
- Hacer música, en caso de que toquen algún instrumento.

Y también podemos hacer estas cosas...

Gritos fuera: Con niños y niñas que cuando están en pleno ataque de rabia gritan mucho y necesitan canalizar esa emoción a través de la voz, propongo que una vez a la semana, por ejemplo, vayáis a la naturaleza (sea el campo, la playa, la montaña, un bosque, etc.) a hacer un concurso de gritos. Cuéntale que allí sí puede gritar, tanto como quiera, para sacar lo que tiene dentro, y toda la rabia de la semana, si quiere. De alguna forma, estamos permitiendo que esa necesidad que expresa cuando se enfada vea una salida, pero de manera asertiva y no en medio de un sitio donde pueda molestar a otras personas. A los niños a los que en efecto les va lo de gritar porque por la voz canalizan muchas cosas que no saben comunicar con palabras, estas salidas a la naturaleza a gritar les van genial. Establecer esta diferenciación entre «Aquí sí puedes hacerlo, pero en casa no porque vivimos en una comunidad de vecinos y puedes molestar a los demás» los ayuda a sentirse reconocidos en su necesidad y a ver que los escuchamos y que intentamos ayudarlos.

Esto no significa que la próxima vez que se enfaden ya no gritarán. Tendrás que insistir durante mucho tiempo con este tema, pero no dudes que lo lograrán, y si tienen donde desahogarse lo conseguirán antes. Pruébalo, no tienes nada que perder. Paciencia y confianza.

Juguemos con la rabia: Otra cosa que puedes hacer con tu hijo o hija una vez que haya pasado el chaparrón y se haya apagado el volcán es hablar de qué hacer mejor la próxima vez que ocurra. Es interesante usar el juego simbólico para crear nuevas situaciones y nuevas respuestas. Podéis reproducir lo ocurrido (como haciendo teatro) siendo quienes sois y luego cambiando los papeles. Tú te enfadas como ha hecho él o ella y veis juntos qué surge: qué nuevas respuestas. Conseguir nuevas soluciones requiere introducir cambios a lo que siempre ocurre, así que os animo a buscar nuevos caminos juntos jugando e imaginando.

La rabia en el cuerpo: Podéis identificar, cada miembro de la familia o también en el aula, en qué lugar del cuerpo sentís la rabia. Algunos la sentiréis en el pecho; otros, en el vientre; otros, en el cuello... Juntos, llevad la respiración a esa zona para ver si la tensión física puede ir bajando. Practicad el respirar de la emoción para identificar cómo se va relajando el cuerpo y cómo va cambiando nuestro estado cuando liberamos la tensión emocional.

Dibujad un volcán: Os puede venir muy bien dibujar vuestro propio volcán y colgarlo en alguna parte de la casa, aquella en la que más suelan estallar vuestros volcanes. De esta forma tendréis más presente qué os ocurre y lo que habéis hablado que podéis hacer cuando el volcán esté a punto de encenderse.

Sé Sherlock: A veces, con la rabia, así como con todas las emociones, lo que vemos aparecer no es la emoción raíz. Un niño puede estar muy cabreado y mostrar mucha rabia, y que la raíz sean celos, tristeza o añoranza, por ejemplo. Así que tendrás que ser Sherlock y no quedarte en la superficie, sino tirar del hilo para encontrar la emoción raíz. Cuando la encuentres, valídasela y verás como la ola baja.

Mira a lo lejos: En momentos de mucha rabia, mirar a lo lejos ayuda. Despeja la vista y ayuda a tomar perspectiva. Con tu alumno, sal al patio un momento para que mire a lo lejos. Con tu hijo, sal al balcón y que extienda la mirada hacia un punto. Les vendrá bien para tomar distancia.

La tristeza

Esta es otra de las emociones que sin duda han estado siempre en el saco de las «negativas». No nos gusta estar tristes porque nos provoca sensaciones muy desagradables. Abordo la tristeza después de la rabia porque a menudo, después de enfadarnos (tanto adultos como niños), nos sentimos tristes. Sentimos tristeza por lo que hemos experimentado y muchas veces también por cómo hemos expresado la rabia, seguramente no de la forma más asertiva. ¿Quién no se queda superhecho polvo después de un gran enfado con su hijo o con su pareja? ¿Cuántos niños, después de una buena rabieta, no lloran desconsolados?

La tristeza, aunque tal vez no incomode tanto como la rabia, es una emoción que no suele gustar. Quienes no saben cómo abordarla, cuando ven a alguien triste le dicen algo tan banal como «Bueno, anímate». Pero, a ver, esa persona se siente triste porque ahora mismo es incapaz de animarse. Es de cajón.

Esto se ve claramente cuando alguien está atravesando un duelo, un momento que la mayoría de las personas no saben acompañar porque desconocen qué hacer con la tristeza ajena. La tristeza nos remueve, por supuesto, porque sabemos lo que es sentirse así, y ver a otra persona con esa emoción encima a veces abruma. «He visto a fulanito en la calle, pero he disimulado y he hecho como que no lo veía para no tener que darle el pésame... ¿Qué le digo? Pobre, es que me da una pena...». ¿Has oído alguna vez frases así? Es la incapacidad de contactar con la tristeza y estar a su lado, hacerle espacio y acogerla sin miedo. Durante un duelo la tristeza resulta evidente y aplastante; es algo que todos viviremos alguna vez, y quizá por eso da tanto miedo mirarla de frente.

Los niños también la viven, y no solo durante un duelo, también en otras ocasiones se sienten tristes, y esto a veces choca porque tenemos la creencia inconsciente de que la infancia tiene que ser y es feliz: un niño tiene que estar contento por naturaleza. Y no es verdad. Durante la infancia se vive también tristeza y tenemos que saber acompañarla. Sin embargo, la tristeza nos hace entrar en contacto con la vulnerabilidad y la fragilidad, y dependiendo de cómo la hayamos visto transitar en casa y de cómo se nos haya acompañado de pequeños la viviremos mejor o peor.

Con la tristeza, igual que con la rabia, hay también un fuerte componente de género, y es que en las niñas se tolera y acepta más que en los niños. Si eres una niña, estás triste y lloras, «es normal, porque las niñas son más lloronas». Pero si es un niño el que lo hace: «Los niños no lloran», «Eres un llorica», «Tienes que ser fuerte», etc. Por suerte, poco a poco estas cosas van cambiando, pero no lo suficientemente rápido, la verdad, y todavía queda mucho camino por andar en este sentido.

Como la tristeza es una emoción tan incómoda, hay tendencia a taparla, negarla, disimularla y rechazarla, ya sea con distracciones, con pastillas o con adicciones y demás. Es urgente que la miremos con ojos más amorosos y amables, aunque duela. Porque la tristeza sí duele. Y duele muy adentro y a veces parece que no se irá nunca, o que no podremos superar esa ola que casi nos ahoga, pero, como todas las emociones, viene y se va. Viene para contarnos algo que tiene que ser atendido, para que paremos y la vivamos sin miedo ni límite y, así, podamos transformar ese dolor en aprendizaje y compasión.

Claro que cuesta a veces, y claro que no es plato de buen gusto, pero la tristeza seguirá estando ahí aunque no nos guste, así que, como ya hemos visto, mejor considerarla una amiga que viene a ayudarte que una enemiga que viene a amargarte.

Recuerdo que, cuando yo era adolescente, a veces sentía una tristeza profunda y lo que hacía era encerrarme en la habitación y ponerme un montón de canciones tristes que me ayudaran a llorar. Era como si creara las condiciones que mi tristeza necesitaba para salir. Lloraba, escribía, pensaba y a veces me dormía en esa ola de tristeza y, al día siguiente, me levantaba mejor. Entonces me parecía que había algo de masoquista en esa forma de vivir la tristeza, pero con los años me he dado cuenta de que era mi manera de abrazarla y hacerle espacio, y, aunque no me gustase y lo pasase mal, no la reprimía ni la ignoraba... Simplemente la dejaba ser y salir para que, de alguna forma, luego doliese menos.

Para ir entrando en tu propia historia con la tristeza, es importante que hagas el ejercicio siguiente y te plantees estas preguntas...

La tristeza en mí

«¿Qué me ocurre con la tristeza?».

«¿Qué hago cuando aparece? ¿Me aíslo, la expreso con alguien, la escondo, la tapo...?».

«¿Me permito estar triste o no? ¿Intento buscarle una solución?».

«¿Qué hago cuando estoy con alguien que está triste? ¿Sé acompañarle?».

«¿Tengo alguna creencia sobre la tristeza, como por ejemplo que es de débiles o que molesta?».

Respondiéndote a estas preguntas quizá te des cuenta de cuál es tu relación con la tristeza y descubras algún tipo de patrón. A menudo hemos integrado los patrones que veíamos en casa, así que ahora intenta recordar y preguntarte...

La tristeza en mi familia

«¿Qué pasaba durante mi infancia cuando estaba triste?».

«¿Cómo acompañaban mi tristeza? ¿Me permitían estar triste o les incomodaba?».

«Si lloraba o estaba triste, ¿me decían cosas como "No llores", "No es para tanto" o "No seas llorica"?».

«Si mamá o papá estaban tristes, ¿se hablaba de ello o yo me daba cuenta, pero nadie me contaba nada?».

«¿Alguien de la familia tuvo depresión?».

«¿Intentaban buscar soluciones a mi tristeza? ¿Me ignoraban, me reñían o me humillaban si estaba triste?».

«¿Utilizaban la tristeza para chantajearme emocionalmente y conseguir lo que querían de mí? "Si no me das un beso me pondré muy triste...", "Cuando dices eso me rompes el corazón", etc.?».

Algo muy habitual es que, cuando los adultos estamos tristes, no queremos contárselo a nuestros hijos y disimulamos. Para no contagiarles nuestra tristeza, hacemos ver que no pasa nada. Seguro que notan que nuestra energía no es la misma, pero no saben por qué. Tenemos la ilusión de que, si no están al tanto de lo que ocurre, no sufrirán y no se pondrán tristes, pero está comprobado que si te cuentan que está pasando algo que no tiene nada que ver contigo no te angustias tanto como cuando notas que ocurre algo y no sabes la causa. Porque esto es lo que les sucede a los peques: que piensan que es por ellos, por su culpa o porque no son lo bastante buenos.

No se trata de hablar con nuestros hijos como si estuviéramos en un diván y ellos fueron nuestro terapeuta, en absoluto, pero sí explicarles lo que ocurre con palabras que más o menos puedan entender. Algo tan simple y raso como «Me han contado algo en el trabajo y me he puesto triste, pero no tiene que ver contigo. Estate tranquilo, que en un rato la emoción se me pasará, ya verás». Transmitir naturalidad y temporalidad los ayuda a encajar que su madre o su padre, a ratos, también sienten emociones intensas, como ellos, y que es normal. Sabiendo eso, pueden despreocuparse y seguir a lo suyo.

En cambio, cuando nos ven tristes pero no saben por qué, no les permitimos desconectar y seguir con su vida, y se mantienen pendientes sintiendo cierta inseguridad. Especialmente en la fase egocéntrica, se pueden sentir responsables de nuestro bienestar y pueden empezar a hacer cosas para llamarnos la atención y hacernos sentir alegres y más felices. Cuando no lo consiguen (porque lo que sentimos no tiene que ver con ellos), aparece la sensación de «No soy lo suficientemente bueno, ¿qué más puedo hacer?», alejándose de sus propios sentimientos y necesidades, y haciéndose responsables de los de papá o mamá.

Bruno era un niño de cuatro años y medio que llamaba muchísimo la atención, y su madre recurrió a mí porque le habían contado que en el cole hacía lo mismo. Básicamente hacía payasadas y se había convertido un poco en el que hacía reír a todo el mundo. Pero, claro, era pequeño y no calibraba muy bien cuándo eso sobraba y no era adecuado. Al entrar en materia, ella me contó que se había separado de su marido porque la trataba muy mal y que estaba siendo una separación muy dura. Ella se pasaba el día triste por lo que le estaba tocando vivir y porque había elegido ese padre para su hijo, con lo que ello, según decía, conllevaba. Bruno había empezado a hacer payasadas un tiempo antes de la separación, pero habían ido en aumento a partir de esta, después de que un día viera llorar a su madre toda la tarde. «Se pasó la tarde mimándome e intentando que riera, pero yo estaba tan hecha polvo que no era capaz ni de levantarme del sofá. Al final vino mi madre y se lo llevó un rato a jugar lejos de mi presencia».

A Bruno nadie le contó nada de lo que estaba pasando, simplemente que papá y mamá ya no vivirían juntos, pero ni una palabra de la tristeza que sentía su madre ni de por qué se habían separado, y empezó a cargar con la sensación de que quizá era por él (cosa que le provocaba mucho malestar) y de que él tenía que poner contenta a mamá. Al ver que a veces lo conseguía y que en clase también obtenía la mirada feliz de sus compañeros, había entrado en esos comportamientos de llamada de atención continua fruto de su inseguridad y malestar. Lo que hicimos fue ayudar a la mamá con su tristeza y a Bruno con validación y quitándole peso de encima. Cuanta más seguridad cogió él, más se fueron espaciando y disipando esos comportamientos.

Una forma de ver la relación que tenemos con la tristeza es a través de la relación que tenemos con el llanto, el propio y el de los demás. Porque a menudo lo juzgamos. Nos cuesta muchísimo sostener el llanto y, como tenemos inculcado que hay que evitar llorar, cuando nos emocionamos y acabamos llorando delante de alguien, mucha gente pide perdón. Perdón por llorar, por emocionarse, por expresar su sentir... Eso nunca debería ser algo por lo que pedir perdón, porque no estamos haciendo nada malo. Pero así juzgamos el llanto y la tristeza, como algo que no debería ocurrir.

Es muy importante que, como adultos que tenemos relación con la infancia, ya sea desde la maternidad y la paternidad, ya sea desde la docencia, no normalicemos las emociones solo cuando son agradables, sino también cuando son verdaderamente incómodas, duelen y resuenan dentro. Todas son válidas y tienen su razón de ser. Acojámoslas.

Cuando estés triste

La tristeza no es ninguna enfermedad y deberíamos integrarla como una emoción más que nos ayuda a percibir aspectos de nuestra vida que necesitan ser vistos y transitados. Nos cuesta tener la paciencia de vivir una emoción el tiempo que esta requiere, y estamos tan acostumbrados a la inmediatez y a la recompensa rápida y fácil que no nos damos cuenta de que con las emociones esto no funciona así.

Hablemos del duelo, por ejemplo: nos encantaría que pasara todo más deprisa y que desapareciera ese dolor infinito que nos invade cuando un ser querido se ha ido físicamente. Pero el duelo tiene sus tiempos y necesita ser vivido a su ritmo, el que necesite cada cual. Y para ello se requiere mucho amor propio y mucha compasión por uno mismo, porque tendremos que aceptar todo lo que vayamos sintiendo en nuestro cuerpo y nos tocará atravesarlo, aunque no nos guste y aunque no queramos. No hay peor dolor que el de los duelos no transitados..., porque ese dolor no se va, se queda y no se puede transformar en algo que nos ayude con la pérdida.

Nos cuesta pensar que lo que tenemos que hacer con la tristeza es parar y sentirla. ¡Es tan desagradable! ¿Cómo vamos a sentirla sin más? Pues haciéndolo. Cuando venga una ola de tristeza, ya sea pequeña, ya sea enorme, siéntela. Para un instante, siéntate si lo necesitas, y respira mientras sientes la tristeza ocupando el espacio de tu cuerpo. «Ah..., estás aquí... Cuánta tristeza siento ahora... Cuánto me dueles», puedes decir, si te ayuda expresarte en palabras y en voz alta... Pero mientras, ve respirándola, haciéndole espacio, como si en cada inhalación y exhalación estuvieras movilizándola para que no se estancara.

Escucha tu cuerpo y date permiso no solamente para sentir, sino también para hacer lo que te pida la tristeza. A menudo te pedirá salir en forma de lágrimas: pues llora. Llora sin miedo, sin juicios, con sonido o sin él, con música o sin ella, pero llora, y deja que vaya saliendo más y más tristeza... Si está fuera, no estará dentro. Y vive este momento sin juzgarte ni sentir que no deberías estar como estás. Si estás así es que lo necesitas por algo que quizá todavía no consigues ver. No pasa nada, confía en la vida y en que tu cuerpo sabe lo que le hace falta... Escúchalo y deja que se exprese. Mientras, escucha la emoción y observa qué ha venido a contarte, qué tienes que saber de esto que sientes... Y siéntelo. Sin más y sin miedo.

Puede que en el tránsito de esta tristeza sientas que necesitas ayuda. Está bien buscar ayuda cuando no puedes (o sientes que no puedes) hacerlo solo. Mi consulta está repleta de personas que necesitan que alguien las acompañe en lo que sienten, y ahí hacemos espacio a ese sentir, sin juicios y acogiendo todo lo que va saliendo en forma de llanto, de pensamientos, de creencias, de *insights*... Buscar ayuda profesional o en amigos o familiares a los que sientas que tu tristeza no les causará incomodidad te puede ayudar en caso de que te esté costando transitar esta emoción.

Cuando con veintitantos años iba a terapia, me acuerdo de varias sesiones en las que prácticamente lloraba todo el rato... Menuda tristeza tenía guardada yo dentro, y eso que había hecho lo de llorar y las canciones, pero se ve que no fue suficiente, ja, ja, ja. Cuando conectaba con el cuerpo y mi terapeuta me preguntaba: «¿Qué sientes?», me ponía a llorar. Era tristeza, quizá acumulada esperando que alguien le hiciera más espacio para ser y expresarse. Es curioso, sin embargo, cómo, después de esos ratos, salía mejor que nunca, y durante los días siguientes me sentía feliz y llena, muy lejos del drama que había soltado en la sesión. Porque, cuando sueltas, luego puedes volar. Lo que no puedes es ir con la carga a cuestas. Con todo esto no digo que tengas que llorar sí o sí. Cada cual es distinto y cada cual tiene que encontrar su forma de hacer espacio al sentir.

Cuando tu hijo esté triste

Durante la infancia, en cambio, el llanto sí es la principal forma de exteriorizar el malestar, provocado por la emoción que sea. El llanto es la herramienta número uno con la que venimos al mundo para expresar aquello que nos desagrada o que nos hace daño. Cuando no hay lenguaje, el llanto es lo más evidente que tiene un niño para decir a sus padres: «No me gusta», «No estoy bien», «Necesito ayuda», etc., así que durante la infancia no son pocas las veces en las que se llora. A pesar de que sea tan normal y de que tenga esta razón de ser (sobre todo en una etapa en la que no hay lenguaje todavía), ¿cómo es posible que lidiemos tan mal con el llanto de los niños? Bueno, porque, como ya hemos visto, nos remueve el nuestro propio y, especialmente, todas las veces que lloramos y no fuimos acompañados como necesitábamos.

No es ningún juicio hacia nuestros padres o abuelos, es simplemente que ¡no nos es nada fácil acompañar a un niño triste! ¿Por qué? Porque en nuestra cabeza está la idea «niño = contento», no «triste» y entonces es como que no nos encaja. A veces, como el motivo por el que está triste nos parece una soberana tontería, le quitamos importancia y no conectamos con su sentir, y otras, su sentir se nos hace tan intenso y nos da tanta pena que nos partimos en dos y tampoco sabemos cómo acompañarlo.

Supongamos que viene un día y nos dice que un amigo le ha dicho que no quería jugar con él, o que quería sentarse al lado de otro amigo, y eso lo ha puesto triste, cosa comprensible, pero, a la vez, normal, porque quien se lo ha dicho tiene todo el derecho a querer estar con otras personas, a estar solo o a jugar con otro amiguito. Seguramente no se lo ha dicho de una forma asertiva, especialmente si tiene entre dos y ocho años, pero es que a esa edad las cosas se dicen sin filtros y entonces a veces duelen más. Todo es comprensible y normal al mismo tiempo. Pero nos da pena y nos ponemos tristes porque empezamos a pensar:

- Que quizá le hacen bullying.
- Que quizá esto afecte a su autoestima.
- Que quizá está solo en el cole y no tiene amigos.
- Que no queremos que se sienta como nos sentimos nosotros cuando íbamos al cole y nos pasaba lo mismo.

- Que no queremos que sea como nosotros (a lo mejor nos costó tener amigos estables, etc.).

Nos asaltan miedos, tenemos expectativas o realizamos proyecciones que nos alejan del ahora y aquí de nuestro hijo en una realidad en la que no ha pasado nada raro. Simplemente, no le ha gustado lo que le ha dicho ese niño y se ha disgustado. En vez de atender al disgusto y permitirle estar triste, es muy probable que lo que hagamos sea:

- Preocuparnos.
- Enfadarnos con ese niño en cuestión.
- Pensar que hablaremos con la maestra a ver qué pasa.
- Intentar decirle cosas por las que estar contento para que cambie ya de estado.
- Ponernos tristes nosotros y empezar a agobiarnos con la situación.

Esto no es acompañar: esto es resonar con la emoción de otra persona y dejarse llevar por ella sin conciencia ni control. Desde aquí, perdidos en nuestros miedos y vivencias, no podremos conectar con su sentir ni estar ahí para ayudarlo a procesar lo vivido.

En un acompañamiento consciente en este caso concreto de tristeza, validaríamos lo que nos cuenta e intentaríamos sacar una conversación que pudiera ayudarle en ese momento. Obviamente, dependerá de la edad que tenga el niño, pero con uno de seis años, por ejemplo, podríamos tener esta conversación:

—No te ha gustado lo que te ha dicho.
—No, porque yo quería jugar con él.
—Ya, y a él no le ha apetecido jugar contigo, ¿verdad?
—No.

—¿Y cómo te has sentido?

—Enfadado.

—¿Y ahora estás enfadado?

—No, triste.

—Te entiendo... Cuando alguien no quiere estar con nosotros y nosotros sí, nos ponemos tristes porque pensamos que no le gustamos. Pero tú a veces prefieres estar con papá y eso no significa que yo no te guste o no me quieras, ¿verdad?

—No.

—No te gusta sentirte rechazado.

—No.

—Es normal, a nadie le gusta. ¿Cómo te sientes ahora después de haber hablado de ello?

A veces no querrá hablar. Lo respetaremos y simplemente le diremos que estamos disponibles si en algún momento quiere hablarnos de su tristeza y de lo que ha pasado. Mostrarse disponibles pero respetuosos es algo que cuesta a muchos adultos porque sienten que «tendrían» que hacer algo para que su hijo o su alumno estuviera mejor. Sin embargo, para poder ayudar a alguien, ese alguien tiene que estar abierto y preparado para recibir esa ayuda; si no lo está, insistir y entrometerse puede producir el efecto contrario y alejarlo más. No queremos que se aleje ni que se cierre, sino que nos sienta ahí, acompañando en la distancia si es eso lo que necesita.

Ahora te invito a centrarte en los momentos en los que te toca acompañar la tristeza de un niño o niña, y a formularte estas preguntas observando qué respuestas sinceras vienen a ti:

«Cuando mi hijo está triste, ¿entiendo por qué y sé acompañarle?».

«¿Me preocupo en exceso cuando está triste?».

«Si está triste o habla de cosas tristes, ¿necesito intervenir enseguida para que se sienta alegre?».

«¿Qué hago cuando llora? ¿Cómo sostengo su llanto? Cuando era un bebé, ¿era capaz de aceptar su llanto y su dolor?».

«¿Me pongo a llorar yo cuando me siento impotente con su tristeza?».

«¿Qué palabras utilizo cuando llora? ¿Necesito que pare rápido?».

Resumiendo, cuando sientan tristeza hay que:

Validarla.
Comprenderla.
Darle espacio.
Permitirla el tiempo que el peque necesite.
Empatizar.
Ponerle palabras, si lo necesita y quiere.
Y, sobre todo, RESPIRARLA.

Intentemos darnos cuenta de con qué nos conecta su tristeza, y procuremos advertir si estamos actuando conforme a un patrón adquirido y asimilado en la infancia respecto de esta emoción. Porque quizá veamos que lo que está pasando, lo que se está activando, no tiene nada que ver con el ahora y aquí, y en cambio mucho con un automatismo, con un patrón de actuación inconsciente.

Nos recordaremos que es su tristeza y que no tiene por qué convertirse en la nuestra. Tendremos siempre en cuenta que su tristeza puede venir de hechos que para nosotras no son relevantes, pero eso no quita valor ni legitimidad a su sentir. Nunca minimicemos su tristeza ni tampoco la exageremos ni multipliquemos.

Limitémonos a dar espacio a lo que es y sostengámoslo.

Y haremos de Sherlock para descubrir si la tristeza es solo la emoción superficial y, en el fondo, lo que hay debajo es otra emoción raíz como, por ejemplo, celos o añoranza.

Cuando la tristeza es gorda

A veces sentimos que los niños están tristes por tonterías: que si no les das un caramelo, que si no encuentran el juguete que no ordenaron, etc., pero otras veces sentimos que esa tristeza es muy grande y se nos hace bola, como por ejemplo cuando un niño está de duelo. Esa tristeza nos cuesta mucho acompañarla porque sentimos, de forma consciente o inconsciente, que no es justo y que ese niño no debería estar pasando por eso. Que debería estar feliz y contento, jugando y pasándolo bien. Pero la muerte forma parte de la vida y toca cuando toca, así que muchos niños tienen que lidiar con ella muy pronto porque se les ha muerto una mascota, o un abuelo, o un padre.

Creo que no hay cosa más dura que ver el dolor de un niño y no poder hacer nada para sacárselo de encima, y eso es lo que ocurre cuando un niño transita un duelo: que le vemos con ese dolor tan hondo y nos sentimos impotentes. Eso, a su vez, nos provoca un dolor inmenso y, a veces, tanto dolor nos hace más difícil acompañarlo como necesita. Porque la muerte es de las cosas que más nos remueven y, como no la tenemos integrada ni aceptada, nos es muy difícil de sostener cuando impacta en nuestros hijos e hijas.

En estos casos todavía es más crucial que seamos ejemplo y que les enseñemos cómo nos permitimos sentir nuestra tristeza y, a la vez, sostener la suya, sin prisas ni agobios. Que vean cómo la respiramos desde la convicción de que las emociones, a medida que tienen espacio para ser sentidas y vividas, se van disipando y transformando en otras. Demos visibilidad al dolor, validándolo y admitiendo que sentimos que estén así y que, a la vez, lo aceptamos y estamos ahí para lo que necesiten.

Cuando preguntas a alguien que ha transitado duelos potentes qué necesitaba de las personas que lo rodeaban, muchas veces la respuesta es: «Sentir que estaban ahí», porque así sabía que podía romperse, que lo recogerían, que había sostén. Pero a veces no se necesitan ni palabras ni consejos ni remedios, porque nada de eso cambia el dolor que habita en nosotros. Solo la propia vivencia transforma y, para experimentarla, es necesario que te lo permitan y que comprendan que lo necesitas. Cuando sientes que hay alguien a tu lado, aunque no diga nada, aunque no pueda quitarte eso que sientes, por lo menos notas que legitima tu vivencia y la respeta; su propia energía de presencia atenta y compasiva, de alguna forma, sana el dolor. Es algo energético, es algo que se nota y siente cuando se vive.

Así que no te abrumes tanto con lo que «tienes que hacer» para «solucionar» lo que siente la otra persona y céntrate en la calidad de tu presencia. Céntrate en aceptar lo que es a cada momento desde el respeto y la compasión. Como mucho, si sientes que quizá sí puedes hacer algo y tu hijo ya tiene cierta edad, pregunta: «¿Qué necesitas? ¿Qué sientes que puedo hacer por ti?».

En el caso de la tristeza por un duelo, te invito a leer mi cuento *El hilo invisible* para conectar con el mundo de la no forma y con otros niveles de existencia no tan ligados a lo material ni a lo que vemos y tocamos, para encontrar consuelo y darlo. Te puede venir muy bien crear un espacio, a través del cuento, en el que puedan salir emociones, y en el que se pueda poner palabras a lo que se está pensando y viviendo. De estos momentos y situaciones a veces aparecen instantes de una conexión tan profunda e intensa que en sí mismos ya ayudan a transformar el propio dolor y duelo.

Es compatible

A veces, cuando hablamos de emociones intensas y desagradables como las que nos embargan cuando muere alguien querido, parece que estas anulan cualquier otra que también pueda sentirse mientras se pasa el duelo. Como si durante esta etapa solamente se pudiera estar triste o enfadado o derrotado por la pena, y no hubiera espacio para ninguna emoción más.

Hay personas que confiesan haberse sentido culpables por experimentar alegría en determinados momentos durante el duelo de su padre, por ejemplo. Como si no pudieran estar contentas. Esto es muy habitual cuando una mamá embarazada o que hace poco que ha tenido a su bebé tiene que hacer frente a la muerte de un ser querido. Me acuerdo de Lara, a quien a pocas semanas de parir se le murió la madre, con quien tenía un vínculo muy bueno. Fue un duelo muy difícil de pasar porque se le mezclaban tantas emociones que no era capaz de vivir ninguna sin sentirse culpable por algo. Si estaba triste, sufría por si eso afectaría al bebé y si este sentiría que no le daba la bienvenida. Y, cuando sentía alegría o felicidad por tener a su hijo en brazos, creía que, de alguna forma, estaba traicionando el recuerdo de su madre porque, aunque solo fuera por unos instantes, había olvidado la tristeza. Era un sinvivir, y lo pasó muy mal. Poco a poco fue comprendiendo que todo era compatible. Que la pena más enorme era compatible con la felicidad inmensa de tener en sus brazos a un bebé sano y precioso que la hacía conectar con la vida y con la gratitud. Poco a poco dejó de juzgar lo que sentía y empezó a darse permiso para sentirlo libremente, sin ataduras ni represión alguna. Eso la liberó y pudo ir encajando lo que le había tocado vivir desde un lugar de más paz y calma.

Con los niños también nos cuesta comprender cómo es posible que hayan estado una hora llorando supertristes por algo y, al cabo de un minuto, estar jugando y riendo tan tranquilos. Bueno, supongo que lo viven todo tan intensamente que son capaces de «sacar» aquello que les provoca malestar para luego seguir con su vida desde otro lugar emocional. A los adultos esto nos cuesta más: estamos tan poco en el presente que no nos permitimos vivir lo que sentimos plenamente, aceptando lo que es y sin juicios, y además lo aderezamos con pensamientos y creencias del pasado, y con proyecciones y expectativas de futuro.

Recuerda siempre que todas las emociones son compatibles en determinados momentos y que eso no invalida ni lo que has sentido hace un rato ni lo que sentirás después. Que todo es legítimo y que, igual que las olas del mar a veces se encuentran y se mezclan, lo mismo pasa con las emociones. Sea como sea, sé consciente de ello, detente, respíralo y permite que sea.

TE PROPONGO...

El mar: Un día que vayáis al mar, habla a tus hijos o a tus alumnos de las olas como emociones y explícales que cuando sientan tristeza, aunque sea grande y profunda, pasará, igual que las olas del mar, que vienen y van. Así irás introduciendo el concepto de temporalidad y naturalidad en las emociones.

Baño de bosque: Te sugiero que vayáis al bosque porque allí, en plena naturaleza, veréis piñas que han caído del árbol, plantas que nacen, otras que mueren... y en ese entorno podréis hablar de vida y de muerte y acompañar dudas, preguntas y emociones que puedan salir de ahí. Cuando la muerte impacte en vuestra vida, podrás recordarle al niño lo que ese día visteis en el bosque, que todo se transforma continuamente, y que nosotros, que también somos parte de la naturaleza, hacemos lo mismo, nos transformamos. Si las visitas al bosque son habituales, todo esto es más fácil de naturalizar y comprender, así que, ya sabes, excursiones frecuentes, que os armonizarán y os darán herramientas.

Llanto: Cuando llore, remárcale que llorar está bien porque desbloquea tensiones que tenemos por dentro y las deshace, y entonces nos sentimos más limpios. Es como una ducha interna que nos damos cuando necesitamos limpiar el dolor del alma. Hablad de ello, reíd, haced humor con estas metáforas para que, cuando algo ocurra, podáis conectar con ellas.

Ritual: En caso de tristeza por la muerte de alguien, os puede venir muy bien a nivel familiar hacer algún ritual. Aunque sea solamente encender una vela cada mañana al levantaros para decir «buenos días» al abuelo y, de esta forma, hacerle presente e iluminarle el camino que está recorriendo en la nueva forma que ha adoptado. En casa también lo hacemos cuando alguien conocido está de parto, para iluminar el camino de transformación de ese bebé. Como ves, vida y muerte son transformación en sí mismas y van intrínsecamente unidas. Hacerlo visible a través de una vela os puede ayudar. Además, también podéis armar un altar con objetos que os conecten con ese ser querido. Incluso escribir unas líneas y, un día, ir todos a un lugar de la naturaleza querido por esa persona y allí, juntos, leer lo que escribisteis, por ejemplo.

Dibujar: El dibujo también ayuda a sacar la tristeza... Utilicémoslo también en estos casos. Que dibujen lo que sienten, lo que ven con su «ojo interior». Démosles colores y que expresen. Démosles papeles enormes para que puedan dibujar con todo su cuerpo su dolor o su sentir... Que esa tristeza o esa preocupación salgan...

Y durante este acto, si ellos no hablan, no hablemos tampoco nosotros. El silencio facilitará la concentración y podrán expresarse mejor.

Movimiento: El movimiento va muy bien para momentos de tristeza. Poner música y empezar a bailar puede ayudar a desbloquear y canalizar esta emoción. En caso de que te sientas triste, sal a caminar. Que te dé el aire, muévete rápido y durante un buen rato. El baile, caminar y el movimiento en sí nos ayudan a segregar endorfinas que nos vendrán muy bien en estos momentos.

El miedo

Llegamos a una de las emociones «maestras», porque en muchas ocasiones, a pesar de estar sintiendo rabia, o celos, el origen más profundo es el miedo. Para mí es una de las emociones más importantes y, si conseguimos sumergirnos en ella, analizarla, revisarla y abrazarla, nuestra vida cambia a mejor de una forma espectacular.

Vivimos marcados por el miedo desde que el mundo es mundo. De hecho, hemos conseguido llegar al siglo en el que estamos, entre otras cosas, gracias a que el miedo nos empujaba a protegernos como especie y a ir encontrando la forma de sobrevivir más y más. Como especie, el miedo está grabado en nuestro ADN y nos invita a protegernos, a escapar, a ponernos a salvo, así que tiene esta función: asegurar nuestra supervivencia. Se trata de una emoción que nos es muy útil cuando estamos en peligro o hay una amenaza real.

¿Cuál es el problema? Que el miedo está tan extendido e integrado que lo sentimos aunque no nos hallemos bajo ninguna amenaza, y acabamos incorporándolo a nuestro quehacer diario. Es casi como si temiéramos vivir, y ese temor puede llevarnos incluso a la parálisis. Estoy exagerando un poquito, lo sé, pero ¿no crees que a veces es bastante así? ¿Que acabamos viviendo de puntillas por miedos de los que ni siquiera somos conscientes? El terrible «¿Y si...?» que nos hace temer casi todo. «¿Y si me quedo sin trabajo?», «¿Y si el niño a los quince años termina siendo un delincuente?», «¿Y si llega el apocalipsis y nos vamos todos a freír espárragos?».

En mi opinión, el origen de ese miedo tan inconsciente y extendido es la muerte: el no va más de la incertidumbre y la falta de control. No sabemos cuándo va a suceder, cómo, dónde, por qué..., ni para nosotros ni para nuestros seres queridos, y eso, sin querer y a veces sin darnos cuenta, acaba llevándonos a un miedo existencial que nos impide, la mayoría de las veces, vivir una vida plena.

Pero es que además el miedo se ha usado siempre para conseguir el control de los demás, y en especial de la infancia. A través del miedo que provocan chantajes, amenazas, castigos, gritos y manipulaciones varias se ha hecho obedecer a niños y niñas, logrando así controlarlos. Cuando eres pequeño, hay un miedo que asusta más que la oscuridad, los monstruos o los fantasmas, y es el miedo a no ser amado por tus padres. Como la crianza tradicional ha usado siempre estas formas de controlar a la infancia, quien más quien menos ha experimentado ese miedo. Quizá ni siquiera seamos conscientes de ello, pero, si tiramos del hilo, llegaremos a él.

Sea como sea, cuando entramos en cómo acompañamos nuestro miedo y el de nuestros hijos o alumnos, es imprescindible que exploremos primero cuál es nuestra relación con esta emoción. Así que te propongo que te hagas estas preguntas y te respondas con sinceridad...

El miedo en mí

«¿Qué tal me llevo con el miedo?».

«¿Lo siento a menudo? ¿Siento que me impide vivir mi vida desde la confianza y en libertad?».

«¿Qué cosas me dan miedo?».

«¿Qué hago cuando tengo miedo?».

«¿Había sentido antes, en mi infancia o adolescencia, ese tipo de miedo?».

Ojo, no te autoengañes con las respuestas. Todo lo que no te digas —por miedo— contribuirá a no permitirte VER lo que necesita ser atendido. Y lo que se resiste persiste, así que entra profundamente a explorar esta emoción.

Hay miedos que van pasando de generación en generación y casi ni nos damos cuenta. Y, cuando investigas, luego tu abuela te cuenta que una hermana suya murió ahogada en el pantano y comprendes el porqué de tanta angustia familiar con el agua y la piscina, por ejemplo. De esta forma, los miedos se trasladan de padres a hijos. De una manera sutil, emocional y también oral, pueden propagarse durante siglos en una misma familia sin que se sepa siquiera.

Por eso es tan interesante indagar un poco, para ver si algún miedo irracional nuestro puede tener algún tipo de conexión con un hecho acontecido en el pasado (lejano) de la familia. Por eso te recomiendo que explores no solo tus miedos, sino que intentes averiguar también...

El miedo en mi familia

«¿Qué miedos había en mi familia?».

«¿De qué tenían miedo mis padres?».

«¿Me daban libertad o el "cuidado" estaba siempre en sus labios?».

«¿Qué se hacía en casa cuando yo tenía miedo?».

«¿Me sentía libre y legitimada cuando contaba mis miedos?».

«¿Vivía mis miedos en soledad?».

«¿Cómo actuaban, por ejemplo, ante el miedo a la oscuridad?».

«¿Mis padres expresaban en voz alta sus miedos?».

«¿Me decían cosas como "No tengas miedo", "Las niñas valientes no tienen miedo", "No seas miedica", etc.?».

«¿Alguna vez en casa se me humilló por sentir miedo a la oscuridad o a lo que fuera que creyeran que ya era "mayor" para tenerle miedo?».

Al igual que con las emociones que ya has explorado, puede ser bueno apuntar las respuestas, todo lo que venga, todo lo que recuerdes, sin pensar demasiado y simplemente abriéndote a recordar y a sentir qué ocurría y qué notabas tú. Te animo también a hablar con tus hermanos si los tienes, o con tus padres, para ahondar en los miedos familiares (si están abiertos a explorar, claro); así podrás comprender mejor qué miedos había en tu familia y cómo se abordaron en su momento. Puede ser revelador.

Sentir miedo es legítimo y absolutamente normal. Observa solo si se ha convertido en una mochila que llevas siempre a cuestas, porque, si es así, no te va a permitir vivir una vida plena. Hay que transformarlo en confianza y seguridad, en crecimiento y libertad. El proceso puede parecer arduo, pero es posible, y es clave explorar el porqué de ese miedo permanente y su origen.

El miedo en la infancia

Sentir miedo en la infancia es algo absolutamente normal, tanto como sentir alegría, rabia o celos. En la infancia cabe todo, y no solo alegría, como algunos todavía piensan. No, la infancia no se vive únicamente desde la felicidad y la alegría, y es normal, porque, cuando nacemos y hasta muchos años después, somos vulnerables, dependientes e inmaduros.

Como hemos ido viendo, las emociones se mezclan y en ocasiones incluso se confunden, y muchas veces nos puede parecer que la emoción principal es el miedo cuando en realidad es solo el síntoma, no la raíz. Es básico que no nos quedemos en la superficie y exploremos qué puede estar diciéndonos nuestro hijo con el miedo que está expresando.

Por ejemplo, hay algunos peques que, después de tener un hermano, empiezan a sentir mucho miedo a estar solos, a la oscuridad o a los monstruos. En realidad, sienten celos y una inseguridad provocada por la nueva situación en casa. El origen son los celos y la llegada del nuevo bebé, que se canalizan y expresan a través del miedo a estar solos y el miedo, de hecho, a perder lo que creían garantizado (papá y/o mamá). O, en fase de adaptación escolar, hay muchos peques que empiezan a tener mucho miedo por la noche.

No es que, de repente, la noche les dé miedo cuando hace dos días que dormían tranquilamente, sino que la añoranza e inseguridad experimentadas en el cole les activa esa inquietud de sentirse vulnerables y dependientes, y la expresan con miedo cuando oscurece, ya que es cuando los temores se hacen más grandes (tanto en peques como en adultos).

Todas las emociones, también el miedo, llegan para contarles algo de sí mismos que, muchas veces, por su edad e inmadurez, no pueden llegar a entender. Para tirar del hilo y comprender qué es lo que ese miedo ha venido a contarnos sobre nuestro hijo es importante que ni lo reprimamos ni lo neguemos. A veces nos sabe mal verlos sufrir o su miedo nos remueve la cantidad de veces que nosotros mismos hemos sentido esta emoción, y eso nos inquieta. «No quiero que sea como yo, que tuve tanto miedo a la oscuridad», dicen algunos padres... A menudo, sin darnos cuenta, nuestra propia historia impacta en la forma que tenemos de abordar esa emoción. Como lo pasamos mal con el miedo, si lo vemos en nuestro hijo empezamos a sufrir, con lo que le transmitimos que eso que está viviendo es muy chungo, o que no debería sentirlo.

A menudo también sucede que sus miedos nos parecen muy chiquitos y sin importancia, y nos cuesta comprender cómo algo mágico como un monstruo imaginado, un fantasma o un animal asusta tanto al peque. Como no lo vemos para tanto, le quitamos hierro y nos desconectamos de su sentir minimizándolo. En la primera infancia, los niños están en una etapa donde la magia tiene tanta importancia como la realidad y a veces les cuesta distinguir qué es real y qué no. Por lo tanto, puede que tu hijo te hable de sus miedos a monstruos, fantasmas, troles, etc. Negarlos o no tenerlos en cuenta no lo va a ayudar. Necesita que comprendas que esos miedos son importantes para él o ella, y que lo valides y lo ayudes a canalizarlos y disiparlos. Todo eso, sin negar ni reprimir ni cachondearnos de lo que acaba de decir, obviamente. Si lo hacemos, le impediremos sentirse comprendido y legitimado, y mermaremos la confianza que tiene en nosotros para hablarnos de su mundo interno. Dependiendo de cómo se sienta cuando se abra con nosotros sobre sus miedos, volverá a abrirse en un futuro o se los guardará, creyendo que, total, un día ya se abrió y no se sintió acompañado.

Los miedos van evolucionando con la edad. No tenemos los mismos cuando somos críos que en la adolescencia o a los cuarenta años, aunque algunos pueden mantenerse toda la vida, como por ejemplo el miedo a la oscuridad o a la muerte.

La forma de abordar el miedo en la infancia dependerá también de la edad del niño. Si tiene tres años y está plenamente inmerso en el mundo de la magia, si nos cuenta que le dan miedo los lobos y que ha visto uno en la habitación, podemos preguntarle dónde lo ha visto, y por qué le da miedo, e incluso podemos jugar con ese «personaje que representa el lobo» y decirle algo así como: «Venga, lobo, estás asustando a Mónica. Vete a tu casa, por favor, que tu mamá debe de estar buscándote». A muchos niños les encanta que «juguemos» con aquello que les da miedo, porque de alguna forma, a través del juego, le quitamos fuerza, hablamos de ello y canalizamos ese misterio y esa inquietud que sienten.

El miedo a la muerte

Una vez terminada la primera infancia y dejada la magia atrás, llega más madurez y conciencia del mundo que los rodea. Ahí los miedos de la infancia son, para muchos adultos, más «reales». Hacia los siete años muchos confiesan tener miedo a las guerras, a los ladrones, a los «malos» y, especialmente, a la muerte. Habrá niños a los que, por madurez o porque han vivido circunstancias que los han puesto en contacto con la muerte, les preocupará mucho antes y tendremos que aprender a lidiar con la angustia que les puede generar pensar en todas estas cosas.

Aquí muchos adultos se ponen muy nerviosos porque los niños

hacen preguntas y se inquietan por un tema (la muerte) para el que tampoco nosotros tenemos respuestas claras y que es posible que también nos inquiete. Por eso es tan importante que no evitemos hablar de la muerte ni de las emociones y los pensamientos que nos evoca, porque es lo único que sabemos seguro que nos tocará abordar, tanto en relación con los demás como con nosotros mismos. Cuanto más alejados emocionalmente estemos del tema de la muerte, más nos costará responder a las preguntas e inquietudes de nuestros hijos.

¿Qué podemos hacer cuando preguntan, cuando se agobian pensando en la muerte o incluso sienten ansiedad nada más pensar en ella? Primero, mantenernos calmados y asertivos, cosa que nos será posible cuando tengamos bien colocado el tema. Para ello deberemos sentir hondamente dónde lo integramos, haber experimentado qué emociones nos evoca, haberlas acogido, etc. Si no, se nos va a notar que es un tema tabú, y el tabú no ayuda a los niños a integrar la muerte como algo natural, profundamente ligado a la vida.

Por eso te animo a que, antes de abordar este tema con tu hijo, te hagas estas preguntas:

«¿Qué pienso sobre la muerte?».

«¿Qué me hace sentir?».

«¿Cómo se vivía la muerte en casa?».

«¿Cómo he transitado las muertes cercanas?».

«¿Qué siento cuando me imagino hablando de la muerte con mi hijo?».

Cuando tu hijo te pregunte, responde siempre desde tu más sincero sentir. No inventes ni reproduzcas frases típicas y tópicas si no las sientes, porque lo notará y sabrá que lo que le cuentas no es tu verdad. Nadie sabe qué ocurre después de morir, así que tendremos que ceñirnos solamente a lo que a cada cual se le hace verdadero o le da paz o siente que ocurre. No se trata de tener razón; se trata de que lo que digamos esté en consonancia con lo que sentimos, sea lo que sea.

Si somos sinceros, nuestro hijo lo percibirá y, aunque no le guste la respuesta, podrá encajarla. Si no lo somos, la respuesta no solo no le calmará, sino que encima se sentirá inseguro porque sabrá que no le estamos contando «nuestra» verdad.

Los niños muy sensibles pueden tener épocas en las que la muerte les produzca mucha ansiedad y en las que todos los días, antes de acostarse, por ejemplo, empiecen con el mismo bucle: «No quiero que te mueras, no quiero morirme, quién cuidará de mí si te mueres, no quiero que te mueras...», y así hasta el infinito. Es importante que les traslademos calma y seguridad, insistiendo en que están a salvo, que ahora no es una situación que tengamos que contemplar porque no está pasando, e intentemos devolverlos al ahora y aquí. «Estamos ahora y aquí, estamos vivos; disfrutemos de este momento juntos sintiendo que estás a salvo y que estoy contigo protegiéndote y acompañándote».

Validemos su miedo, contémosles que es normal que lo sientan, que incluso quizá nosotros también recordamos la etapa en la que se nos hacía muy difícil comprender qué era la muerte. Hablemos de ello sin reparos y sin miedo, porque no hay nada que temer.

Yo siempre he creído que somos mucho más de lo que vemos y tocamos, que hay una energía y un vínculo entre nosotros muy potente que no entiende de tiempo ni de espacio. Por eso escribí *El hilo invisible*, que está ayudando a tantas familias de todo el mundo a transitar la separación de los seres queridos y el duelo por ellos. Porque así lo siento: estamos conectados aunque no nos veamos. Hay algo, llamado vínculo, que no se rompe por el simple hecho de que alguien muera o no estemos cerca. El amor y la conexión son mucho más grandes de lo que nuestra mente limitada puede llegar a abarcar, y, sinceramente, creo que lo que nos permitirá sostener la muerte de nuestros seres queridos, cuando llegue, será la fuerza de este vínculo y conexión con ellos.

Eso mismo he intentado transmitirles a mis hijas cuando han expresado su miedo a morir o a que nos muramos los adultos de casa. He sentido que poder trasladarles esta visión más sutil de la realidad, más amplia, profunda y espiritual (que no religiosa), las ha ayudado y, de hecho, nos ha ayudado a todos. No pretendo que nos guste la muerte, claro que no, pero la vida y la muerte van ligadas, y tendremos que aceptar esta última para sacarle todo el provecho a la primera, que para mí no es más que vivir plenamente. Saber que este plano terrenal se termina puede ayudarnos a valorar más lo que tenemos, lo que somos, lo que vivimos, y a hacerlo de una forma consciente y plena.

Control a través del miedo

No ayuda para nada a la infancia que la crianza tradicional haya usado siempre el miedo para controlar a los niños. A través de manipulaciones como chantajes, amenazas, castigos, etc., se ha activado el miedo a que pierdan lo que tienen, a que no sean queridos, a que no sean suficientemente buenos, y eso, en una etapa de inmadurez, dependencia y vulnerabilidad, no ayuda a conectar con la confianza en la vida ni con la seguridad. Por lo tanto, tenemos que ser conscientes de ello, porque muchos adultos no queremos que los hijos tengan miedo, pero a la vez les infundimos miedo cuando no hacen aquello que pretendemos. Además, estas prácticas activan los peores miedos, que se integran de forma profunda y que luego se tarda años en quitarse de encima:

- el miedo a no ser queridos.
- el miedo a no valer lo bastante.

Sin duda, no somos conscientes del daño que hace infundir esos miedos en seres tan pequeñitos. Son miedos que se quedan pegados al alma, y muchísimo peores que el miedo a los monstruos, la oscuridad o incluso la muerte, porque inciden directamente en la autoestima y la percepción de nuestra valía.

Si tuviera que decirte una sola cosa con la que querría que te quedaras de este capítulo sería esta: evita a toda costa controlar a tu hijo o hija a través del miedo, porque, si no, lo estarás llevando a desconfiar de sí mismo, de ti y, por consiguiente, de la vida. Y no hay nada más dañino que vivir con miedo, porque te impide vivir plenamente.

Dicho esto, que quería que quedase remarcado en un apartado propio, pasemos a qué hacer cuando los miedos acechan...

El miedo en el niño

Para poder acompañar el miedo de un hijo o de un alumno, es importante que antes hagamos ese ejercicio de autoexploración que quizá ya tengas un poco integrado. Te animo a que te formules estas preguntas y respondas lo más sinceramente que puedas:

«¿Qué he notado que le da miedo a mi hijo?».

«¿Me expresa cuándo tiene miedo? ¿Qué hago yo cuando lo hace?».

«¿Siento que me remuevo?».

«¿Qué miedos de mi hijo me desestabilizan más?».

«¿Encuentro un patrón entre mis propios miedos de la infancia y los de mi hijo? ¿Hay algún paralelismo?».

«Si tiene miedo por la noche, ¿me molesta? ¿Me cuesta más acompañarlo durante la noche?».

«¿Cómo actúo cuando tiene miedo por la noche? ¿Hay diferencias con cómo actúo cuando es de día?».

Las respuestas a estas preguntas te ayudarán a tomar conciencia de qué haces, por qué, y qué necesitas mejorar para acompañar de forma asertiva y conectada. Así que ahora pasemos a cómo sería ideal actuar cuando nuestros hijos o nuestros alumnos sientan miedo.

Como con cualquier otra emoción, comprenderemos, daremos espacio a lo que sienten sin juzgarlo, validaremos el miedo y les permitiremos sentirlo, intentando, en caso de que nos remueva, no convertirnos en los protagonistas. Estamos ahí para acompañarlos, no para centrarnos en nuestro sentir. Podemos simplemente darnos cuenta de que su miedo nos está removiendo y respirar para tomar cierta distancia y ser capaces de acompañarlos como necesitan.

Podemos animarlos, si lo aceptan, a respirar su emoción, a sentirla, y ayudarlos con palabras como: «Veo tu miedo, veo que estás asustado... Respira este miedo y se irá haciendo más pequeño. Estoy aquí para acompañarte...». Ayudarlos a centrarse en su respiración les permitirá dejar de escuchar los pensamientos que activan su miedo y, desde la conexión con el cuerpo, bajar la intensidad de esa emoción. No estamos negándola, sino simplemente respirándola para hacerle espacio, observarla y ver qué ha venido a contarles o qué ha venido a contarnos a nosotros.

Piensa siempre que su miedo es legítimo, aunque sientas que es exagerado o una tontería. Recuerda que somos distintos, estamos en diferentes etapas y miramos el mundo de otra forma. Intentemos acompañarlos desde la objetividad, la empatía, la escucha activa y el amor incondicional. Centrémonos en hacer espacio a lo que es, a lo que se manifiesta emocionalmente a cada momento, sin quitar importancia ni añadir más emocionalidad por nuestra parte por sentirnos removidos o contagiarnos de su emoción. Cuando eso ocurre, dejamos de acompañarlos como necesitan y, de alguna forma, emanamos un «me inquieta que te sientas así, no quiero que sientas eso»; y, como no pueden evitarlo, es posible que se sientan culpables de estar provocando esa angustia a su adulto de referencia.

A veces el miedo y la curiosidad van de la mano. Me acuerdo de cuando a una de mis hijas le daba mucho miedo el tren de la bruja, en la feria. No quería acercarse, pero sí verlo de lejos. Cuando volvía la feria al cabo de unos meses, quería verlo un poco más de cerca... y así hasta que dejó de darle miedo. Esta emoción a veces también representa un reto y unas ganas de avance. Mi otra hija tuvo mucho miedo de los lobos y, a la vez, le encantaban. Tenía peluches de lobos, pero le daba miedo pensar en los de verdad. Para ir haciendo el miedo más pequeño, jugábamos a los lobos: yo hablaba con el lobo cuando ella me decía que lo había visto en el comedor y la hacía reír con mi conversación con el lobo. Luego buscamos información en internet (debía de tener ella unos cinco años), hasta que finalmente quiso ir a un parque en la montaña donde había lobos que podías ver de lejos en su «hábitat seminatural». Poder observarlos durante toda una mañana la ayudó a disipar su miedo. Así pues, esa emoción que sentía cuando pensaba en lobos era también un impulso para avanzar y superarlo.

Seguro que tienes ejemplos así en tu infancia y en la de tus hijos o alumnos..., porque no hay nada más bonito y empoderador que ir superando los propios miedos, también de adultos. Animar a los peques a hacerlo, transmitirles que pueden, que los ayudaremos a ello y que les daremos la mano también cuando les cueste contribuirá a que se sientan acompañados y queridos, y a que crean que pueden lograrlo.

Hay algunos miedos muy habituales en la infancia más allá de monstruos, fantasmas, muerte o ladrones, y son el miedo a crecer, el miedo al cambio, el miedo a perder sus cosas o el miedo a quedarse solos, el miedo a que nos pase algo. A veces podemos pensar que estos no son propios de la edad, que no deberían estar sufriendo por estas cosas, pero la infancia es muy sensible y capta muchas cuestiones que inquietan y angustian. Es normal que, ante un mundo que avanza a un ritmo que no pueden comprender y con un montón de aspectos que se les escapan, sientan este tipo de miedos. Tú no te asustes; legitima, valida, comprende y ayuda a transitarlos, porque estos, como cualquier otro miedo, tarde o temprano... pasarán. Ah, y recuerda hacer de Sherlock, no sea que estéis poniendo el foco en el miedo y, en realidad, ese miedo se haya activado por unos celos de caballo hacia su hermanito acabado de nacer.

En el caso de que tu hijo o un alumno te empiece con los interminables «¿Y si...?», puedes repreguntarle: «¿Y si no?», para que vea que siempre está la opción de que no ocurra aquello que teme. Luego, reflexionad sobre qué opción le hace sentir mejor y por último devuélvele al presente.

TE PROPONGO...

La caja de los miedos: Te propongo que, si tu hijo está en una fase de muchos temores, apuntéis juntos sus miedos en varios papeles, los dobléis bien y los metáis en una caja. Esta será la «caja de los miedos» y allí quedarán guardaditos. Muchos miedos son más grandes cuando no hemos hablado de ellos, cuando no los hemos verbalizado a nadie. Cuando somos capaces de nombrarlos e incluso apuntarlos y meterlos en una caja, simbólicamente es como si nos los quitáramos de la cabeza. Al cabo de un tiempo, podemos leer los papeles para tomar conciencia de si los miedos persisten o si han desaparecido algunos. Esto ayudará al niño a darse cuenta de lo pasajeros que son y de que puede superarlos.

Ritual: Te propongo también, siguiendo con lo simbólico, que algún día hagáis el ritual de «quemar los miedos» y confiar en la vida. ¿Cómo? Tan fácil como escribir nuestros miedos en un papel y luego quemarlos mientras observamos el fuego y visualizamos que esos miedos se hacen cada vez más chiquitos. Es un deseo, una manifestación de lo que queremos, y, aunque quizá no se vayan del todo, nos ayuda a hablar de ellos, a ponerles nombre, a cobrar conciencia y tomar acción e intención sobre ellos.

Activa el poder de lo simbólico: Si el miedo es por la noche y a la oscuridad, les ayudará mucho una lucecita (obvio), pero también poder activar la conexión con la luna, por ejemplo. Sentir que la luna también está para protegerlos y darles luz. A muchos niños les falta la conexión con lo espiritual, con lo mágico y con símbolos de protección. A lo largo de la historia se han usado amuletos y símbolos para sentir protección y fuerza, y muchas veces, sobre todo en el mundo occidental, no ofrecemos a nuestros hijos dónde agarrarse.

Animal guía: Puede ayudarlos tener un «animal guía» que sientan que los protege. Su animal preferido, o incluso un ser querido que ya no esté en este plano físico: una abuela fallecida, por ejemplo, puede ser su protectora por la noche. A nuestro hijo o alumno le vendrá muy bien activar anclajes en los que poder sostenerse en momentos de inquietud, miedo o duda. Y, ya que estamos, a ti también. ☺

Cread vuestro mantra contra el miedo: También te animo a tener un «mantra» para cuando acechen los temores. A mi hija pequeña, en una etapa en la que tenía muuuchos miedos, le decía afirmaciones que ella luego repetía; por ejemplo: «Yo soy más fuerte que mis miedos» o «Este miedo pasará». A base de repetirlos, al cabo de unos días ella sola se decía estas frases cuando acechaba el miedo, y yo veía que el hecho de tener qué hacer cuando sentía el miedo la ayudaba a sentirse más empoderada y a transitarlo mejor.

Respiración y arte: Por supuesto, respirar conscientemente el miedo y hacerle espacio también ayudará. Podemos incluso dibujar lo que nos asusta, aunque no sepamos qué es y acabemos dibujando solo garabatos. La expresión emocional a través de la pintura, la música, etc., nos ayudará a canalizar esa emoción y a transitarla desde un lugar asertivo. Te animo a tener materiales para poder hacer estos ejercicios de forma natural y orgánica.

No somos lo que sentimos: Cuéntale que dentro de ella aparecen muchas emociones: ahora viene una, ahora otra...; pero que ninguna de esas emociones la identifican. Todas importan y todas la ayudarán a crecer, pero sentir miedo no la convierte en una miedosa. Tener rabia no la convierte en una rabiosa. Ayúdala a desidentificarse de la emoción. La emoción pasa dentro de su cuerpo, pero esa niña o ese niño son mucho más. Te puede parecer que un peque de siete u ocho años no puede entender esto, pero, créeme, si vais hablando de ello, irá calando, y podrá desengancharse de su emoción y respirarla más fácilmente. Recuerda que estamos sembrando. Aunque ahora mismo no veas frutos, confía en que todo lo que le enseñas, de alguna forma u otra, queda.

La añoranza

La añoranza es una emoción muy ignorada y a la vez importantísima, en especial durante la infancia, porque va ligada también a una carencia, a no tener lo que se necesita. Como puedes imaginar, todos la hemos vivido en algún momento, incluso mucho antes de lo que nuestra memoria puede abarcar y mucho más de lo que somos conscientes. Se trata de una emoción muy potente, quizá de las primeras que experimentamos como humanos. Nacemos al mundo exterior y, como bebés, muy posiblemente añoramos el útero materno, ese espacio donde todas las necesidades estaban cubiertas sin tener que hacer ningún esfuerzo: el contacto, el calor, la fusión con mamá, el alimento, el movimiento, etc. Todo, en un medio acuático que desaparece nada más nacer y cambia a una nueva realidad, absolutamente distinta de la que habíamos vivido durante nueve meses. Como siempre, habrá bebés que lo transiten mejor y otros a los que les cueste mucho integrar, aceptar y tolerar un medio tan hostil como aquel en el que se encuentran, añoren el útero materno y lo expresen mediante el llanto y mucho malestar.

Porque eso es lo que provoca la añoranza, un malestar profundo e incómodo. Bebé y mamá viven en fusión emocional durante mucho tiempo. Pasan de una unión total y física durante la gestación a lo que llamamos gestación externa, que tiene que ver con la necesidad del bebé de que mamá reproduzca tanto como sea posible ese medio añorado y perdido: el útero materno. Y eso se conseguirá dándole lo que necesita: brazos, movimiento, contacto, calor, amor, alimento...

El bebé necesita estar prácticamente enganchado a mamá. Muchas describen que no pueden ni ducharse, que solo quiere sus brazos, etc.

Y es que necesita el cuerpo de mamá como el aire que respira. Nils Bergman, neuropediatra al que te recomiendo leer, dice una frase que me encanta: «El hábitat natural de un bebé es el cuerpo de su madre». Y así es. Por eso, cuando el cuerpo de mamá no está disponible porque hay separaciones tempranas o por otros motivos, aparece una añoranza que se va instalando en el cuerpo y que, aunque de adultos no recordemos, es casi seguro que se va a manifestar.

Hablamos de «gestación externa» aproximadamente hasta los nueve meses del bebé (nueve meses dentro, nueve meses fuera «enganchado» a mamá), cuando por lo general ya puede desplazarse solo y sería capaz de llegar al alimento por sí mismo. Esta etapa, la finalización de la gestación externa, coincide con la etapa llamada «angustia por separación de la madre»: el bebé se da cuenta de que mamá y él son dos cuerpos distintos y de que mamá puede «irse». Es un momento en que a muchos bebés les gusta jugar a taparse la cara simulando desaparecer, a esconderse y volver a aparecer... o en que lloran cuando ven que mamá pasa de una habitación a otra. Ya son conscientes de esa posibilidad: la de estar y la de no estar. Algunos niños muestran conciencia de esto mucho antes, pero otros hasta los nueve o diez meses o más tarde no protestan cuando mamá cambia de habitación. Todo está bien, no te agobies si el tuyo no lo ha manifestado o si lo manifiesta mucho.

A pesar de eso, mamá y bebé siguen en plena fusión emocional. Digamos que son como vasos comunicantes: lo que siente uno lo nota el otro, y viceversa, y puede haber una conexión total y absoluta. Se sincronizan la respiración e incluso el ritmo cardiaco. A veces, sin embargo, esa fusión sufre por lo que sea (mamá no está bien, o no se siente capaz de entregarse de esta forma al bebé, o no lo vivió siendo ella bebé y le cuesta conectar con su hijo ahora, o se agobia con tanta demanda, etc.). A veces, por motivos laborales, económicos o de otra índole, hay separaciones tan tremendamente tempranas que mamá y bebé, a pesar de estar fusionados en un principio, se empiezan a desconectar.

Todo esto, obviamente, produce en el bebé (y muchas veces también en la mamá) una sensación profunda de añoranza y de vacío. Añoranza de lo que tuvo y ya no tiene, añoranza de lo que necesita y no le es dado. Por supuesto, la añoranza que sentirá un bebé o un niño dependerá también de su carácter, no solo de lo vivido. Hay bebés a los que les interesa tanto todo, a los que les gusta tanto explorar, que la separación no les cuesta tanto como a otros, que requieren más contacto, que son muy sensibles y a los que les cuesta años vivir serenamente la separación de sus adultos de referencia.

El sistema productivo y económico no ayuda, al contrario. El tener que volver a trabajar, las dificultades de conciliación, etc., son una clara muestra de que la infancia y sus necesidades emocionales no están en el centro. Tampoco las de la maternidad, y buena muestra de ello son las bajas por maternidad (absolutamente insuficientes) o que muchas madres sientan que cuando están criando a sus bebés sin trabajar fuera de casa no hacen «nada» o no hacen «suficiente», cuando este tiempo es importantísimo para la vida de su bebé y para su vínculo. Pero socialmente se nos ha transmitido la idea de que solo valemos cuando estamos dentro del sistema, y, cuando estamos criando, claramente estamos fuera.

La sociedad empuja a los bebés y a los niños pequeños a ser independientes cuanto antes. Se los apremia con el pañal, con el dormir en su habitación, con las actividades extraescolares, y se los critica si expresan necesidad de mamá con palabras como «mamitis», de clara connotación negativa, como si esta fuera una extraña enfermedad. En caso de que la madre exprese que echa de menos al bebé y que siente que todavía lo necesita muy cerca, es probable que se la tilde de sobreprotectora o de mamá helicóptero, aunque ni por asomo se le asemeje. Todo esto, desconectando muchas veces a las mamás de sus bebés, e instalando en ambas partes (a menudo) una añoranza que cuesta advertir y, a la vez, transitar.

No se trata ahora de sentirnos culpables si hemos tenido que separarnos cuando no lo queríamos o cuando sí lo queríamos y nuestro peque lo llevaba mal. Se trata de poner el foco en una emoción que se manifiesta muy a menudo en la infancia y a la que se ha dado muy poca importancia y legitimación, de poner conciencia en cómo esta sociedad nos desconecta de las necesidades más primordiales y básicas del ser humano y cómo ello nos pasa factura, a veces, durante buena parte de nuestra vida.

La añoranza puede haberse instalado en una etapa muy primaria, por ejemplo a los tres meses de vida, mientras dormíamos en otra habitación y llorábamos y no venía nadie, o no nos llevaban en brazos lo que necesitábamos para que no nos malacostumbráramos, etc. Es importante autoexplorarnos y darnos cuenta de qué pasó cuando éramos bebés y niños pequeños. Que intentemos recordar, que encajemos las piezas del puzle. El no ver, el negarnos lo vivido, lejos de ayudar, nos obstaculiza el camino hacia una evolución consciente para vivir una vida plena.

Si somos conscientes de lo que necesitamos y no tuvimos, podremos acompañarnos mejor. Si somos conscientes de lo que necesitan los niños y no pueden tener por el motivo que sea, podremos acompañarlos mejor. Si esa añoranza es reconocida, legitimada, validada y comprendida, aunque la sientan, podrán vivirla y superarla mejor. Pero, para ello, antes tendremos que mirar nuestra propia añoranza y ver si hay algún vacío en nosotros al respecto.

Así que te propongo, por ejemplo, que te preguntes o le preguntes a tu madre las siguientes preguntas.

La añoranza en mí

«¿Cómo experimenté mi primer tiempo de vida? ¿Cómo fue mi llegada al mundo?».

«¿Tuve brazos, contacto, cuerpo?».

«¿Recuerdo haber dormido cerca de mis padres? ¿Recuerdo el contacto físico con ellos cuando tenía miedo o los necesitaba?».

«¿De cuándo es el primer recuerdo consciente que tengo de haberlos echado de menos?».

«¿Cuándo los echaba de menos?».

«¿Cómo llevaba las separaciones?».

«¿Qué tal viví el inicio escolar?».

Es importantísimo reconocer la propia añoranza (en campamentos cuando éramos chicos, cuando nos quedábamos a dormir en casa de los abuelos o de amigos, en viajes de más adultos, etc.) para empezar a arrojar luz sobre esas necesidades no satisfechas que han dejado cicatriz. Si este ejercicio te hace conectar con la añoranza y no sabes cómo responder ante esta emoción que emerge, recuerda los pasos que hemos seguido con las anteriores: primero date cuenta de que está ahí e, internamente, dale permiso para estar y expresarse en tu cuerpo. Permítete sentirla, respirarla... Hazle espacio para que pueda SER. Y, desde ahí, deja que esa emoción inconsciente se vaya convirtiendo en un sentimiento consciente al que permites aflorar y reconoces. No la juzgues, no intentes reprimirla ni te culpes por sentirla. Simplemente, deja que este momento sintiendo añoranza SEA y se manifieste.

Probablemente es la primera vez que vives la añoranza de esta manera consciente y plena y, por primera vez, te estás permitiendo sentirla y soltarla. Porque esto va junto: permitir y soltar. Sentir y dejar de sentir. Como una ola, que viene y va.

La añoranza vivida y no integrada de forma consciente porque no nos han acompañado, o no hemos entendido qué nos pasaba, o hemos intentado negarlo o esconderlo, acaba afectándonos a menudo en la edad adulta o, por lo menos, en la adolescencia y los primeros años de juventud. Ahora te propongo explorar la añoranza en el pasado...

La añoranza en mi familia

«¿Qué hacían mis padres si los echaba de menos?».

«¿Sentía que podía expresar añoranza y que esta emoción era aceptada en casa?».

«¿Me decían ellos que me echaban de menos o expresaban añoranza de otras personas, por ejemplo?».

Quizá lo vivido se manifiesta todavía hoy en tu presente...

- ¿Echas de menos a menudo? ¿A quién? ¿Por qué?
- ¿Cómo has llevado la añoranza en tus relaciones amorosas? ¿Y las separaciones?
- ¿Ha habido algún momento en tu etapa adulta en que la añoranza se haya apoderado de ti? ¿Cuándo? ¿Por qué? ¿En qué otro momento te habías sentido así antes?

El inicio escolar

Buena parte de mi trabajo de divulgación ha estado dedicado a concienciar a madres, padres y docentes de lo importante que es conseguir inicios escolares serenos, amorosos y respetuosos con las necesidades de la infancia. No te negaré que, después de muchos años de divulgación al respecto, a veces me siento frustrada cuando veo lo lentos que avanzamos, pero no desistiré porque creo que es uno de los graves errores que cometemos, como sociedad, con la infancia.

Lamentablemente, los septiembres están llenos de llantos. Se ha normalizado tantísimo el llanto de los niños en las separaciones de sus padres que todo el mundo encuentra normal que muchos se tiren días, semanas y meses llorando en escuelas infantiles o incluso en el primer curso de primaria. El periodo de inicio escolar es un drama en muchas aulas y también en muchas casas, con daños colaterales que afectan a todo el ambiente familiar. El mayor problema, más allá de que a menudo la separación de los adultos de referencia se hace demasiado pronto, cuando el bebé o niño pequeño no está aún preparado, es que no hay un periodo real de familiarización. La transición entre el «espacio familiar» y el «espacio escolar» se lleva a cabo de forma generalmente brusca y sin acompañamiento emocional por culpa de unas ratios escolares demasiado elevadas.

Tanto en la etapa 0-3 como en la etapa 3-6, por lo general no se hace un proceso de familiarización adaptado a lo que un bebé o un niño pequeño necesitan. En muchas aulas no se permite entrar a padres y madres. En muchos colegios hay que dejar a peques de dos y tres años en la puerta del patio o en una fila. En muchos casos pasan de estar las veinticuatro horas en casa a quedarse cuatro, seis u ocho en un aula con gente que no conocen (pequeños y adultos), en un espacio que tampoco conocen y con rutinas nuevas.

Algunos niños se adaptarán sin mostrar mucho malestar, es cierto, pero la gran mayoría, a estas edades, manifestarán añoranza, malestar, agobio o incluso ansiedad a medida que se acerque, cada mañana, la temida separación. Y esto no es que el niño o la niña tengan un problema: es el sistema, la forma de llevar a cabo esta transición, lo que supone un problema. La falta de conciliación para acompañar este momento, las ratios demasiado elevadas de alumnos por clase y la falta de conciencia generalizada de las necesidades de la infancia en esta etapa tan temprana y a la vez tan importante en la vida de un ser humano deberían preocuparnos a todos.

Es urgente e importantísimo que cada día más adultos se den cuenta de que hay otra forma de hacer las cosas. De que hay otra mirada posible, otra manera de iniciar la escolarización, y debemos exigir cambios en las adaptaciones escolares para que la entrada en el cole sea feliz y no un trauma. Es posible, porque cada vez hay más colegios que lo demuestran y cada vez más padres y madres entienden que hay que acompañar emocionalmente este proceso intentando respetar, tanto como nos sea posible, sus necesidades.

¿Cómo acompañar a un niño que echa de menos a sus padres?

- Validando lo que siente siempre sin juzgar.
- Aceptando que este es su momento, aunque no nos guste, aunque suframos al verlo o no queramos que lo viva.
- Comprendiendo qué es lo que le está pasando y por qué.
- No diciéndole jamás que no llore ni negándole lo que está sintiendo.
- Tampoco diciéndole jamás que se ponga contento ni que queremos dejarle en el cole y que esté feliz, porque de alguna forma le estaremos diciendo que no nos gusta lo que hace o que no debería hacerlo. Y recuerda: todas las emociones son válidas y no estamos ahí para juzgarlo, sino para acompañarlo en lo que siente.
- Manteniéndonos centrados, sin que su emoción desborde la nuestra y entre en contacto con el niño pequeño que fuimos y que también se separó y añoró. Mantengamos una posición neutra y adueñémonos de nuestras emociones. Si nos removemos (algo normal), en cuanto podamos y ya no esté nuestro hijo, abordaremos de forma consciente nuestra emoción tal y como hemos visto anteriormente.

- Confiando en que lo superará y en que un día dejará de echarnos de menos.
- Transmitiéndole seguridad en lo que necesite. Incluso si por la noche manifiesta que le hace falta que estemos cerca, atendiendo a sus necesidades de contacto. Las regresiones en etapa de mucha añoranza son muy habituales y no tienen que darnos miedo. Pasarán.
- Sosteniéndolo sin compararlo con los demás niños que quizá ya no lloran o no echan de menos a sus padres. Le haremos sentir peor y, además, no sabemos qué sienten los demás por dentro. No solo añoran los que lloran. Hay otras formas de expresar añoranza, como veremos a continuación.
- Separando tu historia de la suya. Él no es tú y lo que viviste no es lo que él está viviendo. Si puedes separar historias te será más fácil mantenerte en la adulta que eres y acompañarlo mejor. Si te es imposible, busca ayuda profesional.

Formas de expresión de la añoranza

Un bebé y un niño pequeño no solo expresan que echan de menos a sus padres llorando; hay otras maneras. Es posible que detectemos las siguientes (especialmente cuando la madre vuelve al trabajo o en el inicio escolar):

- Falta de apetito, sobre todo mientras no se está con los adultos de referencia.
- Despertares nocturnos o desvelos.
- Terrores nocturnos.
- Rabietas que aumentan en frecuencia y en intensidad.

- Mal humor y negatividad.
- Llamadas de atención.
- Incremento de los celos que tienen como origen la añoranza: «Te echo de menos y ahora puedo soportar menos que nunca que hagas caso a mi hermano».
- Aparición o aumento de miedos a los monstruos, a la oscuridad, a quedarse solos, a que no vayamos a por ellos a la salida del cole, etc.
- Necesidad continua de contacto y cuerpo: dormir con mamá, ir en brazos todo el rato, etc.
- Aumento de la angustia por separación.
- Si ya se controlaban esfínteres, es posible que haya escapes de pis (de día o de noche), retención de heces o escapes de estas durante el día. La inseguridad que les provoca la separación puede manifestarse también de esta forma, y no tenemos que enfocarnos en el control de esfínteres, sino en abordar la añoranza que sienten, validarla y transmitirles seguridad.

En periodos de mucha añoranza es importante que seamos muy constantes con las rutinas (porque les transmiten seguridad), que estemos muy presentes y que esta presencia sea de calidad. Tenemos que dejar de hacer tres cosas a la vez o aprovechar para hacer tareas de la casa cuando estamos con ellos. Si nos han echado de menos, van a necesitar que las horas que estemos juntos les prestemos toda la atención del mundo, y para eso es importante la anticipación: que hayamos dejado la cena hecha, etc., y que prioricemos compensar la ausencia y el malestar que han vivido antes con mucha presencia y entrega.

Puede ser agotador, lo sé, pero no durará toda la vida. Son unos días, unas semanas..., hasta que se adapten a la nueva situación, así que es importante que, con esta perspectiva y prioridad, los acompañemos como necesitan. Lo que estás sembrando ahora dará sus frutos: confía y acompaña.

Dicho todo esto, pasemos a otro ejercicio de exploración para traer a la luz aspectos que quizá hayan pasado desapercibidos. Abordemos cómo llevas la añoranza cuando la sienten otras personas y no tú. Contéstate a estas preguntas:

- ¿Qué tal llevas la añoranza cuando tu hijo o tu alumno dice que te echa de menos (o que echa de menos a mamá) o cuando llora por eso?
- ¿Sientes que su añoranza te remueve?
- ¿Sientes que puedes acompañarlo al cole de una forma neutra, segura y tranquila, o nada más levantarte ya te estás movilizando con el miedo a que llore al llegar al cole?
- ¿Cómo recuerdas los días de adaptación escolar (si ya los habéis vivido y en caso de que tengas hijos)?
- ¿Sufriste? ¿Te costaba despedirte? ¿Huías para no verlo? ¿Lloraste la primera vez que os separasteis?
- ¿Te da miedo que en algún momento se vaya tres días de campamentos? ¿O siete, o quince?

Haz espacio al sentir que venga después de responder a estas preguntas. Es importante que veas cómo algunas emociones que te produce la añoranza ajena tienen más que ver contigo y con tus vivencias que con el ahora y aquí, y que, si puedes separarte, podrás acompañar mejor.

En mi experiencia profesional he visto repetidamente como a las mamás y papás a los que les costaba más acompañar la añoranza de sus hijos y que sufrían horrores cuando tenían que separarse de los peques eran, a su vez, adultos que de niños habían echado muchísimo de menos a sus padres. A veces no recordaban este sufrimiento hasta la primera o segunda sesión conmigo... Durante la exploración, y guiados por algunas preguntas, daban en el clavo y les venía, de repente, todo el recuerdo en tromba. Y el dolor.

¡Qué necesario atender al propio dolor antes de acompañar al ajeno!

Añoranza... más allá de los adultos de referencia

Hasta ahora te he hablado de la añoranza de mamá y papá o de otros adultos de referencia que son muy importantes para un bebé o un niño, pero la añoranza se puede expresar también hacia otras personas, y hacia cosas, objetos, situaciones o sitios. A veces te puedes encontrar con que tu hija echa de menos a la profesora, o a los amigos que se han ido a vivir a otro municipio, o que echa de menos la casa donde viviáis antes. Ábrete también a eso y permite que se exprese, si llega el caso. Si no lo sabe y tú comprendes lo que le está pasando, díselo: «Echas de menos la casa donde vivíamos antes, ¿verdad? Te cuesta adaptarte a esta nueva casa adonde nos hemos mudado... Es normal... Has vivido mucho tiempo ahí y te gustaba...» o «¿Puede ser que eches de menos a Martina, que se ha ido a vivir a otra ciudad? Te gustaba jugar con ella todas las tardes en el parque, ¿verdad?» o «Creo que echas de menos cuando estábamos de vacaciones todos juntos en la playa; te lo pasaste muy bien allí». Validar lo que siente normalizando esa añoranza de objetos o realidades que ya no están le hará sentir legitimado, comprendido y amado.

Y, por último, pregúntate: ¿qué echas de menos tú? ¿Eres de los que añoran lo que ya no tienen? Esas vacaciones que ya han terminado, esa juventud que quedó atrás, ese tiempo que parece que se ha desvanecido, esas amistades que se han ido alejando, esa etapa de tu vida de la que tienes tan buen recuerdo... ¿Qué añoras?

Reflexiona sobre cómo vives los cambios y las despedidas, y recuerda: vivir plenamente el ahora y aquí te permitirá poner puntos finales de una forma más serena y en paz, porque tendrás la sensación de haber vivido de verdad lo que te haya aportado el momento. Hay personas muy melancólicas que se pasan la vida echando de menos lo que ya no tienen o lo que ya no es. Esto a menudo sucede cuando existe la dificultad de vivir y valorar el momento presente, y cierto temor a vivir, sea por miedo a la muerte (consciente o inconsciente) o por falta de confianza en la vida, que lleva a pensar continuamente que lo que está por venir son desgracias. Ante tal sistema de creencias, es normal agarrarse con cierta nostalgia y fantasía a lo conocido, que da seguridad, porque a menudo se tiende a idealizar lo ya vivido y a olvidar lo malo que también existió.

Recuerda siempre que el ahora y aquí es y será siempre el portal hacia una vida plena. Puede que cuestionarte todo lo que te propongo en torno a esta emoción te haya removido o te remueva estos próximos días. No pasa nada, es normal y es bueno. Recuerda que si te remueves es porque hay emociones que necesitan ser vistas y atendidas: estaban ahí, aunque no las vieras o no te dieras cuenta. Y seguramente salían de forma inconsciente en situaciones de tu ahora y aquí que nada tenían que ver con ellas, pero que se activaban por un recuerdo inconsciente.

Pasar a lo consciente implica a veces dolor, es cierto, y puede provocar removimiento, llanto o malestar... Pero recuerda: mejor fuera que dentro. Mejor que se manifieste a que quede latente en tu cuerpo sin ser comprendido e integrado. Se trata de un proceso y un trabajo de crecimiento personal que te llevará (aunque haya un poco de dolor durante el camino) a vivir una vida más plena, más consciente y más feliz. No lo dudes.

Te recomiendo que dejes aflorar lo que venga: obsérvate sin juzgarte y date cuenta de qué dice tu cuerpo. Si sientes contracción porque vienen recuerdos desagradables, acuérdate siempre de respirar, aflojar la zona abdominal y permitir que esas emociones no integradas salgan y vean la luz. Permítete descubrir, escucharte y tenerte en cuenta. Permítete darte lo que necesitas. Permítete recordar, aceptar, comprender y sanar. Puedes hacerlo, no hay nada que temer.

En mi trabajo de divulgación he escrito un montón de artículos sobre el inicio escolar y he hecho muchísimos vídeos al respecto, que podrás encontrar en la sección «Blog» de *miriamtirado.com* si, después de leer este apartado sobre la añoranza, sientes que quieres ahondar más en el tema. Ojalá resuenen en ti y te ayuden.

TE PROPONGO...

El hilo invisible: Como te he contado en el apartado sobre la muerte, es importante transmitir seguridad a los niños, y para ello nos vendrá muy bien hablarles del mundo invisible y de la conexión, el vínculo y la presencia más allá del tiempo y el espacio. Es decir, transmitirles el tema principal de mi cuento *El hilo invisible*: siempre estamos conectados, aunque no estemos juntos. Es brutal cómo llega a calmar esto a muchos niños y niñas, que de repente sienten consuelo y paz al saber que, aunque no vean a su ser querido, pueden seguir sintiéndolo cerca. Te recomiendo que leáis el cuento unos días antes de empezar el cole y durante los primeros días, para que el mensaje cale hondo y se sienta más fuerte y seguro.

¿Cuándo añoraste tú y a quién?: Te recomiendo también que pongáis palabras a esa añoranza que siente el niño y que, para normalizarla, le cuentes momentos en los que tú añoraste a tus padres. Recuerda no ponerle drama, sino normalidad y calma, para que vea que no es el único al que le pasa eso. Podréis conectar y, otro día, le será más fácil expresar su añoranza.

Angustia por separación: Si tiene mucha ansiedad por separación y es muy pequeño, te animo a no alargar ese momento de separación y a despedirte con presencia y conexión, mirándolo a los ojos y contándole que luego irás a por él, que le dejas en buenas manos y que puede llorar si lo necesita (en caso de que esté llorando). Puede ayudaros llevar un brazalete igual para manifestar que estáis siempre conectados, o hacerle una especie de «amuleto» (el que te inventes o quieras) para que sienta que lo protege durante tu ausencia. Podemos dibujarnos un corazón en cada mano para tener más presente esa conexión, o recortar corazones o besos (una manualidad que podemos hacer la tarde anterior) y ponernos unos cuantos en cada bolsillo.

Haz cualquier cosa que te inventes y que sientas que va a transmitir seguridad y paz a tu hijo. Y luego, cuando volváis a estar juntos, presencia plena.

Viva la tecnología: En caso de que eche de menos a alguien a quien no puede ver durante días, ahora la tecnología nos lo pone más fácil: podemos tirar de videollamadas o audios para establecer comunicación y conexión con esa persona. Ojo con forzar las videollamadas cuando el niño o niña no están receptivos: no funcionará y luego pueden sentirse culpables de no haber atendido en el momento.

Visita despedida: Si lo que echan de menos es un antiguo cole, la casa de la que nos hemos mudado, un pueblo al que hace mucho que no van, etc., está la opción de hacer una visita. Podemos ir a ver el cole desde fuera para que se despidan (si no lo hicieron en su momento, por ejemplo), pasar por delante de la que era nuestra casa y decirle adiós y gracias por todo, o visitar ese pueblo en el que vivían y que quizá echen de menos. Tengo comprobado con muchas familias a las que he acompañado en estos procesos que, cuando se realizan cierres conscientes de etapas (ya sea de una casa, de la clase de la que se marchan, etc.), luego suele haber menos añoranza. No significa que no las echen de menos o no piensen en ellas, pero desde otro lugar menos ansioso o triste. Así pues, te animo a tener siempre en cuenta que, ante un cambio de etapa importante, hay que hacer un buen cierre.

Traslado y cierre: Si os mudáis de casa, por ejemplo, te recomendaría que, una vez que esté vacía, entréis en cada estancia y le digáis adiós. Recordad cosas importantes que pasaron entre esas paredes y, sobre todo, agradeced lo vivido allí. Luego podríais dibujar un corazón en la pared en señal de agradecimiento y de todo el amor vivido en ese lugar, y cerrar la puerta dando la bienvenida a todo lo nuevo que está por venir. Hablad de ello, validad las emociones que emerjan y transitadlo con calma y a vuestro ritmo. Cuando los cierres se hacen bien, son muy bellos y dan mucha paz, y nos ayudan a integrar lo vivido y a crear espacio a lo que está por llegar.

Busca ayuda si...: Si te es muy difícil acompañar la añoranza de tu hijo porque sientes que la que viviste en la infancia fue muy grande y te está impidiendo acompañarlo desde la adulta que eres, busca ayuda profesional para que te den la mano en estos momentos. Hay algo que necesita ser atendido y te será más fácil si tienes quien te sostenga en el proceso de verlo y procesarlo.

Reflexión por escrito: Puede venirte muy bien escribirlo, volcar en un papel todo lo que sientes y de dónde crees que te viene. La escritura automática, poner palabras a nuestro sentir, nos ayuda a acabar de comprender y a transitar emociones que, de otra forma, nos resultarían más difíciles. Y recuerda: respira. Inhala y exhala... No te olvides de respirar la emoción que aparezca en cada momento.

Los celos

¡Ay, los celos! Si tienes más de un hijo seguro que estás a tope lidiando con ellos o, si no a tope, has empezado a intuir que son una emoción que te tocará acompañar más de una vez y de dos. Estamos hablando de una emoción muy potente que aparece sobre todo cuando los peques están en plena fase egocéntrica, de los dos a los siete años, aproximadamente. Quizá tengas un único hijo o hija y estés pensando que esta emoción no va contigo porque no tiene hermanos con los que tratar. Pero resulta que los celos aparecen en la infancia tanto si el niño tiene hermanos como si no. A veces harán acto de presencia con amigos, con los primos o incluso con papá y mamá, manifestando celos de uno de los progenitores.

Es una emoción muy desagradable de sentir. No sé si recuerdas cómo era sentir celos en la infancia. Yo lo recuerdo y puedo conectar todavía hoy con lo mal que lo pasaba, y eso que fui hija única durante quince años. Pero me acuerdo, por ejemplo, de unas vacaciones cuando yo tenía once o doce años en las que mis padres me dejaron invitar a una amiga a pasar cinco días con nosotros. Yo al principio estuve muy ilusionada, pero al ver que mis padres le hacían mucho caso (y yo no estaba acostumbrada a algo así) empecé a sentirme amenazada: «¿Será ella mejor que yo?», «¿Será que les gusta más que yo?». Inseguridad a tope. Lo pasé realmente mal, sintiéndome triste y, a ratos, de mal humor. Luego la vida me dio algunas tazas más para que terminara de relacionarme a tope con los celos, proporcionándome dos hermanos a los quince años y un tercero a los diecisiete. Así que, bueno..., tuve que aprender muchísimo de los celos, no sin sufrirlos.

Todo esto, para decirte que los celos provocan muchísimo malestar y es realmente chungo vivirlos. No es de extrañar, por lo tanto, que los niños y niñas tengan comportamientos tan poco asertivos cuando se sienten colapsados por ellos, con el añadido de que a veces cuesta identificarlos porque pueden manifestarse mediante otras emociones (ya hemos ido viendo que a veces las emociones se enmascaran con otras que no son la principal). Es decir, a veces la emoción principal son celos, pero lo que se manifiesta es rabia, tristeza, miedo... Y, si los padres o docentes no son conscientes de ello, los celos pueden pasar del todo desapercibidos.

Si no vamos a la raíz, nos quedamos en la superficie atendiendo a emociones que no son las causantes de tal malestar, y tenemos la sensación de que nada funciona. Vamos, que habremos comprado el piano de cola de antes, ¿recuerdas? En realidad, será cierto: nada funciona porque estamos dando a la tecla equivocada. Sin embargo, si vamos a la raíz, automáticamente veremos que disminuye el malestar, como si la ola de cuatro metros se convirtiera en una ola normal de un día soleado.

A menudo creemos que solo podemos hablar de celos si estos se manifiestan directamente contra la persona que los suscita (el hermano pequeño, la prima, el amigo...). Si, en vez de eso, resulta que lo vemos más enfadado, pero con nosotros, o hace retrocesos en hitos que ya tenía conquistados, o de repente empieza con muchos miedos..., no solemos relacionarlo con los celos. Al igual que hemos visto con la añoranza, los celos pueden expresarse de muchas maneras, no solo pegando o enfadándose con el hermano o la hermana.

Aunque no tengamos hermanos, todos y todas hemos vivido los celos. Quizá los recordemos o quizá no, pero los hemos vivido. Como sucede con las emociones que ya hemos explorado, lo experimentado en la infancia tendrá ahora y aquí una determinada consecuencia según si acompañaron esos celos con validación y comprensión o si fueron una emoción ignorada o maltratada. Es muy probable que, si se dieron conflictos de celos con hermanos, no fuéramos bien acompañados. Y digo que es probable porque suelen remover mucho a los padres y suelen afrontarse de forma inconsciente, impulsiva y llena de juicios.

¿Qué ocurre? Que los celos, cuando son con hermanos, implican muchas veces conflicto, rivalidad y peleas, y esto disgusta mucho a los progenitores, ya que entre nuestras creencias está la de que los hermanos tienen que quererse y llevarse bien. No pensamos que el amor y los celos son compatibles. Ningún niño siente celos hacia alguien que no le importa. Es decir: que tenga celos de su hermano no implica que no lo ame. Se puede querer muchísimo a un hermano, quererlo por encima de todas las cosas y no querer que le pase nada malo, y a la vez, a ratos, sentirle como una amenaza y tener muchísimos celos de él.

Justamente porque se sienten celos de alguien a quien se ama (hermano, prima, amiga, etc.), estos pueden acarrear mucha culpa, como si no debieran sentirse (sobre todo cuando los niños ya son un poco más mayores), y es importante que legitimemos esta emoción y entendamos de dónde surge, qué viene a contarnos y cómo podemos acompañarla y ayudar a canalizarla y transitarla.

Si cuando éramos pequeños no acompañaron nuestros celos de forma asertiva, puede que hayan quedado ahí, latentes, esperando ser vistos..., y vayan pasando los años. Mientras no tenemos hijos, es probable que esto se manifieste únicamente en los encuentros familiares, en los que pueden aparecer antiguos celos infantiles en personas ya adultas; pero, a la que tenemos hijos, y en especial cuando tenemos otro hijo y empiezan a brotar los celos, a menudo nos sentimos desbordadas y no sabemos qué hacer. Nos duele verlo en ellos y se remueve todo lo que vivimos.

Nuestra propia experiencia se manifiesta con tanta fuerza, tenemos tanto miedo de que nuestra hija viva lo mismo que nosotros, que nos cuesta acompañar sus celos. Como ya sabes, si tus emociones son fuertes y te arrastran, pierdes objetividad, pierdes foco y la posibilidad de acompañar de forma asertiva y coherente. Por eso es tan importante que, una vez más, hagas un trabajo profundo de autoexploración para ver en qué medida los celos infantiles te afectaron y te provocaron sufrimiento. Solo mirándote y transitando el malestar que estos pudieran causar, serás capaz de tomar una posición más adulta, objetiva y asertiva cuando te toque acompañar los celos de tus hijos.

Justamente porque se trata de una emoción tan desagradable de experimentar, se ha negado, reprimido y tildado de negativa, cargándola de unas creencias que poco a poco hemos ido integrando. Es normal, entonces, que cuando vemos esos celos en nuestros hijos o en nuestros alumnos se nos disparen los juicios, la culpa por si estamos haciendo o hemos hecho algo mal para que surjan delante de nuestros ojos, y las ganas de que dejen de manifestarse. En todo este contexto, es normal que acompañarlos nos represente, muchas veces, un esfuerzo.

Así pues, recuerda qué errores es importante no cometer:

- No ver que a veces los celos son la emoción principal de otra más superficial, como rabia, tristeza o miedo.

- No ver la multitud de formas de expresión de los celos, más allá de peleas entre hermanos.
- Pensar que los celos son una emoción negativa que no debería manifestarse, y menos entre hermanos que se quieren.

El origen de los celos

Los celos son una reacción adaptativa a un cambio que genera inseguridad al niño. Por ejemplo, la llegada de un hermano es un cambio importantísimo que provocará una reacción en el mayor. Pero también pueden aparecer celos porque la abuela hace mucho caso al primo, o porque papá está empatizando mucho con un amigo que ha venido por la tarde a jugar a casa, etc. Sobre todo en la primera infancia, etapa en la que hay una necesidad básica y destacable de recibir mucha atención por parte de los adultos de referencia y en la que el niño o niña se siente el centro del universo, cualquier cosa que haga tambalear eso puede provocar celos.

Esta emoción es absolutamente normal en la infancia y no debe darnos miedo; solo tenemos que ser conscientes de que nos tocará acompañarla y que eso requerirá, muchas veces, un trabajo personal respecto de los celos que hemos vivido. Nos tocará normalizarlos, acompañarlos, comprenderlos y ayudar a nuestros hijos a entender qué les ocurre, por qué y qué pueden hacer para transitarlos mejor.

En realidad, los celos conectan nuevamente con la carencia y nacen fruto de una inseguridad y un miedo a perder algo muy importante para el niño: la mirada de mamá, la atención de papá, etc. Debemos tenerlo presente porque sufren mucho cuando tienen celos, y ese sufrimiento y malestar a menudo los hacen comportarse de maneras del todo incorrectas. Esto puede provocar nuestro rechazo, que nos enfademos o no comprendamos el porqué de esa actitud. Bueno, tienen dentro un malestar profundo y doloroso que hay que ver y atender.

Para que nos sea más fácil acompañar esos celos, tenemos que explorar esta emoción en nuestro interior. Así que te animo a hacer este ejercicio... Recuerda responder con sinceridad. Todo lo que no te digas (por miedo) contribuirá a no permitirte ver lo que necesita ser atendido. Si nunca validaron esos celos, hazlo tú. Los celos en la infancia son absolutamente normales, así que puedes desculpabilizarte si los sentiste. Te resultará sanador.

Los celos en mí

«¿Qué relación he tenido yo con los celos?».

«¿Soy consciente de haber sentido celos en la infancia? ¿Hacia quién?».

«¿Siento que esos celos siguen manifestándose en la edad adulta cuando estoy con mi familia?».

«¿Qué se hacía en casa cuando mis hermanos o yo teníamos celos?».

«¿Era habitual en casa escuchar que siempre nos estábamos peleando?».

«¿Cómo vivían nuestros padres nuestra relación de hermanos? ¿Se quejaban de cómo nos relacionábamos? ¿Lo vivían con desespero, agobio, pesadez?».

«¿Siento que se producían situaciones de injusticia en casa en relación con los celos?».

«¿Siento que mis padres apoyaban más a mis hermanos que a mí?».

«¿Sigo sintiéndolo ahora?».

Te animo a revisar también tus creencias acerca de los celos y de la relación con tus hermanos, y las que tenía tu familia, porque estas creencias también nos afectan. Revisa también qué te decían, a lo mejor cosas del tipo «Tienes que querer a tu hermano», como si no lo quisieras ya o como si fuera una obligación, o «¿Cómo le haces eso a tu hermano?» a edades en las que se tiene mucha inmadurez y falta de autocontrol. Estas frases, dichas desde la mejor de las intenciones, a menudo provocan culpabilidad y ese eterno pensamiento del «No debería sentir esas cosas o actuar así», pero sale. Por eso te decía antes que los celos eran tan desagradables, porque a menudo también se viven de forma escondida. Cuesta reconocer que se sienten hacia alguien a quien se cree que solo se debería amar y por quien no deberían sentirse emociones desagradables.

Observa si hay algo de eso en tu vivencia y valídate. Era absolutamente normal que sintieras celos y que a veces estuvieras en conflicto con tu hermano o hermana, o con tu primo, o con tu amiga, da igual. Era fruto de la edad, del miedo, de la inseguridad, de la inmadurez, y seguramente de la fase egocéntrica que estabas atravesando. No eras mala ni desconsiderada... Eras una niña viviendo emociones naturales y legítimas.

Qué influye en el acompañamiento de los celos de nuestros hijos e hijas

- **Nuestra historia:** Nuestro pasado y la relación que hayamos tenido con nuestros hermanos nos va a influir, obviamente. Ser conscientes de ello y procurar autoexplorarnos para comprender una etapa de nuestra vida que quizá supuso mucho dolor nos ayudará a separar el ahora y aquí de nuestro pasado.
- **Las mochilas de nuestros hijos:** Cuanto más cargadas estén de acompañamiento emocional, mimos, abrazos, etc., durante el tiempo que hayan sido hijos únicos, mejor lo llevarán y,

por lo tanto, mejor lo llevaremos nosotros. Si sentimos que no hemos podido cargarles como tocaría la mochila emocional, es posible que nos aparezcan la pena y la culpa y que nos cueste muchísimo más acompañarlos, porque nuestras emociones nos alejarán del ahora y el aquí.

- **El estrés:** Ir pasados de vueltas va muy reñido con acompañar bien los celos entre hermanos. A menudo, cuando nuestros hijos discutan, se peleen, etc., requerirán de nuestro tiempo, nuestra disponibilidad. Cuanto más estrés tengamos encima, peor gestionaremos estas situaciones, porque, además, no podremos dedicarles el tiempo que necesita cada uno para comprender al otro y así acercar posiciones.

- **El tiempo:** Cuanto más tiempo tengamos para acompañar, mejor. Tiempo para acompañar sin prisas, observando cómo están, cómo expresan su malestar, etc. Si no tenemos tiempo, si el que tenemos lo pasamos con las mil obligaciones del día a día, los celos brotarán con más fuerza.

- **Ser consciente:** Si podemos ser conscientes de que los celos son normales, de que no pasa nada y tenemos que abordarlos sin miedo, será todo mucho más fácil. En cambio, si los negamos, los rechazamos y no queremos verlos, nos costará muchísimo más que nuestros hijos se sientan acompañados porque en realidad no los estaremos acompañando. Hay muchas familias que no quieren reconocer que sus hijos tienen celos: negarlos, ignorar que existen, no los hace desaparecer...

Llegados a este punto, quiero responder a una pregunta que me plantean muy a menudo: «¿Qué podemos hacer para que los niños no tengan celos?».

Entiendo que madres y padres no queramos que nuestros hijos

pasen malos momentos ni que sufran, pero siento decir que no podemos hacer nada al respecto. Podemos hacer mucho para que los vivan y transiten mejor, o para que esos celos sean menos frecuentes e intensos, pero son una emoción más que viene para ser vista y atendida. Pretender que NUNCA haya celos es una ilusión. Tratemos las emociones como esas olas del mar que vienen a ayudarnos a ver cosas que no hemos advertido, y no tengamos miedo de que nuestros hijos sientan, sea lo que sea.

Así pues, lo mejor es que los normalicemos, sepamos qué hacer cuando aparezcan y revisemos muy bien nuestra historia para que nuestros miedos y nuestras particulares heridas al respecto no interfieran en cómo los acompañemos en nuestros hijos.

Vamos con un nuevo ejercicio de autoexploración. Hazte estas preguntas y observa cómo responden tu mente, tu cuerpo y tus emociones a lo largo del ejercicio y en los días siguientes. Una vez que hayas entrado en tu relación con los celos y tengas más conciencia de tus vivencias y sensaciones con esta emoción, comprenderás mejor por qué actúas como actúas cuando tu hijo tiene celos. Ahora es momento de explorar qué pasa en relación con esta emoción. Si no tienes hijos, adáptalo a otros niños con los que estés en contacto. Plantéate estas preguntas y responde con el máximo de sinceridad...

Los celos en mi familia

«¿Qué hago o digo cuando mi hijo tiene celos?».

«¿Le he contado qué son los celos? ¿Hablamos de ellos?».

«Cuando mis hijos llaman mi atención y me reclaman porque tienen celos, ¿cómo me siento? ¿Me desbordo?».

«¿Me asusta pensar que mi hijo pueda tener celos?».

«Cuando los siente, ¿me doy cuenta o me cuesta identificarlos?».

«¿Tengo miedo de que lo pase mal como yo?».

«¿Con qué hijo me identifico más? ¿Con qué hijo me es más difícil lidiar en las situaciones de celos?».

Esta última pregunta es muy importante porque, a menudo, sin darnos cuenta, nos identificamos más con el hijo que ocupa el lugar que ocupábamos nosotros entre nuestros hermanos. Es decir, si yo era la del medio, me cuesta menos saber cómo debe de sentirse la del medio (porque lo he vivido) y me dedico más a intentar que se sienta bien, que no sufra... porque, en realidad, me proyecto en ella. Seguramente es muy inconsciente, pero pasa más a menudo de lo que pensamos, incluso cuando creemos que no. Es normal, porque nos resulta más fácil comprender aquello por lo que pasa el que ocupa el mismo lugar que nosotros en la familia.

Cuando proyectamos en uno de nuestros hijos nuestra propia vivencia, adivina qué sucede: como mis emociones están a flor de piel porque proyecto, me alejo de mi papel de madre/padre adulta/adulto con perspectiva y objetividad a la hora de acompañar a mi hija. Por eso es tan importante que identifiques si te estás «proyectando» en alguno de tus hijos respecto a los celos entre hermanos.

Qué hacer cuando aparezcan celos

- Primero debemos darnos cuenta de ello e identificarlo poniendo nombre a lo que sentimos. A menudo nos da tanta vergüenza sentir celos, por ejemplo, de nuestra hermana a nuestra edad que lo teñimos de enfado por alguna tontería cuando en realidad son celos puros mal integrados de la infancia. No son del ahora y el aquí, pero, como no hemos sanado nuestra historia, los celos se reproducen cada dos por tres. Me acuerdo de Sofía, una mamá que estaba supercelosa de su hermana porque sentía que sus padres cuidaban más de sus sobrinos que de sus hijos. Le parecía que la situación de desigualdad que ya había experimentado en la infancia se prolongaba y, al estar sus hijos implicados, sentía como si volviera a sufrirla ella. Vivía los celos con tal intensidad que ella misma me decía: «Sé que es infantil lo que digo, que parece que tenga seis años, pero es que me revienta y ya no tengo ganas de verlos ni de ir a comer con mi familia porque me siento muy enfadada». Lo dicho, los celos producen muchísimo malestar, pero yo te diría que es una oportunidad para atenderlos, vivirlos de una forma más consciente y asertiva, y pasar a la acción como sientas que necesites: poniendo límites, hablando con los padres, tomándote una distancia o un tiempo para procesar lo vivido, etc.

- Reconozcamos qué pasa, cuál es el patrón, también en los niños y niñas. Que no nos dé miedo identificar sus celos, aunque se escondan detrás de miedos, retrocesos o ataques de ira. Si los vemos, podremos ayudarlos a resolverlos, porque entonces SÍ podremos ir a la raíz. A veces nos gusta tan poco reconocer que tienen celos que nos autoengañamos diciéndonos que no, que eso es otra cosa. Que tengan celos, insisto, no significa ni que no lo estés haciendo bien ni que sea nada grave ni un problema. Simplemente, hay que atenderlos.
- Hablar de los celos es muy importante. Es curioso cómo describimos constantemente el mundo externo a nuestros hijos y les contamos la realidad en la que vivimos, pero luego no les contamos nada de su mundo interno. Es necesario que hablemos de los celos que tienen y del porqué, y que, una vez más, VALIDEMOS su sentir. Que les digamos que es normal, porque son pequeños y se sienten inseguros. Que todos los niños tienen celos en un momento u otro y que podemos ayudarlos a

transitarlos para que se disipen. Que lo entendemos, que sabemos cómo se sienten y que estamos aquí, amándolos y dispuestos a ayudarlos. Si los celos los sientes tú, valídate también y busca cuál es el origen. Muy probablemente te des cuenta de que no tienen nada que ver con el presente, sino con tu pasado.

- Es importantísimo usar la respiración como herramienta. Insisto otra vez en este punto. En el caso de los celos, respirar puede evitar acabar con un ataque de ira tremendo y contribuye a devolver la calma y el autocontrol. Ayuda al niño respirando tú también despacio y marcando cuándo inhalar y cuándo exhalar, poco a poco y centrando la atención en el cuerpo. Si eres tú quien siente los celos, respíralos y visualiza cómo, con cada exhalación, se van disipando.
- La exclusividad es la medicina para los celos. Tenemos que darnos cuenta de si podemos introducir algunos cambios en nuestro día a día para que se manifiesten menos celos y atender más a nuestros hijos en su necesidad básica de presencia de sus adultos de referencia. Por ejemplo, dándoles cada día un rato de exclusividad y no solamente de uvas a peras. Cada vez que atiendo a una familia por un tema de celos y les pregunto si les ofrecen exclusividad diaria, la respuesta más común es: «No... En realidad, solo algún momento durante el fin de semana».
- La organización, la planificación y la anticipación nos ayudarán a dedicar a cada uno el tiempo que necesita. Ir a salto de mata con el día a día nos llevará al estrés, y ya hemos visto que eso influirá a la hora de atender a los hijos y de ayudarlos con sus celos.
- Un «anticelos» brutal es el contacto físico: los abrazos, los besos, las caricias. Todo eso nos ayudará a reconectar desde lo más básico, primario y profundo, volviendo a la fusión y a la sensación de que todo está «bien».

La gestión de conflictos que tienen los celos como origen

Muchos hermanos discuten muy a menudo, o se chinchan, se pelean, se pegan... Tienen celos y el hermano o hermana es un blanco perfecto en quien descargar el agobio o el malestar que les hace sentir esta emoción o muchas otras. Justamente porque es muy pesado oír a nuestros hijos pelearse, a veces, en vez de tener la actitud de presencia que necesitan, estamos tan agotados que caemos en la tentación de decir cosas del tipo: «Mira, por mí como si os matáis» o «Qué pesados sois, todo el día discutiendo», «Es que siempre os estáis peleando», «Es que nunca podéis estar bien juntos». Con nuestras palabras transmitimos nuestro agobio, pero también una imagen de su relación de hermanos que estoy segura de que no es exacta. Si usamos palabras como «nunca» o «siempre», estamos exagerando, pero también marcando una imagen en su mente. Nuestro cansancio o agobio con la situación transmiten algo que no es. Porque seguro que también juegan juntos o ríen a ratos, que se quieren, que se importan el uno al otro, pero esto no lo destacamos.

Nadie nace enseñado, y nosotros tenemos la responsabilidad de enseñar a nuestros hijos a relacionarse también entre ellos; por lo tanto, debemos estar presentes y no desaparecer y dejar que se lo gestionen solos, especialmente si son pequeños. ¿Cómo van a aprender a solucionar sus propios conflictos de una forma asertiva si no nos ven hacerlo?

Mis recomendaciones son:

- Si son pequeños (entre cero y siete años), estar siempre cerca. De esta forma, si discuten o se pelean, tú sabrás qué ha ocurrido y cómo, cuál ha sido el motivo, quién ha empezado, etc.
- Escucha antes de hablar. Escucha desde un lugar neutro, sin juzgar, empatizando con cada uno. Escucha sus motivos. Enséñales a respetar el turno de palabra. Costará si son peque-

ños, pero no desistas de hacer pedagogía y ten mucha paciencia.

- Ayúdalos a expresar lo que sienten y a empatizar con el otro. Y ayúdalos a llegar a la raíz de lo que ha pasado: «Rubén, tú querías jugar con tu hermano, pero él estaba jugando tranquilamente solo y, en vez de decirle si podías jugar con él, le has quitado lo que tenía. Víctor, tú estabas a gusto jugando solo y no has entendido por qué te ha quitado eso y entonces te has enfadado y lo has empujado. Rubén, ¿qué podrías hacer la próxima vez que quieras jugar con él? ¿Cómo podrías decírselo? Víctor, ¿qué podrías hacer si otro día te quita lo que tienes? ¿Cómo podrías decírselo sin empujarlo?», etc. La manera de gestionarlo y el diálogo dependerán, evidentemente, de la edad que tengan.

- Sé su ejemplo: es importantísimo que te vean tratar bien a los demás, no chincharlos ni molestarlos (tampoco a ellos), etc. La coherencia es muy importante en la crianza consciente, y ojo ahí, porque hay muchos adultos que chinchan a los niños. Si lo ven y lo sufren, puede que normalicen ese comportamiento.

- Procura ser objetiva cuando los acompañes en el conflicto. Intenta mantener tus emociones y proyecciones a un lado. Imagínate que no eres su madre ni su padre, sino un mediador que tiene que ser justo y comprender a todas las partes y ayudarlas a comprenderse. Si eres docente, te resultará más fácil, porque el vínculo no es tan fuerte como si fueran tus propios hijos y eso ayuda a tomar distancia y a acompañar sin juicios y sin tanta removida emocional propia.

- Ayúdalos a salir de ahí. Busca algo para compartir, algo interesante que hacer juntos, para que vean que se le puede dar la vuelta. «Rubén, Víctor... Entiendo que ahora estéis molestos, pero sé que os queréis y que iréis creciendo y aprendiendo a comunicaros de una forma más respetuosa. ¿Qué os parece si cuando Víctor termine de hacer esto nos ponemos los tres a jugar a X?».

- Los rituales te pueden ayudar. A mí me funcionaron de maravilla cuando mis hijas estaban en plan celoso, de más pequeñas. Después de un conflicto, las ayudaba a empatizar con la otra y, luego, hacíamos un círculo dándonos las manos y veíamos cómo poco a poco la temperatura de las manos se iba igualando, e imaginábamos que entre todas nos pasábamos energía del amor y todo ello nos ayudaba a sentirnos mejor. Invéntate lo que quieras al respecto; cualquier cosa que os traiga bienestar será genial.

- No compares a los niños, porque eso incrementa los celos y les mina la autoestima. Hay mucha tendencia a comparar, como si nos diera más seguridad. Y a veces incluso lo hacemos delante de ellos. La comparación los limita y les da la sensación de que siempre hay uno por encima del otro. Además, estimula la rivalidad y puede socavar la autoestima. Es desagradable tanto si te comparan para bien (porque entonces puede que estén degradando a tu hermano o hermana) como si te comparan para mal.

- Date cuenta de si te están llamando la atención porque te necesitan más de lo que te tienen y habla con ellos de qué necesitan que hagas o de qué podríais hacer para estar todos mejor. Si tienen la sensación de que te ven poco, de que estás poco con ellos o los atiendes poco, entrarán en una dinámica de rivalidad porque les parecerá que deben luchar para obtener tu atención. Sentirán fuertemente una carencia. Por eso la exclusividad va tan bien para rebajar los celos.

- Si uno de los hijos está en fase fuerte de celos, céntrate en acompañarlo. Lo demás puede esperar... Es importante que le dediques tiempo, mirada y cuerpo. Ahora te necesita.

Por último, pero no menos importante, antes de terminar este apartado sobre los celos quiero decirte que no dudes de que se quieren. Quizá no tengan la relación que te gustaría, pero hay amor. A menudo, los celos habitan en el dolor de no sentirnos lo suficientemente mirados en un momento de cambio en el que lo necesitamos. Y es probable que todos hayamos sufrido a causa de ello: nosotros, nuestros hermanos, nuestros padres, y ahora también nuestros hijos. Aceptemos ese dolor, llorémoslo si lo necesitamos, hablemos de él si creemos que puede liberarnos... y abracemos lo que nos tocó vivir sosteniéndonos desde el adulto que somos hoy. Esto nos ayudará muchísimo a sostener a nuestros hijos cuando estén experimentando esa misma emoción.

Y recuerda: los celos son una ola en el mar que viene... y que va.

TE PROPONGO...

Registro de celos: Te recomiendo que lleves un registro de los celos en casa. Cuándo se manifiestan, cuándo aparecen conflictos entre hermanos y cómo los expresa cada uno. Apunta día y hora porque quizá descubras un patrón: que surgen siempre cuando estás haciendo la cena, o cuando ya están muy cansados, o cuando llega tu pareja a casa, o cuando llegas tú, o cuando salen del cole y llegáis a casa, etc. Será interesante ver si puedes anticiparte o si podéis cambiar algún aspecto de vuestras rutinas para modificar estos patrones. Ser consciente de en qué momentos aparecen más celos te ayudará a minimizarlos.

Revisión de creencias: A menudo llevamos mal los celos porque tenemos unas creencias que no cuestionamos y que a veces no sabemos ni que nos afectan. Te animo a parar y a revisar tus creencias sobre las relaciones entre hermanos, sobre la relación de tus hijos, etc. Por ejemplo, tal vez tengas la creencia de que «los hermanos no se pueden llevar mal», y esto no es verdad. Hay hermanos que se llevan fenomenal y otros que, por carácter o por lo que sea, no acaban de congeniar. No significa que no se quieran, pero no se llevan bien. Quizá tengas la creencia de que «los hermanos no tienen que pegarse», y entiendo que no quieras que se peguen, pero es probable que lo hagan alguna vez u otra y no deja de ser normal y habitual. Hay que ayudarlos a evitarlo, pero, si crees que NO es normal y que no puede ser, seguramente no podrás gestionarlo de forma asertiva. Quizá tengas la creencia de que «el hermano pequeño siempre sale perjudicado», aunque en tu situación presente no sea así, y eso puede hacerte conectar más con el peque que con el mayor y provocar conflictos. En fin, revisa, cuestiona y arroja luz sobre esas creencias que quedan ocultas, pero que afectan a nuestras conductas a la hora de gestionar conflictos y acompañar emociones.

Exclusividad: Como te he dicho antes, la exclusividad es la medicina para los celos. Organízate para que cada uno tenga su momento de exclusividad, si puede ser a diario. No tiene que ser mucho rato: bañar primero a uno y luego al otro, a solas; acostarlos por separado; que, mientras uno está contigo en la cocina, el otro esté con tu pareja jugando en el comedor... Es decir, separarlos para crear momentos de exclusividad con los adultos y, así, generar espacios seguros y de intimidad para que puedan abrirse, compartir y conectar sin interrupciones y sin el miedo de que su hermano o hermana les robe el protagonismo. Si otro día, encima, podéis tener una tarde para cada uno en exclusiva y hacer algo especial, seguro que les encantará.

Realza lo bueno: Muchas veces tenemos el defecto de poner el foco en lo negativo: «Es que os lleváis fatal», «Es que siempre estáis discutiendo», pero cuando están a gusto, se ayudan o ríen juntos no lo realzamos con frases tipo «Qué bonito veros así», «Es precioso que os ayudéis y os tengáis este cariño el uno al otro», «Me encanta veros jugar» o «Qué bien lo habéis pasado cuando os reíais jugando en la habitación esta tarde». Cuando lo hacemos, les transmitimos la imagen que hemos visto y les devolvemos una impresión positiva que realza lo que seguramente han vivido. Pongamos siempre más el foco en lo positivo que en lo negativo.

Ábrete a lo que tenga que ser: Te propongo que dejes a un lado cualquier expectativa o deseo que tengas en torno a la relación de tus hijos. Sé consciente de que ellos crearán también la relación que necesiten; tú puedes contribuir a impedir desigualdades, ayudarlos en los conflictos, etc., pero su relación es solo suya, no tuya. Así pues, tienes que soltar esa parte tuya que intenta controlarlo todo en su relación de hermanos, o que teme que no sea la que deseas, o que piensa que la culpa la tienes tú si no se llevan bien. Entrega tu ansia de control al universo y suelta. Confía en la vida y en ellos; incluso podéis hablar sobre esto cuando tengan cierta edad y puedan entenderlo: «Vuestra relación es vuestra y vosotros tenéis que construirla y cuidarla. Yo puedo ayudaros, pero sois vosotros los que tenéis que cuidar el jardín que es vuestra relación de hermanos». Quizá no lo entiendan ahora, pero algún día seguro que sí. Y tú, mientras, suelta, confía y mantén una actitud consciente, serena y lo más neutra posible para no tomar parte y poder identificar si te proyectas en ellos.

Corta las cuerdas: Si sientes que tienes heridas derivadas de los celos con tus propios hermanos o hermanas y que has vivido situaciones de desigualdad que todavía te duelen, te recomiendo que hagas una pequeña meditación con visualización. Siéntate, cierra los ojos e instálate en una respiración lenta y consciente. Cuando te notes en estado de relajación profunda, intenta visualizar esas heridas de la niñez que todavía te atan. Siéntelas y permite que las emociones aparezcan y fluyan. Déjalas salir mientras las vas respirando. Abraza al niño o a la niña que fuiste y que vivió ese dolor, y luego, cuando sientas que el dolor ha salido (aunque sea solo un poco), di: «Me doy permiso para liberarme de esas heridas». Quédate en silencio sintiendo qué sucede en ti, qué notas, qué sensaciones vienen, y acógelas. Después visualiza que esas heridas tienen unas cuerdas que llegan hasta ti y te atan. Con tus manos y con tu imaginación, ve desligando esas cuerdas de tu cuerpo y suéltalas. Visualiza cómo se desvanecen y quédate luego observando tus sensaciones. Permanece en reposo el tiempo que necesites y repite este ejercicio las veces que quieras en los días siguientes. Observa si hay cambios en tu estado respecto de los celos y cómo te vas sintiendo.

La culpa

Es muy probable que conozcas bien esta emoción y que, además, no te guste mucho, pero es tan válida y legítima como cualquier otra, y tiene bastantes cosas que contarnos. Se manifiesta muchísimo más en mujeres que en hombres, y durante la maternidad lo hace de una forma abrumadora. En algunas mujeres aparece de manera constante; en otras, de forma puntual, pero la gran mayoría de las mujeres que son madres afirman sentir más culpa en su maternidad de la que desearían, y más de la que habían sentido nunca.

Yo misma me sorprendí sintiendo culpa en el embarazo, en el parto y luego en la crianza de mi primera hija, absolutamente descolocada por esa emoción que se iba colando por los poros de mi piel en determinadas situaciones (en las que no había hecho nada malo). La incertidumbre de estar haciendo algo que no había hecho nunca (maternar) me despertaba la sensación de que no lo hacía lo bastante bien, y entonces llegaba la culpa: tal vez tendría que haberme esforzado más en el parto para que hubiese sido natural y no por cesárea; a lo mejor es culpa mía que la bebé se haya despertado tantas veces por la noche; quizá tendría que haberla tapado menos; quizá tendría que darle más teta, o quizá es culpa mía si le doy demasiada; quizá ahora llora por mi culpa, porque no he sabido entender qué le pasaba, etc. Culpa al inicio, culpa más tarde, culpa en la vuelta al trabajo remunerado, culpa en los momentos de agobio y culpa si aparecían a ratos las ganas de escapar. AGOTADOR. ¿Es algo que resuena en ti?

Cuando al cabo de unos pocos meses fui consciente de que jamás había sentido tanta culpa como entonces, empecé a indagar, básicamente porque me estaba impidiendo vivir de forma plena y feliz mi maternidad, y no quería eso. Me pregunté: «¿Por qué siento esa culpa tan desagradable si no he hecho nada malo? ¿Por qué mis amigas, cada vez que me cuentan algo, admiten sentirse culpables? ¿Qué nos está pasando?». Es interesante fijarse en la cantidad de veces que aparece esta emoción en la maternidad propia y de las demás mamás. Interesante y, a la vez, impactante. Empiezas a observarte a ti misma y te das cuenta de la cantidad de veces que, siendo madre, te has culpabilizado sin haber hecho nada malo, habiendo puesto atención y habiendo maternado tan bien como has podido y sabido con la información que tenías y con quien eras también en ese momento.

Luego sigues observando y adviertes que también te han culpabilizado: a veces incluso ya durante el parto, o luego en el pediatra, o tu madre, o tu suegro, o la vecina del cuarto, da igual. Vas un poco más atrás, y reparas en la cantidad de veces que también se te ha culpabilizado por el mero hecho de ser mujer. Vas un poco más atrás, y caes en la cuenta de la cantidad de veces que, siendo niña, se te culpabilizó por ser lo que eras: pequeña, patosa, inconsciente, inmadura, etc.

No es de extrañar, entonces, que haya tal carga de culpa. Pero no acaba aquí. La culpa que se ha trasladado a las mujeres durante siglos es tremenda. El peso de la religión, con Eva, que ya era culpable en ese primer instante de la creación, ha tenido mucho que ver, y eso (aunque no queramos ni nos guste) persiste hoy en día. Desde hace siglos, la sociedad culpabiliza más a las mujeres que a los hombres. Y cuesta muchísimo quitarse esa losa de encima.

Queda mucho camino por recorrer y mucha culpa de la que deshacerse, pero es que, imagina, ya siendo niños (en eso los hombres no han sido distintos a nosotras) se nos ha culpabilizado de un sinfín de cosas, y si no mira estas frases que quizá te hayan dicho en alguna ocasión cuando eras pequeño o pequeña:

«Es que me haces enfadar».

«Un día de estos me vas a volver loca».

«Es que no hay quien te aguante cuando te pones así».

«Eso que haces me ha puesto triste y me ha roto el corazón».

«No le digas eso a la abuela o no querrá venir a verte nunca más».

«Por tu culpa ahora no llegaremos a la hora».

Y un largo etcétera de frases más.

¿Qué tienen de malo? Pues que ponen la responsabilidad del sentir de la otra persona en el niño o la niña y la culpabilizan. Además, deslegitiman su sentir y lo juzgan, como si no fuera correcto, como si estuviera haciendo algo malo.

Un niño no puede evitar sentir lo que siente, y muchas veces tampoco puede evitar hacer lo que hace. En muchas ocasiones su inmadurez le impide actuar de forma más asertiva y hace, pobre, lo que puede con la edad que tiene. Pero nuestra forma de juzgarlo y de culpabilizarlo simplemente por ser como es (un niño) hace que esa culpa vaya calando, vaya calando, hasta llegar a lo más profundo. Es increíble la de veces que madres y padres, cuando me consultan, me dicen frases como «Nuestro hijo de tres años ahora pega. ¿Qué estamos haciendo mal? ¿En qué nos hemos equivocado?», como si el hecho de que su hijo pegue sea culpa de ellos. No, el niño pega porque es pequeño, impulsivo por su inmadurez, porque las emociones lo abruman y las canaliza a través del cuerpo, que es todo lo que sabe hacer a nivel emocional por ahora. Irá creciendo y aprenderá nuevas estrategias, pero es normal que pegue, y esos padres preocupados no son culpables de que lo haga. Pueden gestionarlo mejor o peor, pero el niño no pega POR ellos. En absoluto.

La culpa, en sí, no es mala, para nada. La culpa tiene una función, y es la de venir a decirnos «ojo» cuando nuestra conciencia nos indica que no hemos obrado del todo bien. Esa sensación de culpabilidad nos empuja a explorar qué ha pasado y ver que quizá podríamos haberlo hecho mejor (lo que sea). Así que, en realidad, la culpa sana es aquella que, cuando la cagamos, nos viene a decir:

«Por aquí no, busca otra forma». Por lo tanto, nos empuja a ser mejores personas, mejores padres, mejores docentes, y eso es genial.

Lo que no es genial es que sintamos culpa porque sí cuando no la hemos cagado y que pensemos que todo gira en torno a nuestras actuaciones y seamos nuestro juez continuo. Esta culpa heredada de tiempos inmemoriales y que se nos ha transmitido especialmente a las mujeres no es para nada buena, y hay que hacerla consciente y erradicarla.

Vamos con el primer ejercicio, en el que te propongo que observes y escuches en tu interior si de alguna manera has vivido, palpado y sufrido ese peso del que hablo, esa culpa de siglos y siglos de sumisión de las mujeres. Pregúntate en qué momentos has sentido el peso del patriarcado en tu piel. Si eres un hombre, el patriarcado también se ha cebado en ti, así que pregúntate de qué forma se ha manifestado.

Para poder vivir maternidades y paternidades más gozosas, es fundamental que empecemos a ahondar en la culpa y a cambiar nuestra manera de vivirla y de verla. Muchas veces no nos damos cuenta de que es una culpa que nada tiene que ver con el ahora y aquí, sino que tiene otra base, la de no habernos sentido suficientemente buenos, aceptados, amados... Y vamos cargando con esa culpa del «tener que ser mejores» o de que «si pasa algo malo es que quizá nos lo merecíamos», fruto de esa crianza en la que se castigaba y del «ya te lo decía yo» o del «¡eso te ha pasado por tonto!».

Hay varios motivos por los que la culpa se convierte en una emoción tan potente: el peso social, cultural, histórico o de nuestras creencias; la influencia de la propia historia familiar, y el miedo a no hacerlo (lo que sea) bien, es decir, tener una autoexigencia y una expectativa de perfección imposibles de cumplir.

El peso del patriarcado

- ¿Has sentido el peso del patriarcado en la maternidad? ¿Te han culpabilizado en el embarazo? ¿Y en el parto?
- ¿Has notado ese peso en el terreno laboral? ¿Has notado que tenías que luchar el doble?
- ¿Alguna vez te has sentido culpable por cómo vestías? ¿Te han dicho alguna vez que provocabas?
- En tus relaciones sentimentales, ¿has vivido momentos de sumisión, de machaque, de no consentimiento, donde al final se daba la vuelta a la situación y se decía que era por tu culpa?
- Si eres hombre, ¿de qué forma has notado el peso del patriarcado?

Sé que entrar ahí no apetece mucho, la verdad. Porque a menudo asusta ver el peso aplastante del patriarcado. Pero es necesario para despertar, y especialmente para que nuestras hijas e hijos (sí, los niños también sufren ese peso, aunque de otra forma) sean más libres.

El referente familiar

La historia familiar, el cómo nos acompañaron las emociones en la primera infancia, también puede haber sido un caldo de cultivo de culpa que sale ahora en la edad adulta. Cuando no se pone palabras a lo que le sucede a un niño y lo que nota no le cuadra con lo que se le dice, cree que lo que siente no es válido.

Si los padres están mal en su relación de pareja, el niño puede sentir (al verlos tan enfadados) que es por su culpa, porque no los hace suficientemente felices, o porque simplemente no es suficiente. Recordemos que los niños pequeños viven la fase egocéntrica con intensidad y, por lo tanto, pueden no entender nada si no les damos palabras que tengan coherencia con lo que están viviendo. Durante esta fase egocéntrica, el peque siente que, si mamá y papá están bien, es gracias a él, que es maravilloso, y que si están mal es por su culpa, porque no ha hecho algo bien o porque debería hacer algo para que estuvieran más contentos.

¿No te ha pasado nunca que tu hijo, al verte triste, empezase a hacer payasadas o a acariciarte para que estuvieras mejor? ¿Que te preguntara: «¿Estás contenta?» al sentirse inseguro por verte así y te trajese juguetes para cambiar tu estado de ánimo? Es algo muy común en los niños pequeños al ver a su madre o a su padre mal. Y es normal que a veces estemos mal; no se trata de simular que todo es luz y color, para nada. Pero hay que contárselo y desresponsabilizarlos del peso de tener que hacernos felices.

Explicar las cosas importantes que ocurren, normalizar lo que viven en casa y a su alrededor a nivel emocional, los ayudará a sentir su interior en coherencia con lo que llega de afuera. Es decir, si tenemos problemas de pareja, estamos viviendo una crisis y estamos más tristes o más distanciados que antes, podemos contarle a nuestro hijo de cuatro años: «Has visto que mamá y papá están un poco tristes, ¿verdad? No tiene nada que ver contigo, puedes jugar tranquilo porque mamá y papá se ocupan de eso». Le contaremos que estamos en ello, que no es por su culpa (a veces nos ven discutir a raíz de temas de crianza en los que están implicados y pueden pensar que han sido ellos los que han provocado esa discusión entre papá y mamá) y que, igual que las olas del mar, van a venir otras emociones y estaremos bien.

Desde ahí habrá menos culpa, porque podremos decirles que lo que sucede no tiene que ver con ellos. Que nosotros, que somos los adultos, lo solucionaremos, que nos ocupamos de ellos, y que ellos pueden dedicarse a jugar, crecer y desarrollarse tranquilamente. Si el peque es algo mayor podemos validarle cómo le hace sentir que papá y mamá no estén muy bien últimamente: «Quizá nos has notado más desconectados o distantes y eso te ha hecho sentir más insegura. Lamentamos que te hayas sentido así, pero es normal. A ningún niño le gusta que sus padres estén más distantes o tristes. Lo que nos ocurre no tiene nada que ver contigo y estamos intentando estar mejor. Te queremos muchísimo los dos y queremos que sepas que, aunque a veces estemos así, seguimos siendo una familia, te queremos y estás a salvo. Vamos a solucionarlo». Porque pondremos nuestro empeño en solucionarlo, sea de una forma u otra, ya que todos merecemos ser felices y vivir una vida plena, así que nos responsabilizaremos también de la relación de pareja e intentaremos poner la carne en el asador y salir adelante, sea juntos o no.

Si le contamos qué ocurre (conversaciones cortas y concisas, que no se trata de meterles la chapa ni de pensar que son nuestro psicólogo), podrá liberarse de la carga de pensar que el hecho de que papá y mamá estén bien juntos depende de ella. Que podría hacer algo para solucionarlo: ser más graciosa, portarse mejor o ayudar más. Esa carga, cuando acompañamos sus emociones y su realidad, desaparece en buena medida. No es lo que pasa, sino cómo se procesa lo que pasa.

Cuesta acompañar de forma asertiva y consciente a los hijos cuando no lo hemos vivido, pero es cuestión de ponerle atención, presencia y mucha práctica. Para detectar qué nos ocurre con la culpa, te propongo que entres a fondo en la siguiente sección; así podrás comprender tu vivencia con la culpa, esta emoción que aparece y te atrapa más a menudo de lo que te gustaría. Sí, lo sé, no es agradable, pero una vez más es necesario andar el camino para ser más consciente, vivir una maternidad o paternidad más plena y ayudar a que tus hijos sean más felices y vivan con menos cargas que no les pertenecen. Así que te propongo que te preguntes e intentes recordar...

La culpa en mi familia

- ¿Cómo se te acompañaba emocionalmente? ¿A veces sentías que se te culpabilizaba por tus emociones o por cómo te expresabas?
- ¿Qué ambiente había en casa en tu primera infancia? ¿Recuerdas si ese ambiente te hacía sentir inseguro?
- ¿Te contaban la verdad de lo que sucedía? (Si la abuela estaba enferma, si alguien había muerto...). ¿O se intentaba que no te enteraras porque «mejor que no sufra»?
- Cuando te enfadabas con tus padres o tus hermanos, ¿te sentías después culpable?
- ¿Se hablaba de la culpa en casa? ¿Cómo?
- ¿Recuerdas si tu madre se sentía (o se siente todavía) culpable a menudo?

Puede que haya cosas que no recuerdes, pero déjate sentir en tu interior estas preguntas, a ver qué remueven, y estate atenta los próximos días a si aparecen recuerdos o emociones que estaban un poco escondidos...

Confía en que hallarás lo que has de encontrar. ☺

Lo desconocido da miedo

Cuando tenemos hijos todo es nuevo. Nunca antes habíamos sido madres ni padres, y esto nos lleva a un mundo absolutamente desconocido. Somos humanos y nos gusta la ilusión del control, pensar que lo tenemos todo controlado, que estamos al mando. Esto nos da seguridad para seguir adelante, pero, claro, cuando entramos en la maternidad o paternidad por primera vez, perdemos la sensación de control.

Nunca lo habíamos tenido, era una ilusión, pero creíamos que sí. Ahora vemos que, con un hijo, lo que abunda es caos y descontrol. ☺ Y entonces aparece, ¡tachán!, el miedo. Miedo de no hacerlo lo suficientemente bien con lo que más queremos en este mundo. Este miedo nos lleva, a menudo, a la culpa por no saber suficiente, por falta de información o formación, por escuchar voces que no debíamos escuchar, por cansancio, y nos cuesta perdonarnos y aceptar que a cada momento lo hacemos tan bien como podemos y sabemos. Es normal que en una etapa tan «centrifugadora» se despierte a ratos la culpa, pero ojo, porque no debería ser ni recurrente ni continua.

En realidad, no se nos ha educado desde la aceptación del cambio ni del error, como si no tuviéramos que equivocarnos nunca, y entonces vivimos aterrados por cagarla y pensando que deberíamos hacerlo todo perfecto. Las redes sociales, sin duda, no ayudan, porque enseñan una pequeña muestra de lo que la gente quiere que veamos de su vida, y normalmente es la parte buena. Esto también provoca una ilusión: a los demás todo les va bien, los demás tienen la casa mejor que yo, los hijos de los demás se portan mejor, etc. Es falso, claro que sí, pero nos lo creemos, y eso refuerza la búsqueda de perfección que ya teníamos bastante integrada. Pero lo único que provoca es frustración, porque somos humanos y, como humanos, erramos. La cagamos, nos equivocamos, y eso no solo es inevitable: es bueno. Porque a través del error tomamos conciencia de lo sucedido, y desde ahí podemos cambiar para aprender a hacerlo algo mejor la próxima vez. Así que equivocarnos nos ayuda a ser mejores, pero nunca nos lo enseñaron así (lo sé, estoy generalizando y a lo mejor tú tuviste la suerte de que te educaran desde ese paradigma; me alegro, has tenido mucha fortuna, pero no es lo común). Al contrario, si se nos caía el vaso de leche, reproche; si sacábamos una nota no tan buena como esperaban, reproche; si nos equivocábamos en algo, reproche. No había mucho espacio para el «estás aprendiendo, irás haciéndolo mejor, no te preocupes».

Si hay un mal que detecto en la mayoría de las personas que acuden a mí es el de la autoexigencia a niveles que dañan y que no permiten vivir una vida relajada, plena y gozosa. Pero es que no es de extrañar. En estos casos toca mucha toma de conciencia y empezar a ser amables con nosotros mismos, diciéndonos todo eso que tal vez no nos dijeron y necesitábamos escuchar. Toca aprender a acompañarse con amor y a abrazarse fuerte en cada equivocación, y empezar a ver la culpa con otros ojos.

La culpa en mí

«¿Me siento culpable a menudo?».

«Cuando pasan cosas que no me gustan, cuando hay algún conflicto en las relaciones... ¿siento que tengo la culpa de algo, que debería haber hecho las cosas mejor?».

«Si alguien muy cercano (pareja, hijos) está mal, ¿pienso que debe de ser por mi culpa, porque no sé acompañarlo o porque no soy lo bastante buena madre/padre/pareja, etc.?».

Qué hacer si todo esto te resuena

Te propongo que cambies culpa por responsabilidad. Que cuando llegue la culpa te preguntes si realmente has errado, si hay algo que puedes mejorar, si ese sentimiento tiene razón de ser. Si la tiene, entonces sé madura y responsable, y toma cartas en el asunto haciendo lo que haya que hacer. Si no tiene razón de ser, respíralo, acepta que ahora se te ha activado algo muy antiguo, una culpa casi ancestral, y suéltala.

A veces cometemos un error y luego lo enmendamos, pero estamos días, meses y años culpabilizándonos. Tiene que haber también aquí mucho amor por la persona que éramos cuando ese error se cometió. No éramos quienes somos ahora, ni teníamos la misma madurez, ni era el mismo momento. Seguro que ese error nos ha empujado a comprender o aprender cosas que, de otra forma, no sabríamos. Así pues, abracémoslo y aceptemos lo que ya no podemos cambiar, con gratitud por el camino que nos ha hecho recorrer. Cuando aparece la culpa por una cagada y la gestionamos así, es un regalo. Aprender, mejorar, ser más conscientes...; ¿qué más podemos pedir? Si es fruto de la culpa puntual posterror, bienvenida sea por impulsarnos a hacer el camino que por sí solos quizá no habríamos podido andar. ¿Ves como las emociones en realidad son nuestras amigas? ☺

Hay que amarse mucho para no culparse todo el rato, así que te propongo que observes cómo está de salud tu autoestima. ¿Te machacas? ¿Te amas? ¿Te perdonas? ¿Te abrazas en los buenos y en los malos momentos?

Ahonda en tu relación contigo misma. De los demás podrás separarte si quieres, pero, de ti misma, nunca. Así que es importante que observes cómo estás contigo misma. Hazte estas preguntas:

«¿Soy mi peor enemiga? ¿Me hago bullying?».

«¿Me acepto tal y como soy?».

«¿Me gusto? ¿Por qué?».

«¿Me trato como trataría a mi mejor amiga si estuviera pasando por lo que paso yo?».

«¿Soy amable conmigo misma?».

«¿Qué dice esa voz que me culpabiliza? ¿A quién me recuerda esa voz y lo que dice?». (Comprueba si hay algún patrón familiar ahí escondido que llevas integrado y que se mantiene a través de esa voz interior culpabilizadora).

Te propongo también que te comprometas a...

- Ser responsable.
- Ser madura y no infantil.
- Quererte.
- Tratarte bien.
- Cuidarte.
- Observar y cambiar patrones que te perjudican.

Pasar de la culpabilidad a la responsabilidad es liberador, adulto y maduro, y te ayudará a vivir una maternidad o paternidad más plena y feliz.

La culpa en la infancia

Antes ya te he contado un poco cuándo empieza a aflorar esa culpa en la infancia. Puede parecer que es una emoción menos importante en esta etapa de la vida, pero te aseguro que no. He visto a muchos niños y niñas que pensaban cosas tan culpabilizadoras y dolorosas como...

> «Es culpa mía que papá y mamá se hayan separado».
>
> «El abuelo murió por mi culpa, porque a mí no me apetecía ir a verlo cuando estaba enfermo».
>
> «Que no tengamos dinero es culpa mía porque siempre me compran muchas cosas».
>
> «Es culpa mía que mamá esté triste porque se me escapa el pis por las noches».

«Los niños de la clase no quieren jugar conmigo porque si pierden es por mi culpa, porque corro menos».

«Mis padres pasan poco rato conmigo porque no soy como les gustaría, y tendría que llorar menos y portarme mejor».

La culpa está muy presente, y a veces les avergüenza nombrarla. Como les duele mucho, es posible que solo la admitan cuando tú la nombres: «¿Puede que pienses que el abuelo ha muerto porque no fuiste a visitarlo las últimas semanas?», y ahí se rompen porque es algo que estaba en su interior, que les dolía muchísimo, pero que no sabían ni cómo decir por miedo a que fuera cierto y nos enfadáramos con ellos. A veces no la nombran para evitar que les confirmemos que sí tienen la culpa. Aun así, les duele, y mucho.

Te animo a tener el radar puesto en esta emoción para detectarla cuando se manifieste y, de este modo, poder hablar de ella y disiparla. Pero, sobre todo, te animo a educar con la mirada de que el error es aprendizaje y es inherente a la vida. En vez de reprochar, haz pedagogía con el error. Para que esto cale hondo tendrán que ver que tú haces lo mismo contigo misma. Que el día que la comida te queda un poco salada no dices eso de «¡Seré tonta! ¡Ya me he vuelto a pasar con la sal! ¡Soy una cocinera pésima!», por ejemplo, porque estarás transmitiendo intransigencia con el error y mucha rigidez. En vez de eso, normalízalo y ponle humor. Porque recuerda que casi todo tiene solución.

En caso de que aparezca una situación en la que se manifiesta la culpa, como las antes nombradas, tocará validar lo que sienten y decirles que lo ocurrido no es por su culpa y que agradecemos que nos lo hayan contado, porque así podemos ayudarlos y disipar su malestar.

Durante la fase egocéntrica, a los niños les cuesta muchísimo aceptar su responsabilidad y suelen echar balones fuera. Es más fácil pensar que el hecho de que yo no encuentre el juguete es culpa de mamá que pensar que yo tenía que haberlo guardado en su sitio. Así pues, puede que notes que, en ciertas etapas de su vida (en la fase egocéntrica, pero también en la adolescencia, por ejemplo), tu hijo te culpa bastante de lo que siente que «no le va bien». Incluso los hay que te culpan si tropiezan y tú no estás siquiera cerca. Es como un «tenías que haberme cogido para que no me cayera», muy propio de cuando son pequeños y piensan que somos Dios.

Lo importante no es lo que haga o piense tu hijo, sino que tú sepas que esas cosas no son culpa tuya y punto. No te enganches a ellas, porque a veces empezamos a discutir con el peque para ver de quién era la culpa, y no se trata de eso. Cuando le baje la emoción, ya hablaréis de cómo hacerlo la próxima vez para que encuentre el juguete o lo que sea, y ya verá claramente que no era culpa tuya para nada, pero cuando esté cabreado y te esté culpando no entres en su emoción porque vais a salir los dos malparados y no hay ninguna necesidad. Espera a un momento de calma para hablar de la responsabilidad de cada uno, del error, del aprendizaje, etc. Piensa que siempre estamos educando, con nuestras palabras y con nuestras acciones. No pierdas oportunidades.

TE PROPONGO...

Me quiero: Si eres tú quien está cargada de autoexigencia y rigidez contigo misma, te animo a mirarte todos los días en el espejo durante cinco minutos y, sin parar de mirarte a los ojos, decirte: «Me quiero». Las primeras veces sonará a falso, pero poco a poco irá calando y verás qué ocurre. Es un ejercicio de aumento de amor propio muy sencillo y a la vez muy poderoso que puede generar un cambio total.

Toma de conciencia: A veces no somos conscientes de qué lugar ocupa la culpa en nuestra vida hasta que no la «registramos». Te animo a llevar encima un papelito y un lápiz o boli durante veinticuatro horas y a hacer una rayita en el papel cada vez que te sientas culpable.

Imagina que por la mañana tu peque no desayuna mucho y tú sientes que es por tu culpa, porque deberías haberle despertado antes para que tuviera más hambre: raya. Que luego lo dejas en el cole y llora y te sientes culpable de abandonarlo allí de esa forma: raya. Y así todo el día. Esto te ayudará a ver si la culpa aparece de uvas a peras y tiene toda la razón de ser o si vive permanentemente en ti.

Vocabulario: Es importante cómo nos comunicamos con nosotros mismos, con nuestra pareja, con nuestros hijos. Así pues, te animo a poner atención a cómo hablas cuando algo no sale como te habría gustado. A veces no culpamos directamente, pero con el tono ya damos a entender que la otra persona la ha cagado, o eso creemos. A la vez, te propongo que observes si en esos momentos usas el «es que tú...», porque esto, de entrada, es culpabilizador. Esta forma de empezar una conversación es muy típica entre parejas. Observa si la usáis; si es así, te animo a cambiar la culpabilización por la responsabilidad. Toma tú tu parte de responsabilidad y anima a tu pareja a responsabilizarse también de su parte. Cocreáis vuestra relación y es importante que seáis conscientes de ello. Cambia el «es que tú...» por el cómo te has sentido cuando ha pasado esto o lo otro. Es una forma más asertiva de empezar una conversación delicada.

Las innombrables: Hay algunas culpas muy pegadas a nosotras que a veces no hemos ni reconocido con nadie y que llevamos como un secreto. Así de grandes son. Te animo a escribirlas en un papel y a soltar toda la carga que te ha supuesto llevarlas escondidas y secretas en ti. Escribe sin que pase por la razón, suéltalo sin pensar mucho qué estás escribiendo. Luego léelo todo y si lo prefieres, al terminar, quémalo. Te ayudará a ser más consciente, y energéticamente estarás dando salida a esa emoción que llevaba tanto tiempo estancada.

La envidia

«¡Qué mala es la envidia!», dicen muchos, ¿verdad? Pues aquí descubriremos que también puede ser nuestra amiga y que puede ayudarnos un montón a crecer, igual que las emociones que ya hemos visto. La envidia se activa cuando queremos algo que no tenemos: envidiamos lo que tiene otra persona y a nosotros nos falta. Yo le tengo un «aprecio» especial a esta emoción porque gracias a ella empecé a hacer terapia cuando tenía, no sé, dieciocho años o así. Te cuento: me vi a mí misma sintiendo envidia de cosas que tenían los demás, o de cosas que les pasaban, y sentir ese malestar me hizo tomar conciencia de que tenía un problema. Esa envidia significaba que yo no era feliz con lo que tenía y que no podía alegrarme por los demás. Entonces hablé con mi madre: le conté lo que me ocurría y que no quería sentirlo; al contrario, quería alegrarme un montón y de corazón por todo lo bueno que les sucediera a los demás. Buscamos una terapeuta y empecé.

Ese fue un punto de inflexión en mi vida y me ayudó muchísimo a poder vivir desde otro lugar. Sin duda, yo había llegado a terapia porque, a pesar de que pudiera parecer muy segura de mí misma, te confirmo que a mis dieciocho años eso era fachada. En realidad, tenía una baja autoestima que en cada sesión fuimos sanando con cariño, escucha y mucha exploración. Fue un trabajo maravilloso, aunque también doloroso, que me permitió empezar a vivir una vida plena, satisfecha conmigo misma, con lo que era y con lo que tenía, y, ahí sí, dejé de sentir esa envidia que me había ayudado a ver que allí había un problema.

Saber eso y vivirlo también me ha permitido comprender mucho mejor a la gente que en un momento u otro no se ha alegrado de mis metas o ha manifestado una envidia clara. Esa envidia no habla de mí ni de si me aman o no; habla de ellos, igual que mi envidia hablaba de mí cuando me hizo el «clic» para buscar ayuda y curar heridas.

Como ves, una emoción que *a priori* se considera negativa y que nadie quiere sentir porque es muy desagradable fue una gran compañera, porque me ayudó a sanar y a crecer como persona. Si escuchamos nuestras emociones y atendemos a lo que nos muestran, lo que ganamos es inmenso, y si lo ignoramos se mantendrá ahí, gritando más fuerte hasta que no nos quede otra que parar y atender.

Con lo de la envidia, como sabemos que suena mal decir a alguien «me das envidia», lo maquillamos con eso de «pero es envidia sana». Bueno..., la envidia es envidia, y ya. Otra cosa es que realmente la sintamos o no. A veces lo decimos sin sentir de verdad envidia y otras se dice que es sana cuando lo que despierta esa emoción es de todo menos sano, porque deja al descubierto heridas.

Sea como sea, esta emoción conecta directamente con nuestra autoestima y con cómo estamos respecto a los demás y el mundo que nos rodea. Si me siento inferior, tal vez no pueda alegrarme por lo que consiguen los demás porque eso me despierte envidia de lo que no puedo obtener. Si siento que tengo muy poco o que es injusto que no tenga lo mismo que los demás, y me comparo continuamente, sentiré envidia, que, a su vez, al ser tan desagradable, podrá generarme también culpa, en especial si la envidia es de alguien a quien quiero, como un amigo o una hermana.

Respecto a esto, me gustaría abrirte un melón que a mí me ha ayudado mucho a la hora de tomar conciencia de cómo quería vivir, y es darte cuenta de que puedes sentirte en escasez o en abundancia. La envidia sería una emoción directamente conectada con la sensación de escasez: de que hay poco, de que soy poco, de que tengo poco, etc. Así pues, te animo a preguntarte desde dónde crees que estás viviendo tu vida: ¿desde la abundancia o desde la escasez?

Vivir en la abundancia significa, por ejemplo, que en el trabajo no estoy pensando que me van a quitar el puesto. Pienso que no, que puedo desarrollar mi trabajo estupendamente y que, si algún día me lo quitaran o me echaran, encontraría otra cosa incluso mejor. Vivir desde la escasez es resonar con el miedo a perder, con la envidia, y pensar siempre que lo que vendrá puede ser peor que lo que tenemos. Ahora toca un poco de exploración. Sé que quizá no apetezca entrar en contacto con la envidia, pero te animo a hacerlo y a responderte con sinceridad...

La envidia en mí

«¿Siento envidia cuando alguien me cuenta cosas que me gustaría vivir a mí?».

«¿Siento envidia por cosas que hacen los hijos de los demás y los míos no, o por cosas que tienen y yo no?».

«¿Cómo siento mi autoestima? ¿Está con buena salud o tiendo a pensar que no soy suficiente y siempre dudo de mí, de cómo soy y de cómo actúo?».

«¿Qué hago cuando siento envidia? ¿Cómo me siento después?».

«¿Siento que vivo conectada con la abundancia o conectada con la escasez?».

El primer paso para cambiar algo que no te gusta es darte cuenta de ello, así que no te asustes si lo que ha salido no es muy agradable. No puedes cambiar lo que no sabes que existe, pero, una vez detectado, ya estás empezando a sanarlo y, de alguna manera, te estás permitiendo una vida mejor: más consciente y en consonancia con lo que quieres vivir y cómo quieres sentirte.

La envidia en mi familia

- ¿Recuerdas si la envidia estaba presente en tu familia?
- ¿Se comparaba a menudo a miembros de la familia, vecinos, etc.?
- ¿Sentías que te comparaban con tus hermanos o primos?
- ¿Se criticaba a los demás habitualmente?

- ¿Se pensaba siempre en negativo? Ya sabes, esas personas cuyo primer pensamiento es que todo va a salir mal, sea lo que sea...
- Cuando las cosas iban bien, ¿estaban preocupados por lo que pensarían los demás o si tendrían envidia de ellos?

Ya sabes que los patrones se pegan más que el pegamento, así que será bueno que detectes si estás reproduciendo algunas de las conductas que se seguían en tu casa durante tu infancia. Si es así, pon el foco, sé consciente de ellas y presta atención para cambiarlas. Tú puedes.

¿Abundancia o escasez?

Me acuerdo de que un día detecté que en muchas ocasiones vivía bajo un patrón de escasez. Poco a poco fue cambiando, básicamente cuando conseguí ir identificándolo y desmontándolo. Al final, eran creencias basadas en el miedo y en la cultura de las migajas. Y yo no quería una vida así, o sea, que empecé a cuestionarme esas creencias hasta que, paulatinamente, los pensamientos abundantes fueron sustituyendo a los de escasez. Al fin y al cabo, aunque la realidad fuera la misma y yo tuviera lo mismo, lo determinante era mi mirada a esa realidad: sentirme afortunada de vivirla y de tener esas cosas (materiales e inmateriales) o no. Valorar lo esencial o no. Me salía mucho más a cuenta para mi paz mental apostar por la abundancia, y así lo hice. ☺

Dicho así parece muy fácil, pero, bueno, no lo es tanto. Hubo trabajo de picar piedra con unas creencias muy arraigadas en la escasez. Una frase hecha que se oye mucho conecta con esa idea: «No se puede tener todo». Quizá lo que se decía en tu familia iba muy ligado a esa escasez, frases como «Más vale pájaro en mano que ciento volando», que ponen el foco en la ambición y empujan al conformismo y a la seguridad. A veces hay miembros de la familia que viven bajo un patrón de escasez y hacen comparaciones continuas, creen que los demás siempre tienen más que ellos, no valoran lo que tienen, etc. Vivir al lado de personas así promueve que vayan calando sensaciones de escasez, de mirar a los demás con envidia, de conformarse con las migajas porque se está convencido de que no se merece nada mejor... Así que ahora te animo a mirar hacia esa familia de origen y qué te ha transmitido...

Cómo dar la vuelta a la envidia

Para dar la vuelta a la envidia, primero tenemos que ser conscientes de cuándo aparece y por qué. Veremos que surge por falta de amor propio o porque valoramos muy poco lo que tenemos. Si nos damos cuenta de que sentimos envidia, será de gran valor que nos ayude a volver la mirada de los demás a nosotros mismos. Si en vez de estar pendiente de lo que hacen los demás, de lo que postean los demás, de lo que tienen los demás, pongo el foco en mí, me servirá para crecer y poder vivir más libre y feliz.

Pregúntate por qué no valoras lo que tienes e imagina que no lo tuvieras. Sí, puede parecer terapia de shock, pero damos demasiadas cosas por descontadas, cuando somos unos auténticos afortunados de tener lo que tenemos: un techo, comida en el plato, piernas que nos sostienen, un corazón que late, alguien al lado que nos acompaña, quizá unos hijos, etc. Es como que lo damos tan por descontado que no vemos que todo eso es un privilegio. No se trata de entrar en el miedo de perderlo, sino en lo maravilloso que es disfrutar de ello: de abrir los ojos y ver, de poder hablar y expresarnos, de poder compartir con personas que nos importan, etc.

Volver a lo esencial es clave para que podamos llenarnos de nuestro ahora y aquí y dejar de estar pendientes de los momentos o vivencias de los demás, que ni nos van ni nos vienen. Cada cual vive su realidad y en todas partes cuecen habas. Creo que podrás dar la vuelta a la envidia cuando cojas toda la energía que destinas a envidiar a los demás y la centres en tu crecimiento personal y en concederte lo que necesitas: escucha, atención, amor propio y mucho mimo para curar las heridas que todavía sangran. Una vez curadas, podrás transformar esa envidia en alegría por lo que tienen los demás, porque estarás viviendo desde un paradigma de abundancia en el que serás feliz de que otros disfruten de lo que les traiga la vida, ya que no significará que tú pierdas nada. Al contrario: al final, alegrarnos por las cosas buenas de los demás nos reporta todavía más buena onda y nos ayuda a esparcir buen rollo a nuestro alrededor, cosa que, a su vez, revierte directamente en nosotros. Lo que te decía: te sale más a cuenta. ☺

La envidia en la infancia

Es normal que durante la infancia se despierte la envidia, sobre todo en la fase egocéntrica, en la que todos quieren lo que no tienen, y ya sabes que lo de compartir, en esa etapa, no es lo suyo. Pero es comprensible, y aquí nos tocará acompañar con paciencia y mucha comprensión, porque ya te digo que no te harán caso ni lo entenderán a la primera.

Sin embargo, cada vez que aparezca envidia porque a Lidia le han regalado ese Pokémon que no tiene o porque Carlos se va de vacaciones a la playa y ella no, tocará acompañarla de forma asertiva y conectada. ¿Cómo?

- Validando lo que siente: «Sientes envidia porque ella tiene un Pokémon que te gustaría tener a ti».
- Normalizando esa emoción y transmitiendo comprensión: «Lo entiendo, te encantan los Pokémon y este no lo tienes».
- Ayudando a trasladar el foco al ahora y aquí: «Ahora no tie-

nes ese Pokémon, pero tienes otros en casa. ¿Te apetece que juguemos con los Pokémon esta tarde?».

- Dando una posible solución a su deseo: «Puedes pensar si te gusta mucho y, si es así, pedirlo cuando llegue tu cumpleaños. O a lo mejor no te gusta tanto como para pedirlo porque te apetece más otra cosa».
- Poniendo el foco en lo esencial y dando a lo material el valor justo: «Recuerda que al final lo más importante es jugar y pasarlo bien, no acumular muchas cosas, porque puede que tengas muchas y que luego no juegues con ellas». Podemos tirar de experiencia y hablarle de otras veces en las que ha querido algo y, en realidad, no lo deseaba tanto o no le ha reportado el gozo esperado.

Y luego tocará hacer mucha pedagogía y aprovechar cada oportunidad para reforzar su autoestima: «Que los demás tengan cosas que tú no tienes no te hace menos. Tu verdadero valor no está relacionado con lo material» (dependiendo de la edad adaptaremos las frases y el lenguaje). También te recomiendo hablar sobre la envidia, sobre lo que siente que sí necesita y no tiene (no en lo material, sino en lo emocional, etc.), para poder darle eso que anhela. Quizá sea que lo miremos más, que pasemos más tiempo juntos, más exclusividad... A veces se desplaza la atención hacia lo material para compensar las carencias en lo inmaterial. A veces madres y padres caemos en la tentación de compensar con más regalos u objetos nuestras ausencias o nuestras dificultades para cubrir sus necesidades afectivas, pero cuando lo hacemos nos estamos desviando de la raíz. No quieren más regalos: quieren atención.

Un día, una mamá se puso a llorar en mi consulta y me dijo: «Mis padres me lo dieron todo: todo lo material que yo quería y más... Pero yo no necesitaba todo eso... Yo necesitaba que pasaran horas conmigo, que quisieran estar conmigo, jugar conmigo... Y eso no lo tuve».

Nunca lo olvidemos.

TE PROPONGO...

Observa sin juicios: Cuando vemos que nuestro hijo o hija tiene envidia y la expresa, puede que nos sintamos mal. Es una emoción que no nos gusta experimentar, ni tampoco que nuestros hijos la experimenten. Puede que pensemos que, si la sienten, son egoístas o desagradecidos, y eso nos incomoda, especialmente si esa envidia queda de relieve cuando estamos con gente. Te propongo que pares un momento, la observes desde el no juicio e intentes amarla también. La persona que la siente se encuentra en un estado de carencia, y eso duele. Te animo a conectar con su dolor, pero sin juicios, sin tener presentes las creencias que has ido acumulando en torno a la envidia. Escúchala, valídala, acéptala y abrázala. Esta nueva mirada te ayudará o la ayudará a calmar ese vacío desde el que se expresa la envidia y, así, disiparla.

Gratitud: A tus hijos o alumnos y a ti os puede venir muy bien llevar un diario de gratitud en el que escribáis cinco cosas que agradezcáis del día. Escribid, hablad y sed conscientes de ello para que el vínculo con lo que es y con lo que se tiene sea más pleno y os ayude a conectar con la abundancia.

Abundancia o carencia: Te animo a observar cómo vives las situaciones del día a día, si desde la abundancia o desde la carencia. Pon el foco en cómo te expresas, en los miedos que aparecen, en cómo te sientes en determinados momentos y qué pensamientos vienen a ti. Tomar conciencia de esta dicotomía entre abundancia y carencia es revelador, porque si estamos en carencia podremos ponerle remedio. Si no somos conscientes de ello, no. Observa también desde dónde operan tus hijos o alumnos y hablad de ello. De qué es la abundancia para ellos, de qué significa, y también de qué es la carencia y si son conscientes de que hay formas de pensar, de hacer, de relacionarse, carentes o abundantes. Estas conversaciones pueden ser de un gran aprendizaje para todos.

EXPLORA

Aquí termina el capítulo más largo de este libro y quizá el que te habrá despertado más pensamientos, emociones y sensaciones, quién sabe. Toca bajar a conectar profundamente con el ahora y aquí para poder observarlo, escuchar sus señales y atenderlas.

Te animo a instalarte en la respiración consciente, lo más abdominal que puedas, y a respirar lentamente, con inhalaciones y exhalaciones largas y pausadas, mientras poco a poco relajas el cuerpo. Siente cómo el aire entra y sale de tu cuerpo y cómo, con este baile de la respiración, puedes entrar más en contacto con cada parte de ti, desde los pies hasta la cabeza. Respira y observa si hay algún punto de tensión. Si es así, llévale aire y respira cualquier sensación que habite allí.

Escucha a tu cuerpo. ¿Se ha activado alguna zona en estas páginas? ¿Has notado si alguna emoción de las que hemos hablado ha resonado más en ti que otra? Respira y observa si ha quedado algo contenido en tu cuerpo. Respira y libera cualquier tensión, dolor o bloqueo que habite ahora en él.

Ahora te invito a observar el nivel de actividad mental que hay en ti y, sin desconectarte de la respiración, fijarte en tu mente. ¿Está agitada? ¿Está en calma? Observa y respira sin engancharte a ningún pensamiento ni idea que asome. Hacerlo te desconectaría del momento presente, y lo único que queremos es observar cómo estás ahora y aquí, y que experimentes qué significa conectar con el presente y con tu esencia, eso que va más allá de tu cuerpo, de tu mente y de tus emociones... Respira y observa...

Ahora te propongo observar si hay alguna emoción presente en este momento y, si es así, que intentes identificarla para darle la bienvenida y hacerle espacio. A través de la respiración, invítala a contarte lo que tiene que contarte y lleva el aire a la parte del cuerpo donde la sientas más presente. Respírala; créale espacio con inhalaciones y exhalaciones profundas. Esta emoción es como una ola del mar, que viene y que se irá. Respírala sin engancharte a ella ni permitir que te desconecte de este preciso instante. Solo sé consciente de lo que ES ahora. Respira y observa... Quédate unos minutos simplemente presente, intentando respirar de manera pausada y profunda, conectando con tu yo más esencial, con eso que no cambia y que siempre está. Respira y observa qué pasa cuando paras, cuando das espacio a lo que eres de verdad, cuando te atiendes, cuando te escuchas... Respira y observa qué ocurre cuando simplemente eres y estás ahora y aquí de forma plena.

RESUMEN

- ✓ Las emociones que producen sensaciones desagradables en el cuerpo, como la rabia, el miedo, la añoranza, la culpa, la envidia o la tristeza, tienen una razón de ser. Parar, sentirlas y observar qué nos cuentan nos ayudará a comprenderlas y canalizarlas de forma asertiva.
- ✓ A menudo nos cuesta, porque tenemos una historia con cada emoción y también una historia familiar que hemos integrado. Descubrir cuál es nuestra relación con cada emoción y cómo se vivían y acompañaban cuando éramos pequeños nos ayudará a comprender por qué tenemos esta relación con ellas.
- ✓ Por muy desagradable que sea la emoción, es importante que aprendamos a respirarla y hacerle espacio. Es en esta aceptación de lo que es como podremos acogernos y regularnos emocionalmente.
- ✓ Practicar esto en nosotros permitirá que nos sea mucho más fácil acompañar luego a nuestros hijos, pareja, padres o amigos que estén pasando por un momento intenso emocionalmente. Desde la conexión con el presente y con el cuerpo será más fácil transitar ese tsunami emocional.
- ✓ Hay un montón de ejercicios, recursos y herramientas que pueden ayudarnos a hacernos responsables y acoger aquello que sentimos. Ponerlos en práctica y buscar qué nos sirve y qué no, nos permitirá sentirnos más seguros para acompañarnos a nosotros mismos y a los demás.

8

Emociones agradables de sentir

Emociones cómodas

Las emociones de las que te hablaré no representan grandes problemas porque las vivimos como agradables, placenteras y cómodas de transitar, pero me gustaría hacerte algunas reflexiones que te ayudarán a nivel personal y también con tus hijos y alumnos. Porque, aunque no nos supongan ningún problema, justamente porque nos gustan las damos a veces por supuestas, o las exigimos en los demás y en nosotros, o, cuando las sentimos, no las gozamos del todo.

La alegría

La alegría es una emoción muy agradable. Cuando una está alegre, es como que la vida se tiñe de color y se hace más cuesta abajo. La alegría nos conecta con el gozo de vivir y con el optimismo. Como cualquier otra emoción, esta también es como las olas del mar: viene y va, y a ratos la sentiremos más y a ratos menos. La alegría tiene el don de contagiarse, de modo que estar rodeados de gente alegre nos beneficiará en ese sentido. Si bien es importante ser conscientes de que la tristeza ajena no nos pertenece, podemos dejarnos contagiar la alegría conscientemente, porque es una emoción agradable y cómoda que resulta maravilloso recibir y dar a quienes tenemos alrededor.

El problema viene cuando sentimos que, en general, no la experimentamos a menudo, como si no habitara en nosotros. En ese caso tenemos que explorar qué ha pasado. Para conseguir una buena radiografía de esta emoción en nosotros, te animo a pasar al primer ejercicio y plantearte estas preguntas...

La alegría en mí

«¿Me siento alegre a menudo o más bien es una emoción que no aparece mucho en mí?».

«¿Cuándo me siento alegre? ¿Qué cosas activan en mí la alegría?».

«En caso de que no sienta esta emoción muy a menudo..., ¿cuándo se fue apagando? ¿Siento que hay algo que podría activarla de nuevo?

«¿Juego a menudo?».

«¿Soy optimista o siempre estoy pensando en desgracias que podrían ocurrir, o en negativo?».

La respuesta a estas preguntas te dirá si hay que arremangarse y poner el foco en algunas cuestiones o si andas con buena salud en alegría. ☺

A veces esta emoción no se manifiesta mucho en nosotros porque no la hemos vivido ni la hemos experimentado a nuestro alrededor. O, al revés, se manifiesta con regularidad porque hemos vivido en entornos alegres, con personas que estaban muy conectadas con su alegría y nos la contagiaban.

La alegría en la infancia

Muchas veces se ha relacionado infancia con alegría, de modo que se ha generalizado la creencia de que la infancia es alegre, de que los niños tienen que estar alegres (porque, según los adultos, no tienen grandes preocupaciones), y eso a menudo choca con la realidad del día a día de la infancia. Cualquiera que esté cerca de un niño sabe que a veces está contento, pero que también puede enfadarse, sentir tristeza o miedo. Muchísimas veces un peque está de mal humor, o se levanta medio bien, pero al cabo de un rato se le cruzan los cables por lo que sea. En estas circunstancias, si tenemos la creencia inconsciente de que la infancia debe ser feliz porque los niños tienen que estar alegres por defecto, nos molestará muchísimo su emoción y nos costará sostenerla.

A veces me dicen: «Es que solo tiene tres años y ya está muchas veces de mal humor, ¿cómo es posible?». Pues bueno, porque, además de alegre, también puede sentirse estresado, cansado, celoso y un largo etcétera. El ritmo de la vida occidental no está nada en consonancia con el ritmo que necesita la infancia, y eso provoca que los hagamos ir a toque de pito, que tengan que separarse demasiadas horas de nosotros y un largo etcétera de cosas muy alejadas de su naturaleza infantil. Eso produce muchas veces un malestar que se expresa en forma de enfados, mal humor u otras emociones incómodas.

Aun así, la gran mayoría de los niños sienten alegría a menudo y, como son seres tan intensos y tan emocionales, es una alegría que se contagia. Ves a un niño alegre y, si te fijas en las caras de sus padres, observas cómo automáticamente se les cae la baba al ver a su hijo tan contento. Porque es muy bonito vibrar con una emoción tan agradable, motivadora e ilusionante como la alegría, que parece que lo tiñe todo de color.

Te animo ahora a explorar cuáles son tus creencias respecto de la alegría y cómo se vivía esta emoción en tu familia...

La alegría en mi familia

«¿Recuerdo si mis padres se sentían alegres a menudo?».

«¿Qué nos decían si mis hermanos o yo estábamos alegres?».

«Cuando los niños resonábamos con alegría, ¿se nos amonestaba por miedo de que terminara en euforia y excitación?».

«¿Recuerdo si despertaba envidia nuestra alegría?».

«¿Quién sentía y manifestaba más alegría en casa? ¿Mamá, papá, el abuelo...?».

«Cuando nos reunimos en la actualidad, ¿somos una familia en la que se respira alegría?».

«¿Cuál era la creencia en casa respecto de las emociones que podíamos expresar? ¿Se relacionaba alegría con infancia y se nos criticaba si sentíamos otras emociones?».

Explorar nuestro pasado emocional nos ayuda a comprender nuestro presente.

Cuando la alegría se convierte en euforia

Imagina esta escena: dos hermanos jugando supercontentos con juego de contacto, pasándolo superbién, riéndose, y de lejos se oye esta frase de mamá o papá: «Esto va a terminar mal» o «Al final os vais a hacer daño». ¿Te suena? Una escena que empieza con alegría y conexión, y va subiendo de tono hasta terminar en llantos y enfados.

Cuando la alegría se llena de excitación se convierte en euforia, y entonces ya no suele gustarnos tanto, especialmente a los adultos, porque nos parece descontrolada y pensamos que puede terminar de cualquier forma menos bien. Muchos peques, en pleno momento de euforia, terminan pegando, mordiendo o con una rabieta porque la estimulación ha sido demasiada: van pasados de vueltas y la cosa termina mal.

La anticipación nos va a servir muchísimo para acompañarlos en caso de que esto suceda. Por ejemplo, muchos niños, cuando por la noche llega el progenitor que todavía no había vuelto de trabajar, pasan de contentos a excitadísimos y eufóricos, y entonces no hay quien los duerma, e incluso a veces se desatan los celos entre hermanos porque los dos quieren a mamá o a papá y la escena termina en pelea. Si nos anticipamos, podremos gestionarlo mejor. Una mamá me decía que, si su marido tiene que llegar demasiado tarde, prefiere que llegue cuando ya estén durmiendo, porque si no representa hora y media más de acompañamiento emocional a sus hijos.

Eso también se da en Navidad o en los cumpleaños: situaciones que les hacen mucha ilusión, llenas de estímulos y que pueden hacer que se pasen de vueltas. En estos casos, puede ayudarnos hablar con ellos con anterioridad para anticiparles lo que va a ocurrir, qué se van a encontrar, quién estará allí. Si vemos que están pasándose de vueltas, antes de que la cosa se vaya de madre, podemos retirarnos con ellos a un lugar en el que estemos solos, dar contacto o charlar un rato para sacarlos de la situación estresante y procurarles regulación emocional. Hablar de cómo se sienten, de lo que les gusta y de lo que no o ayudarlos a respirar conscientemente unos minutos los ayudará. Otras veces, la situación está tan fuera de tu control que tendrás que aceptar que tu hijo se sobreestimule y acabe eufórico, procurando que no se haga daño ni dañe a los demás. Respirar, intentar no juzgar y entender que esto, en la infancia, es normal te ayudará a gestionarlo mejor y a acompañarlo desde el amor y la comprensión.

TE PROPONGO...

Recuerda: Te animo a recordar momentos de tu vida en los que te has sentido alegre de verdad. ¿Qué estabas haciendo? ¿Con quién? Conecta con esas sensaciones, recuerdos y actividades, y escucha qué te dice tu cuerpo. ¿Son cosas que puedes repetir? En caso de que sí, lánzate a ello. En caso de que no, siente la alegría de ese momento, pero ahora. Conecta con la alegría sentida y vívela ahora y aquí. Deja que penetre por todo tu cuerpo y te llene. Que el recuerdo de esa alegría germine en ti.

Fuera comparaciones: Las comparaciones, las críticas, el pesimismo... Todo esto nos aleja muchísimo de la alegría. Son cosas antialegres, así que elimínalas de tu día a día. Pon atención en tus pensamientos y acciones, y detecta al vuelo cada vez que se escape algo que te aleje tanto de la alegría, porque es incoherente y porque seguro que no es lo que quieres.

Juego: El juego nos conecta con el niño o la niña que fuimos porque todos hemos jugado muchísimo en la infancia, así que te recomiendo que reconectes con el juego. Vuelve a jugar, a lo que sea. Si te cuesta (a veces me escriben madres y padres contando: «Es que ya no sé jugar y me siento mal cuando mi hijo me pide que juegue con él»), pídele a tu hijo que te enseñe. «Mira, cariño, parece que en estos años siendo adulta me he olvidado de cómo se jugaba... ¿Me podrías enseñar?», y empieza a jugar, desde un estado de apertura y disponibilidad. Haz el tonto, desmelénate, deja la vergüenza aparcada, canta, baila, imita animales o lo que quieras, pero diviértete. Cuando empieces a buscar la alegría, estoy segura de que la encontrarás jugando. ☺

Humor: La vida sin sentido del humor es absolutamente aburrida y demasiado seria; no se puede aguantar. Así que pon sentido del humor a todo y verás que la alegría va muy ligada a eso y aparecerá en muchísimos más momentos. Ríete de ti misma o de ti mismo, de tus errores, de tus aciertos... Ponle humor a casi todo y verás qué bien sienta y cuánta alegría da vivir desde este lugar más desenfadado y divertido.

La felicidad

La felicidad no es una emoción ni tampoco es alegría, a pesar de que muchas personas las confundan porque alguien feliz estará más alegre. Si miramos la definición de la Real Academia Española, dice: «Estado de grata satisfacción espiritual y física». Así como las emociones se parecen a las olas del mar, que vienen y van, la felicidad es algo más profundo que puede no estar tan condicionado por lo que ocurre o por las emociones que sentimos. Se trata de un estado más cercano a la paz o al gozo de vivir, un estado que viene de dentro de uno mismo y que luego, a partir de ahí, nos permite vivir desde un lugar más pleno y menos condicionado.

El problema de la felicidad es que muchas veces hemos pensado que tiene que venir de fuera: si tengo esto o lo otro o si un día llegan los hijos, seré feliz; o el día que tenga un trabajo estable; o el día que me den un premio; o cuando mi hijo termine el máster o se case. Esto es un error. A pesar de que podamos estar contentos cuando pasen estas cosas, ninguna de ellas nos sumirá en un estado profundo de felicidad, porque a la felicidad no se llega desde fuera sino desde dentro.

Hay mucha responsabilidad en la felicidad. Para conseguir un estado de felicidad debemos hacernos responsables de ella. En mi libro *La fuente escondida*, Pol, el niño protagonista, le dice a su padre: «Yo no quiero hacerte feliz. Yo quiero que tú lo seas y que juntos compartamos nuestra felicidad». Porque Pol, por su conexión con su fuente interior, vive en un estado de felicidad permanente, un estado de gozo por el mero hecho de existir, y nota como su padre, que no es feliz, intenta «chupar» de su felicidad y de su fuente para sentirse mejor. Pol, entonces, se siente responsable de hacer feliz a su padre, y ese es un peso con el que no quiere cargar. De ahí el «Sé feliz tú, encuentra tu fuente».

Llegados a este punto, te animo a reflexionar sobre si te sientes feliz y sobre qué fantasías has vivido respecto de la felicidad: a lo mejor, que el día que estuvieras casada y con hijos serías feliz, o que si conseguías tal trabajo alcanzarías la felicidad. ¿Ha habido frustración una vez conseguidos logros que, al fin y al cabo, no te reportaban esa felicidad anhelada?

También está muy extendida la creencia de que la felicidad solo existe a momentos, de que no se puede ser feliz todo el rato, y esto es falso. Si entendemos la felicidad como un estado interno..., uno puede vivir la vida y encajar lo que venga desde un estado de felicidad permanente. Pero, claro, esto implica trabajo personal para eliminar creencias obsoletas, responsabilizarse y cultivar ese estado interno de gozo existencial.

Sea como sea, te invito a hacerte estas preguntas...

La felicidad en mí

«¿Me siento feliz? En caso afirmativo, ¿me siento así siempre o solo en momentos puntuales? En caso negativo, ¿desde cuándo siento que no soy feliz?».

«¿Busco la felicidad en el exterior? ¿Responsabilizo a los demás de mi felicidad?».

«¿Sé cómo cultivar y preservar mi felicidad?».

Después de responderte a estas preguntas, también te invito a mirar un poco más atrás e intentar contestar a estas otras...

La felicidad en mi familia

«¿Siento que mis padres eran felices cuando yo era pequeña? ¿Me transmitían felicidad?».

«En mi infancia, ¿había quien me responsabilizaba de su felicidad?». (Ya sabes, frases como «Es que me haces enfadar/me vas a volver loca/etc.» o «Con lo mucho que me desvivo por ti y mira cómo me lo pagas» o «Si X, mamá/papá estará más feliz»).

«¿Siento que las personas que había a mi alrededor emanaban felicidad, gozo de vivir, paz, o más bien lo contrario?».

«¿Me recuerdo feliz en mi infancia? ¿Siempre o en momentos muy puntuales?».

Déjate sentir lo que tu cuerpo, tu mente y tus emociones te traigan después de hacerte estas preguntas y observa. Respira y observa...

El silencio es básico para una mayor escucha interna. Cuanta más escucha, más atención a las necesidades y al vacío interno que puedas sentir. Si lo escuchamos, podremos atenderlo y, luego, pasar a la acción para llenarlo desde dentro, desde nosotros mismos. Así que ten en cuenta lo importantes que son el tiempo contigo misma, el silencio, la meditación, la respiración consciente y hacer cosas que te nutran. Si te concedes todo eso, aumentarás la conexión contigo misma y eso te irá guiando para sentir cada vez un poco más de felicidad.

La felicidad es algo que también hay que cultivar..., así que siente, observa y empieza a sembrar y recoger. Te lo mereces.

TE PROPONGO...

***La fuente escondida*:** Puedes leer este cuento y hacerte a ti mismo o a ti misma el juego de pistas que propongo para volver a conectar con tu fuente escondida. Conectar con la esencia es básico para activar la felicidad. Puedes incluso hacer el juego en familia; será una actividad divertida que quizá traerá descubrimientos interesantes.

Música para ser feliz: Créate una *playlist* con música que te llene y te haga sentir felicidad. Póntela y baila. La música puede ser un gran elevador de nuestro estado de ánimo.

Sonríe y agradece más: Sonreír y reír más nos ayuda a sentirnos más felices. ¿Te has dado cuenta de la cantidad de gente que no sonríe? Incluso gente que trabaja de cara al público. Es una pena. No seas una de estas personas. Activa tu sonrisa y también tu risa. Ríete, busca cosas que te conecten con tu parte más divertida, haz el tonto, lee chistes... Cualquier cosa que active tu risa te ayudará a sentirte más feliz. Al final, cuanto más practiques estos hábitos, más ratos de felicidad experimentarás, y poco a poco quizá se convierta en tu estado más profundo. Con la gratitud ocurre lo mismo: cuanta más gratitud, más felicidad. Agradece algo todas las mañanas al levantarte y todas las noches al acostarte.

Meditación: La meditación es una gran herramienta para conectar contigo misma, llenarte y sentirte en un estado de felicidad permanente. Tenla en cuenta. Practica un rato de meditación todos los días, aunque sea diez minutos, y verás qué bien te sienta. Si la mantienes en el tiempo, tu vida cambiará a mejor (no es broma).

Que la naturaleza sea vuestro hogar: La naturaleza tiene el poder de regularnos a todos, seamos personas de alta sensibilidad o no. Un entorno natural (bosque, mar, monte, campo...) nos ayuda a armonizarnos y a conectar con esa energía natural que nos permite depurar aquello con lo que nos hemos ido cargando y drenarlo. Si vives en la ciudad, algunas tardes ve a un parque con árboles, hierba… y llena tu casa de plantas que lleven esa energía donde tú estás. A las familias con niños os recomiendo como mínimo un día a la semana de «baño de naturaleza» para conectar con lo esencial, armonizaros y cargar las pilas. Os sentará bien a todos, pero si sois personas de alta sensibilidad os será vital.

La calma

La calma es eso que todos los adultos querríamos sentir, sobre todo en situaciones que nos alteran o estresan, y que querríamos que sintieran más a menudo nuestros hijos y alumnos. Realmente, la calma lo pone todo más fácil, y cualquier momento, por intenso que sea, se puede resolver mejor vivido desde la calma. Pero no es tan fácil sentirla, y menos en una sociedad tan acelerada y estresante como esta en la que vivimos.

Es importante que nos revisemos respecto de esta emoción, porque muchas veces queremos que los niños la sientan, pero no somos capaces de relacionarnos con ellos desde la calma ni la experimentamos a menudo. Igual que la alegría, la calma también se contagia, pero muchas veces somos incapaces porque no la sentimos, especialmente cuando las cosas no salen como habíamos previsto. Así que lo primero es explorar qué nivel de calma o de ansiedad hay en ti, para poder poner el foco donde toca y tomar cartas en el asunto. Detente, respira y pregúntate...

La calma en mí

«¿Siento a menudo calma en mí, o más bien voy acelerada?».

«¿En qué momentos me siento en calma, solo cuando el contexto acompaña o también en situaciones intensas?».

«¿Siento ansiedad a veces? En caso afirmativo, ¿siento que es más frecuente la calma o la ansiedad?».

«¿Qué personas, espacios y lugares me ayudan a sentir calma?».

«¿Qué personas, espacios y lugares me alejan de ella?».

Tomar conciencia de qué nos facilita sentir calma nos ayudará a propiciarlo y a poner límites a aquello que nos lo dificulta. Es importante que nos demos cuenta de lo acelerados que vamos; solo así podremos hacer algo para bajar revoluciones y permitir que la calma asome en nosotros. Yendo a cien nos será difícil. Porque no sabemos parar, no se nos ha enseñado, no lo hemos observado y, además, muchas veces está mal visto. A muchas personas les ocurre que, cuando finalmente pueden parar y no hacer nada, simplemente sentir y observar, su cuerpo tiene tanto que contar del tiempo durante el que no lo han escuchado que enferma. ¿Te suena?

Para nuestra salud física, mental y emocional es importante que paremos un poco más, nos escuchemos más y tomemos más conciencia de qué necesitamos a cada momento para dárnoslo en la medida de lo posible. Luego la calma emanará de nosotros más fácilmente.

Ya hemos hablado de ello, pero insisto en que la respiración es la herramienta número uno para conectar con la calma y dejar que se disemine en nosotros y en nuestro entorno. Cuando no hemos vivido en entornos en calma y hemos estado rodeados de personas ansiosas, puede costarnos más sentir calma. Por eso es importante que intentes recordar y te respondas a estas preguntas...

La calma en mi familia

«¿Mis padres eran personas calmadas, que gestionaban las situaciones complicadas desde la calma?».

«¿Había nerviosismo, ansiedad y agobio en mi casa durante mi infancia?

«¿En qué momentos recuerdo que me sentía en calma?».

«¿Recuerdo a mis padres estresarse a menudo?».

«¿Cómo gestionaban mis emociones incómodas: desde la calma o desde el estrés y la frustración?».

«¿Sentía yo ansiedad en mi infancia o adolescencia? ¿Qué hacía para gestionar esos momentos? ¿Se lo contaba a alguien?».

La calma va intrínsecamente ligada a la vivencia del presente, a la conexión con el ahora y aquí, mientras que la ansiedad nos lleva al futuro y, en especial, a la incertidumbre del «qué pasará», del «¿y si...?». Conectados con el futuro y con lo que no podemos controlar, entramos en un estado ansioso, mientras que, conectados con el ahora y aquí y soltando aquello que escapa a nuestro control, accedemos a un estado de calma y serenidad.

Para conseguirlo tendremos que observar nuestros pensamientos, nuestras creencias y también nuestros patrones, con el objetivo de desactivar actitudes que tenemos muy incorporadas y que nos hacen caer en bucle en dinámicas que a menudo nos son tóxicas, dinámicas que no nos permiten vivir una vida plena, relajada y feliz. La meditación y la respiración consciente, junto con mucha práctica, son muy buenas herramientas para cambiar el paradigma y lograr que nuestra vida aumente en calidad, conciencia y presencia.

La calma en la infancia

Que un niño sienta más o menos calma dependerá de muchos factores, entre ellos el ambiente en el que esté, su carácter, su edad y las personas que lo cuiden. Lo más habitual es que un bebé que tiene sus necesidades satisfechas y la presencia y entrega de mamá pase muchos momentos en calma. A veces hay bebés que por motivos físicos o ambientales, o a veces no sabemos muy bien por qué, están pocos ratos en calma. Sea como sea, resultará crucial que los adultos que los acompañemos sí podamos hacerlo con calma, porque esta se contagia y les transmitirá control de la situación y serenidad. Esto no es tan fácil, especialmente en la primera maternidad o paternidad, cuando estamos un poco abrumados con tanto cambio y con tanta inexperiencia.

Muchas veces los niños son un reflejo del estado emocional de sus padres, y eso no lo digo para que nos sintamos culpables ni para que llevemos una carga extra a las espaldas, sino para que tomemos conciencia de que, a fin de que el ambiente en casa sea lo más calmado y agradable posible, tenemos que empezar por nosotros. Es incongruente pedir a nuestro hijo que esté calmado cuando nosotros vamos a mil revoluciones por minuto, pasan muchas horas separados de nosotros, les hacemos llevar un ritmo que no es el suyo, no tienen tiempo para jugar y les damos tropecientas órdenes a cada rato. Para que un niño esté en calma hay que crear las condiciones que lo lleven a sentirla y vivirla. Nos será más fácil cuando la hayamos experimentado en nuestra propia piel y conozcamos qué nos ayuda a estar en calma y qué no: meditar, respirar conscientemente, etc.

TE PROPONGO...

El bote de la calma: Una herramienta muy conocida que usan ya en muchas casas y aulas es un bote (puede ser una simple botella de agua) al que quitaremos la etiqueta y en el que pondremos, además de agua, purpurina, colorante, estrellitas de esas que se pueden comprar en papelerías, etc., y cerraremos poniendo pegamento en el tapón. De esta forma, cuando un peque esté muy excitado, podremos sacudir la botella y decirle que en ese momento su estado interno es como el de la botella. Se la daremos y le propondremos que respire profunda y lentamente hasta que toda la purpurina y lo que hemos metido dentro repose en el fondo de la botella. La respiración lo ayudará a pasar de un estado de nerviosismo, enfado o excitación a un estado de más calma. Tiene que ser una actividad lúdica: primero habrá un rato para hacer la manualidad, en el que le iremos contando para qué servirá la botella y, además, aprovecharemos para hablar de las emociones, de cuáles son agradables, de cuáles nos gustan más, etc., abriendo un espacio de comunicación emocional. Luego, cuando la botella ya esté terminada, la dejaremos a mano para que el peque pueda cogerla por sí mismo si en algún momento siente que necesita calmarse y respirar.

Meditación: ¿Por qué no meditar con nuestros hijos o alumnos? Es imprescindible que sea una práctica que conoces y tienes incorporada, porque así te será más fácil explicar en qué consiste y cómo y cuándo meditar juntos. Te recomiendo hacer pocos minutos de entrada (dos o tres) para que no se les haga pesado y puedan ir observando cómo se sienten después. Si la hacemos demasiado larga no querrán repetir. Al terminar, es importante compartir qué hemos sentido, con qué dificultades nos hemos encontrado y si hemos tenido alguna revelación.

El rincón de la calma: Esto, por supuesto, no tiene nada que ver con el famoso «rincón de pensar» adonde se manda a los niños a reflexionar a solas sobre algo «negativo» que han hecho. El rincón de la calma es otra cosa totalmente distinta: se trata de tener, en casa o en el aula, un rincón donde relajarse. Puedes adecuarlo con cojines en el suelo, una mesita, una luz pequeña para leer o mirar cuentos, etc. Se trata de crear un rincón apacible, que transmita paz y bienestar, adonde podamos retirarnos a reposar o a recuperar fuerzas o centro cuando nos sintamos un poco sobrepasados. Si vemos a un peque un poco nervioso, excitado o agobiado, podemos proponerle ir allí con él, para estar en silencio, para respirar las emociones o para cambiar de actividad y hacer algo más pausado y tranquilo. También puede ser un espacio donde hablar de asuntos que le preocupan o donde, si lo prefiere, estar solo. A veces, de forma inconsciente, los niños y los adultos ya creamos un rincón de la calma en nuestra casa o habitación. Yo tengo uno en casa que me sirve a mí para meditar, reposar, inspirarme... Y muchos niños también crean el suyo, a veces una cabaña en la habitación en cuyo interior encuentran la paz.

Tomar conciencia: Te animo a que, tanto a nivel personal como familiar o en el aula, habléis de qué os hace estar en calma y qué no. De qué os aporta bienestar y qué no. Cuando lo verbalizamos y normalizamos que no todos somos iguales, y que muchas cosas a veces nos descentran y otras nos ayudan a estar más alineados, tomamos más conciencia. Desde ahí podremos buscar soluciones, eliminar cosas prescindibles y fijar cuáles son importantes para nuestro bienestar. A lo mejor decidimos que como familia necesitamos ir por lo menos una vez a la semana al bosque. O a lo mejor vemos que nos sienta muy bien dedicar una parte de la tarde a juegos tranquilos, o a dibujar en silencio. Da igual, cada familia, cada aula y cada persona necesitará cosas diferentes, y está bien. Lo único importante aquí es que seamos conscientes de lo que nos beneficia y lo que no.

EXPLORA

Ahora vamos a bajar al cuerpo, para sentirlo y para ver si cuerpo, mente o emociones quieren contarnos algo que estaba pasándonos desapercibido. Te animo a sentarte cómodamente y a empezar a respirar con inhalaciones y exhalaciones largas, profundas y lentas. Respira y ve entrando en contacto con el cuerpo, receptor de todo lo que te ocurre ahora y aquí. Respira y observa si durante este capítulo se ha activado alguna parte de tu cuerpo en forma de tensión, por ejemplo. Si es así, en la inhalación, visualiza cómo el aire llega a ese punto y, en la exhalación, visualiza cómo permites que la tensión salga a la vez que el aire que exhalas. Respira y observa.

Ahora te propongo que te fijes en tu mente y en todo lo que se ha activado en ella con este libro. Respira y observa si hay mucha actividad ahora mismo o si hay más bien poca. Observa los pensamientos que te trae la mente y, a la vez, déjalos pasar sin engancharte a ellos. Imagina que fluyen, como en un río, y deja que pasen, y pasen..., no los obligues a quedarse, no te enganches a lo que te cuentan. Observa tu mente y las cosas que te trae o sus estrategias para sacarte del momento presente... Observa y respira. Recuerda que, si puedes observar tus pensamientos, tú no eres tu mente: eres mucho más... Observa y respira.

Ahora centremos la atención un momento en tu sentir. ¿Has notado si se activaba alguna emoción en el transcurso del capítulo? Si es que sí, ¿puedes ponerle nombre? ¿De qué emoción se trata y qué sientes que ha venido a contarte? Observa y respírala... Respira la emoción o las emociones que hayan venido a encontrarte ahora y hazles espacio, también sin engancharte a ellas, simplemente siendo consciente de que están ahí, pero sin dejar que te atrapen. Respíralas y concédeles espacio para ser ahora y para luego disiparse poco a poco. Respira y observa...

Quédate ahora unos minutos en el silencio, observando, respirando y estando en presencia plena en este preciso instante en el que no tienes que hacer nada más que ser. Respira... y observa qué ocurre cuando te das este espacio para ser quien eres.

RESUMEN

- ✓ Las emociones agradables son fáciles de vivir y nos encanta experimentarlas. El problema es cuando aparecen poco o no las sentimos casi nunca.
- ✓ La alegría a veces se transforma en euforia que, especialmente en la infancia, puede terminar con llanto por sobreestimulación.
- ✓ La felicidad es un estado interno de «gozo existencial», y pensar que alcanzaremos ese estado por cosas externas (los hijos, el trabajo, etc.) es un error.
- ✓ La calma va íntimamente ligada a la conexión con el presente, y el mundo en el que vivimos no facilita esta conexión.
- ✓ Si queremos que nuestros hijos e hijas sientan estas emociones agradables, tenemos que experimentarlas también nosotros y crear las condiciones para que puedan existir.

9

Sentir a flor de piel

Sentir intensamente

Hay personas que sienten más intensamente que otras. Las personas altamente sensibles viven las emociones con una intensidad que muchas veces su entorno no consigue comprender. No es fácil ni para quien siente así ni para quien acompaña, en especial si no es capaz de entender que no se trata de una exageración para llamar la atención, sino que, efectivamente, esa persona lo vive todo con más intensidad.

La alta sensibilidad no es una debilidad, sino un rasgo que, entre otros factores, viene marcado por una gran empatía y una capacidad de sentir las emociones (todas) intensamente. Vamos, que las personas altamente sensibles no pasan de puntillas por las cosas, sino que, si están tristes, sienten una tristeza tremenda y, si están alegres, su alegría es inmensa. Me costó lo mío aceptar que mi forma de sentir las emociones no era igual que la de algunos amigos o familiares. Tú, cuando eres pequeña, crees que a los demás les pasa lo mismo que a ti, pero poco a poco te das cuenta de que no. De que a ti las cosas te afectan distinto, de que tú sientes distinto, etc. Pero, sobre todo, mi recuerdo más claro es de cuando advertí que yo sufría más que los demás porque vivía las emociones con una intensidad que a veces abrumaba.

Luego crecí y descubrí la alta sensibilidad, un rasgo hereditario que dio sentido a muchas cosas y que me permitió comprender por qué antes algunas piezas del puzle no encajaban. Comprendí entonces que la alta sensibilidad no era nada negativo, al contrario, y escribí *Sensibles* para que niños y niñas vieran que tenían un superpoder que era importante entender y honrar.

Me ha tocado acompañar muchas veces a mis hijas en momentos en los que se sentían abrumadas por emociones como tristeza, rabia, añoranza o miedo, y no es fácil, porque la intensidad es tan potente que agobia a quien la siente y también a quien acompaña, a veces. La alta sensibilidad, insisto, no es un trastorno, así que no hace falta tener un diagnóstico que te diga que lo eres si tú ya eres consciente y estás segura (después de haber devorado información sobre alta intensidad) de que eso resuena en ti.

Al final puede parecer que diciendo «persona altamente sensible» se está poniendo una etiqueta que podría ser del todo evitable. Tal vez, pero a mí me ayudó mucho saber que existía y que tenía un nombre, unas características y un porqué. Luego, en tu día a día, quizá ni necesites estas palabras, pero en su momento, cuando no entiendes nada, saber te relaja y te ayuda a encajar las piezas del puzle.

Te cuento todo esto porque, sí, estas personas que sienten más intensamente también existen, y a menudo parece que deberían sentir como la mayoría. Sentir es una capacidad de cada uno, y nadie debería juzgar si es excesiva o insuficiente porque nadie más está en tu cuerpo y en tu piel sintiendo lo que tú. Tenemos que ser conscientes de que cada cual siente a su manera, en función de quien es, de lo que ha vivido, de las experiencias que lo han marcado, de sus vivencias familiares, sociales y culturales, pero también de su genética, su herencia y su propia personalidad y sus rasgos particulares. Así que imagina, como para ir diciendo a los demás cómo deberían sentir las cosas o si sienten «bien» o «mal».

Eso es justo lo que me apasiona del tema de las emociones, que el sentir es personal e intransferible y que, aunque juzguen cómo te sientes, ese juicio no tiene ningún valor porque ni los demás son tú ni tienen idea de cómo se siente eso siendo quien eres. Es importante que integremos este concepto para que así no nos afecte tanto si nos juzgan o si nos acompañan mal.

Regularse viviendo a flor de piel

Para mí, esto es lo más complicado cuando vives las emociones con tanta intensidad: es imprescindible cuidarse y autorregularse, porque si no todo estalla por los aires. Nadie puede permitirse el lujo de no escucharse y no procurar darse lo que necesita, pero las personas altamente sensibles, menos. Porque no hacerlo puede suponer una hecatombe: con nuestra intensidad emocional, desbordados, imagínate, un *fucking* tsunami. Y no puede ser. Ni los que nos rodean se lo merecen ni tampoco nosotros mismos, así que no nos queda otra que ponernos manos a la obra y darnos cuenta de que la autorregulación es clave.

¿Por dónde empezar? Primero, por saber cómo es una persona altamente sensible. Hoy en día hay libros, información en internet, asociaciones de personas altamente sensibles, etc., que te ayudarán a recabar información para descubrir si eso resuena en ti o no. Luego te recomiendo que te concedas momentos a solas y en silencio lo que te permitirá escucharte de verdad. Si paras y estás en silencio, podrás observar qué ocurre en ti cuando lo haces: qué pasa en tu cuerpo, qué pasa en tu mente y qué sientes. Solo eso ya te dará una información valiosa que te irá dirigiendo hacia ti.

Porque conocerse es ir hacia dentro, y para autorregularnos tenemos que conocernos. Si no, ¿cómo sabremos qué necesitamos a cada momento y cómo dárnoslo? Así que te animo a practicar diariamente momentos de parar y de silencio. Luego, integra en tu día a día la pregunta «¿Qué necesito?»: que sea una frase que aparezca en ti en los momentos en los que afloren emociones intensas y tengas que lidiar con ellas. Es decir, que cuando surja enfado pares un momento y te preguntes internamente: «¿Qué necesito?»; que cuando algo te ofenda pares y te preguntes: «¿Por qué me ha ofendido eso? ¿Qué necesitaba yo?», y así. Eso te ayudará a ir entrando cada vez más en ti, a conocerte más y a actuar de una forma más asertiva y conectada.

Cuando no nos autorregulamos, hay más probabilidades de que actuemos guiados desde la emoción inconsciente que se ha apoderado de nosotros. Tal vez estemos igual de enfadados que antes, pero, en vez de parar, observar y explorar qué necesitamos, se nos dispara el automático y dejamos que la rabia coja el timón esparciendo ira y malestar por doquier. Eso no es ni recomendable, ni responsable, ni asertivo.

Una vez que practiques la escucha interna de forma regular, irás notando más a menudo qué necesitas, qué te ayuda a sentir bienestar y qué no. Entonces podrás ir experimentando: si salgo a caminar, luego lidio mejor con las emociones del día a día; si leo y me concedo algún momento para mí, luego acompaño mejor a mis hijos; si hago deporte regularmente, me siento más animada y centrada, etc.

Cuando hayas encontrado qué te ayuda a estar autorregulada emocionalmente, vendrá la parte más costosa, que es no perderlo de vista y mantenerlo en el tiempo. A veces hay quien, después de un buen pollo emocional, cobra conciencia y empieza a tomar cartas en el asunto para lidiar con sus emociones de forma más asertiva, pero al cabo de dos semanas vuelve a las andadas, con patrones de no tenerse en cuenta, no cuidarse y empezar a sobrecargarse y sobreestimularse hasta que el automático se dispara otra vez y llega otro pollo emocional, con sus consecuencias.

Ser constantes en la autoescucha y autorregulación es esencial para llevar una relación más asertiva y consciente con las emociones, en especial si somos personas altamente sensibles. Si nosotros conseguimos autorregularnos, seremos ejemplo para nuestros hijos, y con nuestro comportamiento y nuestra forma de lidiar con las emociones estaremos siendo un espejo en el que mirarse cuando se sientan abrumados.

Otra cosa muy importante es que dejes de escuchar lo que «se espera de ti». Es decir: es posible que tu entorno quiera que hagas muchas cosas que a ti te superan, te sobreestimulan o te agotan emocionalmente. Para poder autorregularte es básico que escuches realmente a tu cuerpo y tus necesidades, y que dejes a un lado lo de complacer a todo el mundo. Si, por ejemplo, quieren que vayas a una cena un jueves en el que tú estás cansadísima, escúchate y pregúntate si irás porque te apetece mucho y sientes que puedes sostenerlo y te aportará bienestar o si irás para quedar bien con los demás, para complacerlos, aunque eso te cueste estar fatal al día siguiente. Poner límites, priorizar y dejar de complacer a todo el mundo es esencial para autorregularnos emocionalmente, sobre todo si somos personas con alta sensibilidad.

Justamente porque las personas con alta sensibilidad tienen mucha empatía, pueden caer en conectar más con lo que necesitan los otros que con lo que necesitan ellos mismos, y esto puede jugarles muy malas pasadas. Así pues, tenlo en cuenta y escúchate profundamente. Piensa que, si tú no te atiendes, quizá nadie más lo haga.

La dificultad de acompañar a niños y niñas con alta sensibilidad

Lo he dicho antes: acompañar emociones tan intensas no es nada fácil, y lo sé por experiencia. Porque si los niños, ya de por sí, son todo emoción, en especial en la etapa de cero a siete años, cuando estos niños son de alta sensibilidad, ya ni te cuento. Sostenerlos no es coser y cantar, y cuando tú también sientes intensamente todavía se hace más costoso, porque corres el peligro de que se te contagie su emoción y acabéis cocreando una bola de nieve de grandes dimensiones.

De aquí que sea tan indispensable e importante tu autorregulación. Porque, si tú estás bien, podrás acompañar a tus hijos (sean muy sensibles o no) de una forma centrada, conectada y asertiva. Si tienes un niño de alta sensibilidad, da por descontado que sus rabietas serán las más gordas, que cuando sienta tristeza será infinita, y que los celos le pueden hacer sufrir lo que no está escrito. Porque esto es lo que ocurre: las emociones son tan intensas en una etapa tan inmadura que el peque no entiende nada, simplemente siente y sufre. Y aquí, si los adultos no estamos muy centrados y conectamos, podemos tender a reñirlos o incluso sentir rechazo hacia estos seres que se remueven tanto y, por consiguiente, nos remueven tanto.

Pero en realidad es un regalo, porque con sus removidas te ayudan a darte cuenta de qué dificultades tienes al acompañar, lo que supone una maravillosa oportunidad para tirar del hilo y explorar. Además, su forma de sentir también trae cosas buenísimas, y es que conectan con la belleza de una forma increíble, y con la energía de las personas, captando si están bien o no con una simple mirada. Y pueden conectar con los animales o con lo que los rodea con una calidez y profundidad brutales. Así que, si tienes un hijo o un alumno muy sensible, te animo a enfocarte en todas las cosas que puede aportarte y enseñarte con sus removidas y su sensibilidad. Porque, si no, te enfocarás en el malestar que siente a veces, que es tan potente que a ratos puede teñirlo todo y darte la imagen de que SIEMPRE es así, o SIEMPRE está mal, o SIEMPRE la lía por todo..., y no es verdad. Esta distorsión es producto del agotamiento y quizá de dificultades a la hora de acompañarle.

Si te ocurre, te propongo que tomes perspectiva, que incorpores una respiración abdominal y profunda que te ayude a mantenerte centrada o centrado y que te des espacios para recargar las pilas. Porque pueden agotarse. Intenta que tu vaso nunca se llene demasiado; solo así podrás acompañar la intensidad emocional de tu hijo de una forma conectada y amorosa.

Hay padres que me preguntan: «Pero ¿hasta cuándo mi hijo sentirá de esta forma y sufrirá tanto con sus emociones?», y yo les digo que es probable que sienta intensamente toda la vida, pero con el tiempo aprenderá a conocerse más y a gestionar mejor las situaciones emocionalmente intensas. Y, sobre todo, aprenderá a regularse, a saber qué le va bien y qué no, qué necesita y qué no, y esto lo hará de nuestra mano y, a poder ser, viendo nuestro ejemplo de autocuidado y autoescucha.

Cuando se evitan y se hacen coraza

Uno de los peligros que entraña el hecho de sentir tan intensamente es que a veces uno puede agobiarse y hartarse de sentir así. Si no lo comprende ni se siente acompañado, o incluso sintiéndose bien acompañado pero estando harto de que emociones como tristeza, miedo o rabia le provoquen tal sufrimiento, puede empezar a construir una coraza. Es decir, como lo pasa tan mal con lo que siente, decide poner una barrera, una distancia con aquello que siente, a través de distracciones, negación, etc. Esto podemos verlo en niños, pero también en adultos.

Me ha pasado más de una vez en la consulta: atendiendo a unos padres con un niño de alta sensibilidad, al preguntar si se veían reflejados en él, respondían que no. Pero, con el paso de los minutos, era como si fueran conectando con esas emociones, con su sentir, y poco a poco la coraza iba haciéndose más clara. A veces era la pareja quien decía: «Tú eres así, solo que no te lo permites y te aíslas para no sufrir, pero en realidad tu madre siempre ha dicho que en la infancia sentías tanto y tan fuerte que sufriste mucho».

También he tratado con adolescentes que llegaban a la consulta con una gran coraza que íbamos desmontando poco a poco, hasta que era evidente que se la habían puesto para evitar el dolor de ciertas emociones. Me acuerdo de una niña preadolescente a la que en la primera sesión parecía que no la removía absolutamente nada, que todo estaba bien y que, a pesar de que le habían pasado cosas potentes, no le afectaban. Al establecer un buen vínculo e ir explorando y trabajando también desde el cuerpo (que tiene otro lenguaje que no pasa por lo mental y que no entiende tanto de corazas), empezó a salir la realidad: que había tanto sufrimiento que no se permitía sentirlo y entonces lo negaba. Pero con la negación llegaba el bloqueo, y con el bloqueo, también el sufrimiento de tener un montón de emociones ignoradas queriendo salir y ser atendidas.

A medida que fuimos poniendo palabras a tantas emociones, validando y reconociendo ese dolor, pudo abrazarlo sin miedo, sintiendo que su forma de vivir las emociones también era válida y que, si no se la reprimía, podía llevarla a lugares maravillosos. Pero para conseguirlo tenía que dejar de juzgarse y cambiar las creencias acerca de sus emociones: ni era una exagerada, ni las emociones que se le hacían desagradables eran negativas, ni ser fuerte y crecer tenía nada que ver con reprimir el propio sentir. Es maravilloso ser testigo de los cambios profundos que hacen las personas cuando dejan de juzgarse y empiezan a acompañarse a ellas mismas con amor, comprensión y mucha amabilidad. ¿Por qué nos faltan tanto estas actitudes si en realidad las necesitamos tanto?

Si tienes alumnos o hijos que crees que se han construido su propia coraza para evitar sentir, no los juzgues y mira más allá de lo que te van a querer enseñar. Porque a veces pueden ser duros, desagradables o incluso mentir para mostrarte una imagen de sí mismos que nada tiene que ver con lo que pasa en su interior. Rasca un poco, con amor, comprensión y mucha validación, y verás qué se esconde tras la coraza. Casi siempre es mucho dolor. Estate preparada para abrazarlo sin juicios y aceptar sus formas.

Otras veces será imposible acceder; no te dejarán. En ese caso, hazles saber que estás y estarás disponible cuando quieran o necesiten, aunque sea dentro de tres años, da igual. Muéstrate abierta, receptiva y disponible, aceptando y respetando su momento. A veces no hay mucho que podamos hacer más que eso: estar. Asegúrate de que lo saben.

Los cuentos como herramienta

Jamás pensé que escribiría cuentos y ya tengo un montón publicados, pero la verdad es que casi era de esperar porque, cuando mi hija mayor era pequeña y empezaba a querer historias, cada noche me inventaba una. «Ahora, un cuento inventado», me decía, y a mí me iba de perlas porque a través del cuento sacaba temas con los que se sintiera identificada por cosas que le pasaban, por emociones que sentía o por escenas que veía. Fueron una herramienta maravillosa para hablar de emociones y de todo lo que ella iba afrontando en su crecimiento. Con su inicio escolar me inventé *El hilo invisible*, que ocho años más tarde se convertiría en un cuento que ahora está en miles de casas de España y de otros países en los que se ha traducido, como Portugal, Francia o Polonia. Con cada reto buscábamos aventuras que contar con las que pudiera identificarse, establecer paralelismos y sacar un aprendizaje.

«Mamá, hoy he hecho como en el cuento aquel que me contaste el otro día», me decía muchas veces, porque los cuentos son, en infantil y primaria, un apoyo maravilloso que madres, padres y docentes no podemos menospreciar.

Los cuentos los ayudan, en primer lugar, a ver imágenes y pasar páginas. Imágenes que, simplemente, les llaman la atención, les gusten o no. Muchos cuentos tienen diferentes capas de lectura dependiendo de la edad que tenga el niño. La cuestión es que con los cuentos comprenden cuestiones que, si se las contáramos nosotros (con las formas adultas que tenemos a menudo), no comprenderían. Además, pueden identificarse con los personajes y hacer volar la imaginación construyendo nuevos mundos y posibilidades que los ayudan a crecer y aprender.

Durante mucho tiempo, los cuentos no abordaban las emociones y se limitaban a explicar situaciones, sin entrar en qué sentían los personajes. Por suerte, cada vez hay más cuentos y libros que ponen el foco en la cuestión emocional y son una gran herramienta de conexión para las familias. Porque muchas veces los adultos tampoco saben cómo ayudar a su hijo cuando atraviesa un momento emocionalmente intenso. Ya hemos visto el nivel de educación emocional que tenemos, así que los cuentos han supuesto un bote salvavidas no solo para niños, sino también para adultos, que, poco a poco y a través de las historias que cuentan a sus hijos, se van comprendiendo también mejor a ellos mismos.

Sin embargo, he visto cómo madres y padres, ávidos de que sus hijos comprendieran el significado de las emociones y aprendieran a expresarlas de forma asertiva, perseguían a sus hijos con mis cuentos. ¡Menudo calvario para esos niños, que debían de decir: «No, la Tirado no, por favor»! Ja, ja, ja... Con el afán de evitarles nuestras heridas emocionales, a veces insistimos demasiado en un contenido emocional que tiene que ir llegando a medida que sean capaces de asimilarlo. Mi recomendación es que sean ellos quienes elijan el cuento que les contaremos cada noche en voz alta, y que no guiemos para nada esta decisión. Ellos saben qué necesitan leer, y es posible que no elijan cuentos que ayuden a abrir espacios de conversación simplemente porque no quieren conversar, quizá solo quieran imaginar, sin más, y sin relacionar todo eso con su vida. En cambio, otros niños pedirán el mismo cuento una y otra vez durante días. No pasa nada, respiremos hondo y contémoselo las veces que lo necesiten.

En ocasiones lo que ocurre es que rechazan un cuento en particular. Cuando se trata de cuentos que abordan temas emocionales, mi experiencia es que rechazan el que más los remueve, el que habla más de ellos y de lo que les pasa, y quizá en ese momento no quieren saber nada de eso. No quieren hablar, no quieren pensar en ello ni removerse. Si sucede eso, calma: guarda el cuento en un lugar accesible y espera. Estoy convencida de que un día, cuando esté listo o lista, querrá leerlo. Todo a su debido tiempo. Confía.

Sea como sea, el rato de lectura juntos creará conexión, y esta es imprescindible para que un niño se sienta acompañado. Disfrutad del rato de lectura, de exclusividad y de mirada. Leed, hablad si os apetece y estad juntos disfrutando de vuestra compañía. Son momentos que vais a recordar toda la vida, tanto si habláis de temas emocionales como si no. No pasa nada, lo importante es que se produzca placer y conexión. Lo demás vendrá solo. ¡Feliz lectura!

TE PROPONGO...

La lista de necesidades: Que hagas una lista de las situaciones que te desbordan emocionalmente. Situaciones que se repitan, que vivas a menudo. Luego detente un momento, cierra los ojos y conecta con la primera que hayas apuntado. Siéntela profundamente y pregúntate: «¿Qué necesito en esa situación?». Repítelo con cada punto de la lista. Es importante ver de manera clara y nítida cuál es la necesidad primaria que esas situaciones están pidiendo a gritos cubrir, para no llegar a esos extremos y pasar a la acción con la autorregulación que requieran.

Silencio en casa o en el aula: Si tienes hijos o alumnos altamente sensibles te propongo que todos los días crees un momento de silencio. En casa puedes simplemente callar cuando veas a tu hijo entretenido y darle tanto tiempo de silencio como necesite. El silencio es un gran regulador del estado emocional y os sentará bien a todos. En el aula puede ser mucho más difícil que se produzca de manera espontánea. Si cuesta, podéis instaurar cinco minutos de silencio al día en el momento en que veas que les vendrá mejor para regularse.

Sopla la vela: Para que los niños que enseguida se sobreestimulan vuelvan un poco a la calma, puedes encender una vela e invitarlos a soplar de tal manera que la llama se mueva pero no se apague. Pon la vela a cierta distancia para que tengan que hacer respiraciones largas y, jugando con la llama (mientras nosotros estamos allí regulando la distancia de esta), puedan relajarse a través de la respiración lenta. En caso de que seas tú quien necesite volver al centro, incorpora la respiración consciente, que ya hemos abordado en otras partes del libro.

Hablad de la alta sensibilidad: Si tus hijos son altamente sensibles, puedes hablar abiertamente de su forma de sentir, validándola y normalizándola. Puedes contarles cómo vivías tú las emociones cuando tenías su edad, y que cada cual siente a su manera. Que hay personas que sienten de una forma más intensa que otras y que, si tienen este don, lo mejor es que se conozcan y sepan qué necesitan para estar mejor cuando vengan momentos de incomodidad. Hablar de la alta sensibilidad puede haceros mucho bien en la familia. En caso de que seas docente y tengas algún alumno de alta sensibilidad (se estima que lo es entre el 20 y el 30 por ciento de la población), saber que entiendes que él siente intensamente y que no lo juzgas puede sentarle muy bien.

EXPLORA

Vamos a parar un momento y a hacer lo que hemos hablado a lo largo del capítulo: detenernos y escucharnos para ver qué nos dice nuestro interior. Te propongo que empieces a respirar con conciencia, lenta y profundamente, desde el abdomen, notando cómo el aire entra y sale de tu cuerpo. Pon especial atención en las sensaciones de este aire al entrar por las fosas nasales y llenarte los pulmones. Observa cómo se mueve tu cuerpo con la respiración. Con cada exhalación, suelta el aire y suelta peso, relaja y afloja cada músculo, por pequeño que sea. Siente cómo, con esta respiración lenta y consciente, cada vez estás más presente en el ahora y aquí. Respira y observa sin juzgar todo lo que ocurra en este preciso instante. Sigue así, respirando y observando...

Ahora te animo a observar la actividad mental que hay en ti. Respira y observa cómo los pensamientos vienen y van, cómo intentan captar tu atención y cómo, si te despistas, se te llevan bien lejos y te desconectas de la respiración consciente. No permitas que suceda; deja que estos pensamientos pasen, como si los vieras proyectados en una pantalla, pero no hablasen de ti. Quédate en conexión con tu respiración y con tu cuerpo, y no te enganches a tus pensamientos. Obsérvalos y sigue respirando lenta y profundamente.

Ahora, en este momento de silencio y pausa, observa qué sientes, qué emoción o emociones han venido a ti mientras leías este capítulo. Quizá se haya movido algo emocionalmente... o quizá no. Sea como sea, respíralo, haz espacio emocional para que, si hay algo que tenga que ser visto y atendido, pueda salir y exteriorizarse. Respira y, sin juzgarte, observa qué sientes y si hay algo que viene a ti. Alguna sensación corporal, alguna emoción, alguna incomodidad... Respira y acepta, sin juzgar, cualquier manifestación de este momento presente.

Para poder conectar con nuestra esencia y con lo que necesitamos de verdad para regularnos, primero tenemos que escucharnos y crear el espacio para acoger aquellas partes de nosotros mismos que necesitan ser vistas y atendidas. La respiración, la presencia plena y la observación crearán las condiciones para que tu parte sabia, tu intuición, haga el resto y te dé la información que necesitas de ti.

Te animo a quedarte unos minutos más respirando, en silencio y observando, conectando con este momento presente en el que respiras, existes y aceptas el ahora tal y como es.

RESUMEN

- ✓ La alta sensibilidad es un rasgo, no una debilidad ni un trastorno.
- ✓ Las personas altamente sensibles se caracterizan, entre otras cosas, por sentir intensamente las emociones, y eso las puede abrumar.
- ✓ La autorregulación es clave para cualquier persona a la hora de gestionar sus emociones de forma más asertiva, pero especialmente para las personas de alta sensibilidad.
- ✓ Parar, darse momentos de silencio y preguntarse: «¿Qué necesito?» será básico para ahondar en el autoconocimiento y saber cómo manejar todo lo que sienten de una forma más asertiva.
- ✓ Los niños altamente sensibles suelen sufrir mucho porque las emociones a menudo los desbordan. Tenemos que ayudarlos a regularse y saber que a medida que crezcan este rasgo se irá haciendo menos incómodo.
- ✓ Hay tendencia a juzgar a los niños altamente sensibles, que a menudo, a ojos de los demás, parecen exagerados. Dejar de juzgarlos a ellos y su forma de sentir, validar sus emociones y acompañarlos con amor y comprensión los ayudará a aceptarse a sí mismos y a que la intensidad emocional no les mine la autoestima.
- ✓ Los cuentos son un gran apoyo para crear espacios de diálogo, pero también de autoconocimiento y educación emocional. Deja que sea el niño o la niña quien elija qué quiere que le leas. A veces se producirán conversaciones muy interesantes, se sentirá identificado y comprenderá cosas de sí mismo. Otras veces no. Disfrutad de la lectura y del rato de conexión juntos.

Epílogo

Sentir sin juicios nos permite ser libres

Ha llegado la hora de que dejemos de juzgarnos por cómo sentimos, de que dejemos de culpabilizarnos por estar enfadados, o tristes, o por tener la sensación de que lo que sentimos no encaja con lo que espera otra persona de nosotros. Juzgar lo que sentimos y juzgar lo que sienten los demás es vivir una vida encorsetada que nos aleja, porque nos desconecta. Nadie puede sentirse acompañado si lo juzgan, y quien no se siente acompañado se siente solo en su sentir. Y sí, a veces es mejor estar solo que mal acompañado, pero cuando eres pequeño necesitas notar que alguien conecta con tu emoción, que la percibe, la siente y te acompaña. No tenerlo, no vivirlo, produce un dolor que a menudo se arrastra durante años.

Ha llegado la hora de quitar las etiquetas a las emociones y dejar de separarlas entre positivas y negativas. La hora de aprender a llevarnos bien con todas y comprender, profundamente, que si están ahí es para ayudarnos a ver algo que necesita ser visto y atendido. ¡Nos hacen un favor! A veces somos tan toscos que tienen que gritar muy fuerte porque nos empeñamos en no escucharlas, en ignorarlas, pues las juzgamos como malas. Malas porque nos duelen.

Ha llegado la hora de comprender que el dolor sana. Que el dolor está aquí para hacernos aprender, crecer y evolucionar como personas, y que, si podemos abrazarlo sin juicios, viviremos más libres y podremos permitir a nuestros hijos, a nuestros alumnos o a las personas de nuestro alrededor que vivan también sus emociones con libertad.

Juzgar nuestras emociones nos desconectará de ellas, y esto nos limitará y solo producirá un sufrimiento evitable y alargará el dolor inevitable. Ha llegado la hora de dejar de tener miedo de sentir o de que los demás sientan. Ojalá que con este libro hayas podido darte cuenta de que, en realidad, nunca ha habido nada que temer.

Hazlo por ti en primera instancia, pero también por tus hijos y, a la vez, cómo no, por tus padres, abuelos y bisabuelos. Por todo el linaje que te precede y que jamás sintió validadas sus emociones. Seguramente las vivieron con juicio y desconocimiento, propagando un círculo de dolor que no hacía más que enquistar unas emociones que anhelaban ser vistas y atendidas por alguien. Ese alguien quizá seas tú, que estás aquí leyéndome y sanando con cada palabra, con cada ejercicio, con cada «Explora», con cada inhalación y exhalación, observándote y validando lo que sientes en cada ahora y aquí.

Ese alguien que romperá el círculo de dolor tal vez seas tú, y yo te doy las gracias porque romperlo nos beneficia a todos, y sé que no es fácil, y sé que cuesta, pero qué maravilla que tengas interés en acompañarte y acompañar. Qué maravilla que intentes no juzgarte y no juzgar. Qué maravilla que valides aunque quizá no lo hayas hecho nunca antes. Qué maravilla que estés aquí ahora leyendo estas palabras.

Habrá días en que te dirás: «Hoy no lo he hecho bien», y habrás acompañado las emociones de tus hijos o de tus alumnos como antaño... Quizá, quién sabe. Somos humanos y hacemos lo que podemos a cada momento según un montón de variables. Ámate y, si esos momentos llegan, que no te hagan desistir de seguir caminando, validando, comprendiendo, atendiendo sin juicios a tus emociones y las de los demás. Un camino nunca es recto y llano hasta el infinito. Hay curvas y baches, y a ratos no se ve bien por culpa de la niebla. No pasa nada, forma parte de la senda que nos toca andar. Tú sigue caminando, sin prisa pero sin pausa, amándote sin condiciones, abrazando lo que sientes, sin miedo a atender a aquello que grita: «Mírame y transítame», y da la mano a los demás para que vean que pueden hacerlo también, que pueden parar, escucharse, validar lo que sienten, abrazarlo y atenderlo. Que vean que no hay nada que temer porque te ven, en la cara, que desde que vives tus emociones de esta forma tan amable, conectada y asertiva eres más feliz. Que vean, con tu ejemplo, que si tú has llegado hasta aquí, ellos también pueden hacerlo... y que esto sea como una mancha de aceite que se extienda cada vez más y más, pues esta sociedad tiene mucho que sanar.

Somos muchos, pero en realidad somos uno. No dudes de que tú y tu forma de estar en el mundo tienen efecto en el todo. En todos. Aunque estemos lejos, aunque no nos conozcamos. Aunque no podamos estar seguros ni demostrarlo. Yo creo en ello y creo en ti. Camina. No estás sola. No estás solo. Somos muchos y muchas cambiando el paradigma.

El poder del amor genuino

Siempre he sentido que el amor era el camino, así, en general, para casi todo, pero para acompañarnos y acompañar a los demás es un imprescindible. Cuando mi compañera de trabajo me cuenta que está triste, tengo que sentir amor para que mi escucha, mi atención y mi mirada sean genuinas. Cuando mi hijo está enfadado y sufre y quiero transmitirle que estoy allí y que, aunque le ponga un límite al comportamiento no asertivo que está desplegando, lo comprendo, tengo que sentir amor hacia él. Amor genuino por el ser que es y que, en ese momento, está pasando un mal rato. Cuando mi hermana me cuenta que se siente frágil, para que se sienta realmente conmigo y acompañarla tengo que vibrar en la frecuencia del amor. Cuando una persona, aunque sea desconocida, sufre y quiero acompañarla, tengo que amarla. Aunque sea solo durante ese rato en la calle en que intento ayudarla. Porque el amor genuino es el camino que nos guía hacia el alma de la otra persona y es lo que permite que no se sienta sola.

Es también el amor genuino hacia una misma el que nos ayuda a tratarnos bien, a cuidarnos, a respetarnos, a escucharnos y a no juzgarnos. No menospreciemos el poder del amor genuino, sentido en un lugar auténtico, sin otra intención que amar a otro ser.

Cuesta mucho amar y mostrar amor genuino y sin condiciones. Hemos sido educados en el amor condicional del «te quiero por lo que haces, no por lo que eres de verdad», y desde ahí nos cuesta Dios y ayuda amarnos por el mero hecho de ser y existir, y luego buscamos que nos den ese amor identificándonos con lo que hacemos: complacer a todo el mundo, trabajar de lo que esté mejor visto, etc. Es una disfunción en sí misma, porque no somos lo que hacemos y nuestro valor no nos lo dará nunca ni el trabajo ni nada que esté fuera de quien de verdad somos.

Aprender a amarnos genuinamente es clave para acompañarnos y sentir que nos tenemos. Porque te tienes, te tienes A TI. A ti, para guiarte y acompañarte en los momentos de plenitud, pero también en los momentos complicados de emociones intensas. Sentirte cerca, sentir tu propio amor te llevará, inevitablemente, a sentir cerca también a los demás, y podrás amarlos cuando los acompañes, aunque no los conozcas.

Trato con muchísimas personas a las que no conozco y te prometo que, mientras las acompaño, las amo, y me conmueve lo que ocurre entonces. Porque hay personas que jamás se han sentido bien acompañadas, y estar al lado de alguien que no las juzga y que está ahí, presente y amoroso, es en sí mismo sanador. Sentirnos acompañados así nos permite vivir una vida más plena, con más luz y más apertura y confianza. Pero también nos permite dar lo mismo a otra persona, lo que crea un círculo virtuoso sanador.

Deseo profundamente que puedas vivir de manera plena, transitando con autoconciencia y presencia cualquier momento que te presente la vida y cualquier ola de emoción que llegue a ti. Que puedas darte cuenta de qué tienes que ver y a qué tienes que atender, y que halles la fuerza para hacerlo. Pero no solo eso: que luego puedas soltar para seguir viviendo libre, acompañándote desde un amor profundo y genuino hacia ti y hacia los demás, sean tus hijos, tus alumnos o alguien a quien acabas de conocer.

Ojalá todas estas páginas resuenen en ti, te ayuden y te motiven a vivir desde el amor y el crecimiento, a evolucionar, crecer y trascender. El amor es el camino y allí nos encontraremos.

Gracias

Termino este libro emocionada y con el corazón lleno de gratitud hacia la gente que lo ha hecho posible y que cree en mí para que ponga negro sobre blanco mi visión de la vida, la crianza y el acompañamiento emocional.

En especial quiero darte las gracias a ti, que me lees. Si tú no estuvieras ahí, seguramente esto no tendría sentido. Si tú no me leyeras y confiaras en lo que tengo que aportar, muy probablemente me dedicaría a otros asuntos y no podría hacer lo que más amo: escribir.

Este libro ha sido un viaje intenso para mí. Escribir es todo un proceso en el que hay altibajos y afloran inseguridades, fortalezas y emociones que también necesitan ser vistas y atendidas, así que ha sido un doble trabajo: escribir y volcar lo que quería transmitirte y, a la vez, acompañarme en todo aquello que iba aflorando. Este libro me ha enseñado muchas cosas. Ya lo ves, la vida es un continuo aprendizaje y nos da oportunidades de sobra para crecer mientras caminamos; lo importante es saber verlas y aprovecharlas.

Mi gran recompensa sería saber que me has leído y que ha habido cambios en ti: que te has dado cuenta de cosas, que has aprendido a acompañarte mejor y que la calidad de tu acompañamiento a los demás ha mejorado. ¡Lo necesitamos tanto y es tan importante para la sociedad en su conjunto...!

Quiero dar las gracias a mi familia entera, que me apoya y me sostiene en procesos intensos como lo es la escritura de un libro de estas características. Especialmente, un gran gracias a mi compañero de vida por estar y por acompañarme con ese amor tan genuino y especial que sabe darme. A mis hijas, gracias por ser mis maestras, porque con ellas estoy aprendiendo más de lo que jamás hubiera imaginado. Ojalá, cuando sean adultas, sientan que estuve ahí y las acompañé. Quizá no siempre como necesitaban, pero que por lo menos estuve allí intentándolo. Gracias a mi madre y a mi padrastro, por ayudarme cada vez que he sentido que necesitaba que su sabiduría me empujara durante la escritura de este libro.

Gracias a mis editores, Núria y Carlos, por decir sí a mis ideas y a mis propuestas.

Gracias también a Diana, a Lali, a Dinma, a Sandra, a Francesc y a Khadija por su apoyo y por estar ahí.

Que disfrutes de las olas, que aprendas a surfearlas y que, cuando sean muy intensas, vuelvas a encontrar en este libro el rumbo y la paz para transitarlas desde la conciencia y el amor. Espero que hayas tenido, en estas páginas, un feliz viaje. Para mí ha sido un placer.

